近代大学の揺籃　一八世紀ドイツ大学史研究

近代大学の揺籃

一八世紀ドイツ大学史研究

別府昭郎著

知泉書館

ファウスト　ああ、これでおれは哲学も、
法学も医学も、
また要らんことに神学までも、
容易ならぬ苦労をしてどん底まで研究してみた。
それなのにこの通りだ。可哀そうにおれという阿呆が。
昔よりちっとも利口になっていないじゃないか。
マギステルだの、ドクトルだのとさえ名のって、
もうかれこれ十年ばかりのあいだ、
学生の鼻づらをひっ摑まえて、
上げたり下げたり斜めに横に引回してはいるが――
（ゲーテ『ファウスト』相良守峯訳、岩波文庫）

「わたくしは史料を調べて見て、その中に窺われる『自然』を尊重する念を発した。そしてそれを猥に変更するのが厭になった。（中略）友人の中には、他人は『情』を以て物を取り扱うのに、わたくしは『智』を以て扱うと云った人もある。しかしこれはわたくしの作品全体に渡ったことで、歴史上人物を取り扱った作品に限ってはいない。わたしの作品は概して dionysisch でなくて、apollonisch なのだ。わたくしはまだ作品を dionysisch にしようとして努力したことはない。わたくしが多少努力したことがあるとすれば、それはた観照的ならしめようとする努力のみである。」
（森鷗外全集第二六巻　岩波書店五〇九頁）

まえがき

本書は、三つの部から成り立っている。第Ⅰ部は、「理論的前提」と題し、第一章「問題の設定」、第二章「本研究の意義」、第三章「ドイツ大学史における時代区分」から成り立つ。第Ⅱ部は「個別大学史考察」と題し、個別大学を取り扱う。第一章「ハレ大学の創設」、第二章「ゲッティンゲン大学の創設」、第三章「ヴィーン大学における講座構成と団体権の喪失」、第四章「ライプツィヒ大学における意思決定システム」、第五章「インゴルシュタット（ミュンヘン）大学における官房学の展開」、第六章「ヴィッテンベルク大学における講座と大学教師の個人評価」、第七章「ケーニヒスベルク大学における講座構成と国家の関係」というように、一七世紀の末から一八世紀の初頭におけるハレ・ゲッティンゲン両大学の創設を皮切りに、既存の大学を創設年代順に、講座構成、団体権の喪失、意思決定システム、官房学の展開、大学教師の個人評価など視点を決めて、取り扱う。第Ⅲ部は、「総括的考察」と題し、第Ⅱ部が個別大学ごとの縦の考察であったのに対して、問題ごとの横の考察という性格を持つ。具体的に問題視角を挙げれば、移転・統合・廃止、大学教師論、学生生活、近代大学とは何か、である。

本書は、前著『ドイツにおける大学教授の誕生』が一六世紀を軸に扱っているのに対して、一八世紀のドイツの大学を取り扱っている。筆者にとっては、ドイツの大学に関する研究の第二弾という性格を持つ。

そもそも一八世紀は、政治史的にみれば、絶対的中央集権の時代、自然法的国家論の時代、啓蒙主義的改革の時代と特徴づけることができるであろう。大学史的には、近代大学の嚆矢と言われるハレ・ゲッティンゲンの両大学が設置され、中世・ルネサンスの時期とは異なる思惟に基づく学問領域が大学に入り込み、定着してきた時代である。

研究というものは、対象がよく分からないからやるものである、形がよくつかめないものに形をあたえていこうとする努力である。いくつかの糸口（本書でいえば、大学で教えられた学問領域や大学教師になる資質などである）をつかみ、その糸をたぐっていき、対象となるものの像を次第に形づくっていこうとする営みである。

前著を刊行して一〇年以上の年月が流れた。この間、筆者の問題意識は、変わった部分もあるし、変わらない部分もある。変化したことが発展として評価していいかどうかは分からない。上向的変化もありうるが、下降的変化もありうるからである。一方、変わらないことが、停滞とも言い切れないと思う。案外普遍的・本質的な問題を摑んでいたから、変わらなかったのかも知れないからである。

本書は、旧稿に手を入れて換骨奪胎した部分と書き下ろした部分から成っている。書き下ろしたと言っても直前に発表したものもある。筆者の私淑してやまない丸山真男先生は『忠誠と反逆』（筑摩書房、一九九二年）のなかで、「旧稿への無制限な加筆修正は（私の尊敬する先学の業績にもそうした例は希ではないが）、そのたびごとに『真理への忠実』という最上の学問的良心をもって行われたとしても、右のような意味での業績の歴史的性格を毀損する、という不遜を冒すのではなかろうか。」と書いている。「右のような意味」とは、「もし私が原論文の文意の同一性を保持することに無関心のまま、いわば『無心』に加筆を行うならば、それは意識的たると無意識的たると問わず、今日の、あるいはある歳月以後における私の観点や力点の所在を、各論文の執筆時点にまで、ズルズルベッタリに遡らせる結果に陥るのを避けがたいであろう。」ということを意味する。

しかし、筆者は、尊敬し私淑しているこの学者の説とは異なる意見を持っている。現在の時点における私の問題意識のもとで書き換えることを、数か所で積極的に行っているからである。昔の問題意識だから価値はないという発想をしているわけではない。現在の自分は、すべてのことを知っているという認識者の位置に自分を置いているのでもない。ただ現在の自分が過去の自分と全く同じ問題意識を持っていると思われては事実に反するからにほかならない。その上、同じ問題を考えることを積み重ねていくと、さらに高次元の問題が見えてくることはあり得ると、私が考えているからにほかならない。「一冊にまとめてみると、新しい地平が見えてくる。」と北田耕也明治大学名誉教授は、かつて筆者に言ったことがある。まさに、このことは、前著を刊行することによって実感することが出来た。旧稿をまとめる作業をしていると、新たな視点や問題が見えてくるものである。それをも取り込んで、新しい本を作るのがそんなにいけないことであろうか。「真理への忠実」という最上の学問的良心ではなくて、自分の現在の問題意識に忠実であることは、研究者として最低限の責任であり、義務だと思う。発表当時の論文が読みたければ、それが発表された当時の雑誌か本をひっくり返せばいいだけのことにすぎない。その労は、読者の方でとる責任があるだろう。

そういう意味で、前著と同様、本書も筆者が過去に書いた論文が土台になっている。もちろん、新たに書き下ろした部分もある。過去に書いた論文を換骨奪胎し、それに新たに書き下ろした論文を組み合わせて、本書をものした。だから、引用した史料や資料、文献に重複があることをあらかじめお断りしておきたい。

筆者には、ウィトゲンシュタインほどの狂気も才能もないが、本書では「語りえぬものについては、沈黙せねばならない」のであり、「語りうる」ことだけを語ったつもりである（ウィトゲンシュタイン『論理哲学論考』野矢茂樹訳、岩波文庫、一四八～一四九頁参照）。

筆者は、大学史の研究者として、石原謙、島田雄次郎、皇至道、上山安敏といった尊敬する先達の著作で勉強したが、不遜にもそういう先達たちとは同じ道は歩きたくないという心性を強くもっている。無謀と知りつつ、敢えて自分に高い要求を課し、それに向かって努力する研究者でありたいと思っている。自分自身に対しても、大学や大学院で指導している学生に対しても、「無理と知りつつ、敢えて自分に高い要求を課し、それに向かって努力する人間で有り続けること」（オルテガ）を要求したいと思っている。それは、私の個人的信条となっているのみならず、教育・研究信条ともなっている。

最後に、読者の寛容をお願いしたいことがある。引用や叙述がいくつかの章で重なっているケースがあるが、各章は独立した論文として書かれたので、論理的に同じことを言わざるを得なかった原初的形態を残している箇所があるということである。居直った言い方をするようであるが、引用と論文の趣旨や構成は簡単には切り離せないので、こうなってしまった。具体的に挙げれば、パウルゼンやクルーゲからの引用とかプロイセンの大学監督官の一覧とか「近代大学とは何か」などである。特に「近代大学とは何か」という問題は、それぞれの個別の大学についても考察したが、一八世紀全体については第Ⅲ部の終章で再び総括的に考察しているので、引用史料がダブっているのではないかという批判的疑問が湧くかもしれない。「個別大学史的考察」と「総括的考察」という次元の違いがあるということについて、読者の海容をお願いする次第である。

目　次

第Ⅲ部　総括的考察

近代大学の揺籃

——一八世紀ドイツ大学史研究——

第Ⅰ部　理論的前提

第一章　問題の設定

はじめに、ドイツの大学史を扱う本書の対象と観点を限定しておきたい。本書は大体において、一八世紀のドイツの大学という歴史的時期を主要な対象としている。一八世紀におけるドイツの大学の実態を明らかにするためには、いくつかの観点から光を投入しなければならないと思っている。

一八世紀の大学は、新しい要素と古い要素が混在していた時代である。古諺にもあるごとく「新しい酒は新しい革袋に盛らなければならない」のである。しかし、新しい酒を古い革袋に盛ってもれないことはない。すなわち、変革期には学問を組織している大学というシステムと新しい学問との間に軋轢が起こる。いままでのシステムでは新しい学問を盛り切れなくなる。そこで古いシステムを壊して新しいシステムを作る。ところが既存の古いシステムでも何とかして新しい学問を盛り込んで、生き延びようとする。そういう時代が一八世紀なのである。

歴史の豊かさを減殺しないで、大学史を描くことは至難の技であるが、次のような筆者なりの問題意識・観点を設定して、一八世紀のドイツ大学を描いていきたい。

① 大学史を軸にして、どのような時代区分が可能か。

② どのような大学が一八世紀に創設されたか。そして、その特徴は何か。

③ 一八世紀の大学ではどういう学問が教えられたか。この問題は、これまでとは異なった、どのような新

しい学問が出てきたか、また、どのような古い学問が教えられたか、という問いも含む。

④　一八世紀のドイツ大学はどのような意思決定機関（学長、評議会、学部長、学部教授会など）をもっていたか。

⑤　大学教師には、どのような資質が求められていたか。

⑥　一八世紀の大学は、いかなる教育目標をもっていたか。

⑦　一八世紀には、どのような大学論が展開されたか。

⑧　近代大学とは何か。

⑨　大学はいかなる方策をもってサバイバルしてきたか。

これらの九つの視点から、ドイツにおける研究成果やドイツの大学の文書館（アルキーフ、Archiv）に残されている文書を実証的に考察していくことにしたい。これらの問題が、筆者の著作の中核的部分をなしている。章構成は目次をご覧いただければ一目瞭然であるが、章構成と問題意識との関係について簡単に説明しておこう。

第Ⅰ部第二章においては、本書（本研究）の問題意識と研究の意義を述べる。第三章においては、ドイツ大学史についてどのような時代区分が可能か、Ｐ・モーラフの説を述べることによって、一八世紀を浮き彫りにすると同時に、それ以降の論の展開の前提を作る。第Ⅱ部第一章「ハレ大学の創設」と第二章「ゲッティンゲン大学の創設」とは、歴史上ドイツ大学の画期と言われている。両大学において、どういう学問が教えられたか、どういう大学教師のヒエラルキーがあったか、教授言語は何か、どういう特徴があるかなどを問題として解明する。こういう作業をすることによって、ハレ・ゲッティンゲン両大学の持っている特性を把握することができよう。

第Ⅱ部第三章から第七章までは、大学を創設順にならべ、残された史料や資料から判断できる特徴を明らかにする。すなわち、ヴィーン大学（第三章）については講座構成（大学に固定され、給与が支給された学問領域）と団体権の喪失を、ライプツィヒ大学（第四章）においては意思決定システムと教授された学問領域を解明する。インゴルシュタット大学（第五章）は、ランズフート、ミュンヘンと移転してサバイバルをはかっていくが、その間官房学を発展させ、ミュンヘンにおいて国家経済学部を形成するに至る。その形成過程を解明する。ヴィッテンベルク大学（第六章）においては、講座構成と大学教師の個人評価を、ケーニヒスベルク大学（第七章）においては大学学問となった講座構成を、それぞれ明らかにする。以上の叙述からも明らかなように、各大学における特徴を見るとは言っても、講座構成（いかなる学問領域が教授職として大学に固定され、定期的に教えられ、給与が支給されたか）は、各大学共通に問題となる。

第Ⅱ部第一章から第七章までは、取り扱った大学に即して「近代大学とは何か」という問題を強く意識した叙述があるが、一八世紀のドイツ大学全体について考察することは、第Ⅲ部第四章に譲る。

第Ⅲ部第一章の「大学の統廃合――ナポレオン戦争期の事例より」では、一八世紀の初頭から終わりまでの時期に、多くの大学が統合され、廃止された。移転によってサバイバルしたのはインゴルシュタット→ランズフート→ミュンヘンと都市を渡り移ってきた大学のみであるが、それら大学の移転・統合・廃止の理由を追究した。第二章の「大学教師論」においては、一八世紀には大学教師になるにはどういう資質が求められたのか、週どれくらい担当したのか、給与はどれくらいもらっていたのか、どれくらい高く社会的に位置づけられていたのか等を考究した。第三章の「学生生活」においては、学籍簿の登録する費用はいかほどであったか、私講義の費用はどれほどか、学位を取得するときいかほどはらったのか、学生牢（カルツァー）にはどのような理由で、どれくらいの期間入れられたのかなどの問題を考察した。第二章の「大学教師論」と第四章の「学生生活」は、第Ⅱ部の第一章から第七章までが大学ごとの横の考察だとすれば、縦の考察と形容できよう。そして最後に、第四章で、これまで無造作に使われるきらいがあった「近代大学」の内容を歴史学的に今一度問い直し、その特徴を明らかにする。

それにしても、どうしてそんなに一八世紀のドイツの大学にこだわるのか、一八世紀のドイツの大学を問う正当性はなんだろうか、という問いにいま一度答えておこう。第一に一八世紀のドイツの大学の実態（すべてではないが、その一部分でも）を知ることができること、第二に第一九世紀の古典的大学（これについては第Ⅰ部第三章参照）を創設し、それら大学（研究、教育、運営）を担った思想家や大学教授が自己形成した時代であること、第三にドイツ大学史における「近代」の意味を探ることができること、第四に、ドイツ大学史像の拡大という特殊日本的理由を挙げておきたい。第四の理由については、前著にも書いたが、大学史を取り巻くわれわれ日本人の意識は余り変わっていないので、ここでもう一度繰り返しておきたい。ドイツの大学と言えば、たいていの人がベルリン大学を想像し、「フンボルト理念」だとか「研究と学修の統一」だとか「孤独と自由」を想起するだろう。そういう理解は完全な間違いではないにしても、ドイツの大学史のごく一部であり、ドイツの大学史はもっと豊饒であることを示したいという筆者なりの願いがある。一八世紀のドイツの大学にこだわる正当性は、学問的動機として四つの理由があると言わなければならない。

なお、一八世紀までの大学の成り立ちを、予備知識として、簡単に述べておこう。本文を読めばわかることであるが、当時の大学は、ゲーテがファウストに、「これでおれは哲学も、法学も医学も、また要らんことに神学までも、容易ならぬ苦労をしてどん底まで研究してみた。」（ゲーテ『ファウスト』相良守峯訳、岩波文庫）と言わせているように、神学部、法学部、医学部、哲学（教養）部の四つの学部から成り立っていた。中世からの伝統で、学部の序列もこの順序であった。大学には学長がおり、評議会があった。各学部には学部長がおり、学部教授会があった。会議や式典などで学部長が席を占める順序も、学部の同等性を損なうことなくという但し書き（ベルリン大学の学則には現にそういう規定がある）があったとしても、神学部、法学部、医学部、哲（教養）学部の順であった。哲（教養）学部は構成する教授数は多かったが、序列は最下位であった。というのは、学生たちは、大学にはいるとまず哲（教養）学部に籍を置き、哲（教養）学部のバカラリウスやマギステルの学位を取った後、神学部、法学部、医学部の上級三学部に進んだのである。哲（教養）学部が他の学部と同列と考えられるようになったのは、一九世紀になってベルリン大学が創設（一八一〇年）されてからのことであった。なお、今後の叙述においては、哲（教養）学部は、おおむね哲学部と記す。

（初出　第Ⅰ部三章ともすべて『明治大学人文科学研究所紀要』第六九冊、二〇一一年）

第二章　本研究の意義

なぜ、ドイツのしかも一八世紀の大学にこだわるのか、という問いかけは、大学の歴史をなぜ研究するのかという問いに論理的にいきつく。大学の歴史というアスペクトに限定して、この問いかけについて、筆者なりに考えを述べてみよう。

1　過去の事実に対する純粋な興味

大学の改革や統廃合は、歴史の流れの中で、どのように行われてきたのか、その実態をありのまま知りたいという欲求がある。この欲求を満たすために、歴史研究を行う。この立場においては、主眼は徹底的に「事実は本来どうであったか」という一点に置かれる。したがって、事実の価値評価や現実の大学改革をどの方向で、いかに行うべきかという当為や大学改革のための実践的指針は、問題にならない。この立場にとどまる限り、大学の統廃合を問題にすることの意味や個々の事実の持っている歴史的意義は解明されない。本人は自己の趣味的な欲求が満たされて満足かも知れないが、閑人なひまつぶしと言われても仕方がない。

2　論理的意味関連の追究

大学の歴史を問う意味は、現在の大学に問題を発見し、その問題を重層的・複眼的に考えるさいの素材を得ることにあると考えることができる。ここでは過去の大学と現在の大学が抱えている問題の論理的かかわりが追究される。三木清は「現在は歴史を理解せしめる」と言った。時間的に後に発生した出来事は、それ以前に発生した出来事を説明する手がかりを与えてくれるという訳である。しかし、逆に、「歴史は現在を理解せしめる」とも言いうるのではないか。すなわち、現代の大学をめぐる諸問題を考えるにあたって、過去にどのような事例があるのか、現代と過去の事例はどのような論理的関係にあるのかを知ることは、理解を深めることに役立つ。このことを言い換えれば、次のようになろう。たしかに、大学も一つの社会的組織である以上、歴史的条件に制約されることをまぬがれえない。フランス革命からヴィーン会議までの時代は、ドイツの大学史上、大学の統廃合が行われた未曾有の時代であったことは間違いない。その意味においては、なるほど、特殊な時代である。しかし、大学が危機に直面し、統合・廃止され、また、移転するに至る条件および原因には、時代や地理的空間を超えた共通性で結ばれている。とすれば大学の統廃合を惹起する、時空を超えた「同一の潮流」（論理的な意味連関）を解明することが重要な課題として定立される。

このばあい、危機に直面した大学の組織構造、大学廃止の仕方、大学統合するさいの諸々の事実は、考察の出発点としての意味を持つ。しかし、最終目標は、個々の出来事そのものではなく、それらが担っている論理的意味関連である。

このような考え方からすれば、検討さるべき問題や事実は、後の時代の大学の在り方や現代の大学の在り方や危機の考察にとって、意義を有するものでなければならない。

3　実践のための歴史研究

実践的行動のための大学史研究も、当然ありうる。すなわち、いかに大学を改革したらよいのか、すべきなのか、大学はどのような対策を講ずれば、サバイバルしうるのかといった実践的諸問題について、行動の指針を得るために、歴史を研究する立場である。「私のねらいは、読む人が直接役に立つものを書くことである。想像の世界よりも、具体的な真実を追求することのほうが、私は役に立つと思う」というマキアヴェリの言葉は、この立場を明確に言い表している。ヘーゲルの言う「実用的歴史」である。

大学はいかに消滅したか、その背景、経過、直接の原因を探求することによって、逆に、大学はどうすれば存続できるかを知ることができよう。たしかに理論的にはそうであるに相違ない。しかし、ヘーゲルの言葉を引用すれば、「経験と歴史の教えるところこそまさに、人民や政府が曾て歴史から何ものをも学ばなかったということであり、また歴史からひっぱり出されるような教訓に従って行動したということもなかった」のである。歴史から何事も学ばなかったと知ることも、また歴史の効用であろう。

ともあれ、現代を変革し、改善するために、過去の歴史に教訓や指針を求めることは、常識的にもありうることである。ただ、この契機を前面に押し出せば、大学統廃合の研究が、「実践的な余りに実践的な」性格を帯びることになる。単なるハウ・ツーものに堕落してしまう危険がないとは言えない。

以上、三つの立場を説明するために個別に述べたが、それぞれの契機が一人の研究者の中に混在することは十分可能である。どの契機が最も強いかは研究者や読む人の立場によって異なってくる。たしかに、ファウストの言うように、「過去の時代は七重の封印をした書物」であって、われわれが「これこそはこの時代の大学の実態だ」と確信しているものは、実は時代に規定されたわれわれ自身の精神の反映なのかも知れない。さらに、見いだしたものが宝だと信じていても、実はただの石かも知れない。そうであるとしても、最も問われるべきは、大学の歴史に関心を持ち、知ろうとする者の「主体的な観点」と「自己の立脚点についての自覚」にほかならない。

第三章　ドイツ大学史から見た時代区分

本章では、約七〇〇年に及ぶドイツの大学の歴史のなかで、一八世紀のもつ意味を考察してみよう。一八世紀のもつ意味を把握するには、ごく大まかにでもドイツの大学史を概観し、それ以前と以後の典型的な特徴を摘出し、それらと比較してみるのが、最も有効であろう。この問題は、すぐれて歴史認識や時代区分の問題と根底において連なっている。

まず、時代区分という考え方を歴史に誰が持ち込んできたかを考えることから始めよう。持ち込んだのはハレ大学に教授であったケラリウスである。ケラリウスの説から始めよう。

1　ケラリウスの時代区分

ケラリウス（Christoph Cellarius 一六三四～一七〇七）は、ハレ大学の教授であり、時代区分という考え方を導入した人として歴史学に名をとどめている。彼によれば、コンスタンチヌス大帝（二七四年頃～三三七）の死までを古代史、それ以降一四五三年のイスラム帝国のコンスタンティノープル（現在イスタンブールと呼ばれている）占領までを中世史、それ以降を近代史として区別した。(1) ケラリウスの著作は、他の大学でも、テキストとして使われた。

時代区分という考え方は、それぞれの時代の特徴を認識するときに有効であると歴史学では考えられている。そういう意味でケラリウスの名前は忘れるわけにはゆかない。

2　パウルゼンの時代区分

ドイツの大学史をはじめて体系的に時系列に即して叙述したフリードリッヒ・パウルゼンは、時代区分を、「中世　発生」、「ルネッサンスと宗教改革」、「一六・一七世紀　領邦宗派主義時代の大学」、「一八世紀　近代的大学の勃興」、「一九世紀　科学的研究の優位」というように、五つに分類している(2)。「中世　発生」は、一三四八年のプラハ大学の創設から一五〇六年のフランクフルト・アン・デァ・オーダー大学の創設までと考えていい。「ルネッサンスと宗教改革」の時代は、一五世紀後半の人文主義の大学への浸透から一五一七年のルターによる宗教改革の開始までの時期、「一六・一七世紀　領邦宗派主義時代の大学」は、一五二七年のマールブルク大学創設から一六四八年のヴェストファーレン条約までの時期、「一八世紀　近代的大学の勃興」は、一六九四年のハレ大学の創設から一八一〇年のベルリン大学創設に至るまでの時期、「一九世紀　科学的研究の優位」の時期は、まさにパウルゼンが生きていた一九・二〇世紀である。

この時代区分は、オーソドックスなものであり、一時期大学を研究する者は、これに倣った。その意味で、このパウルゼンの時代区分は、日本の大学史研究に一定の役割を果たした。

3　モーラフの時代区分

パウルゼンによる時代区分は、大学史における一つのメルクマールになってきたが、現在ドイツでも研究の進捗や歴史認識の変化に対応した新しい時代区分や概念を創り出す努力が行われている。ギーセン大学の歴史学教授ペーター・モーラフの時代区分が、多くの研究者に受け入れられている。(3)

P・モーラフは、ドイツの大学史を、(1)中世から一九世紀はじめまでの「古典期以前の大学」(vorklassische Universität)、(2)一九世紀はじめから第二次世界大戦を中に挟んで、一九七〇年ごろまでの「古典的大学」(klassische Universität)、(3)一九七〇年以降現代に至るまでの「古典期以後の大学」(nachklassische Universität)という時代区分を提唱した。この時代区分の中心に置かれているのは、言うまでもなく、古典期の大学にほかならない。言葉を代えて言えば、これは、ドイツの大学史を古典期の大学を軸にして見ようとする歴史観の提唱でもあった。

では、三つの時代に対応するそれぞれの特徴は何か。本書のテーマと密接に関係しているので、補足しつつ簡単に解説しておこう。

1　モーラフは、古典期以前の大学の特徴として、聖職禄大学(Pfründeuniversität)、家族大学(Familienuniversität)の二つを挙げている。

聖職禄大学　中世の大学教師は聖職者とみなされ、独身であり、教会聖職禄をもらうという形で、俸給を受けていた。宗教改革の時代以降は、有給教師たちは「教授」(Professor)と呼ばれるように変わっていき、教会聖職禄が恒久的な教授職維持のための財源として使われた。歴史的に「聖職禄は固定した教授職の母胎」と呼ばれたのは、理由が明確にあるのである。

家族大学　ルネッサンス、宗教改革の時代以降は、妻帯するのが常態となってきた。特にプロテスタントの大学がそうである。結果的に、テュービンゲン、バーゼルといった小規模大学において、教授職(講座)が、あたかも家屋や土地、家財道具、あるいはギルドの成員資格や領主の地位のように、血縁者の内で、相続されることが普通になった。こうした大学においては、血縁者を教授ポストに据えるので、競争原理がはたらかなかった。この家族大学という考え方の批判点は、プロテスタント系の大学には妥当しても、カトリック系の大学に妥当しないという事実であろう。

２　古典期の大学の特徴として挙げられているのは、「業績重視の大学」（Leistungsuniversität）、「正教授支配の大学」（Ordinarienuniversität）の二つである。

業績重視の大学　血縁を重視する家族大学とは反対に、教師の学問的業績が重要なファクターとなる大学である。学問的な競争が唯一の基準となる。具体的には、教授資格試験（ハビリタツィオン）およびそれと裏腹の関係にある私講師制が導入された。さらに、一九世紀の後半には同じ大学のなかで、私講師、員外教授、正教授と昇進していくのを禁止する「同一学内招聘の禁止」（Hausberufungsverbot）という慣行が形成された（単なる慣行ではなく、「大学大綱法」にも規定があった）。業績重視の背景には、学問の主要任務が伝統的知識の伝達から新しい知識を創造・発見する学問へと変化したことが挙げられよう。

正教授支配の大学　正教授が大学や学部の運営権を独占し、寡頭的に支配していく状況は、一六世紀に完成するが、この情況はこの時代になっても変らない。一九世紀の後期になってくると学問の大規模経営が進行し、この傾向は、一層強くなってきた。

モーラフは、この二つしか挙げていないが、筆者はさらに第三の特徴があると考えている。それは、教養概念と結びついた「精神貴族主義的な学問訓練」である。教授や学生は新しい知識を創造・発見するための学問に携わるのであるが、その学問的訓練は、「孤独と自由」のなかで行われる貴族主義的な性格をもっていたと言わなければならない。

だから、古典期の大学の特徴として、「業績重視」、「正教授支配」、「精神貴族主義的な学問訓練」の三つの契機を挙げておきたい。

3　古典期以後の大学の特徴として、「集団運営の大学」（Gruppenuniversität）と「大衆大学」（Massen-universität）が挙げられる。集団運営の大学とは、正教授が大学運営権を寡頭的に独占している「正教授支配の大学」とは異なって、員外教授、講師、助手、事務職員、学生というように、大学を構成している人的成員が選挙で代表を選出し、それらの代表が大学の意思決定を行い、運営していくシステムである。

「大衆大学」とは、読んで字のごとく、ドイツでは、一九六〇年代以降大学の数を増やす政策が採用され、大学数、学生数、大学教師の数が飛躍的に増大した。伝統的に「大学」（Universität）とはみなされなかった工科大学をはじめとして、商科大学や鉱山大学なども大学の範疇に格上げされ、学位授与権や教授資格授与権が認められるようになっていった。大学とは、もともと学位授与権と教授資格授与権を持つ高等教育機関であったが、その範疇が広げられたのである。

以上に述べてきた古典期以前の大学、古典期の大学、古典期以後の大学という時代区分が受け入れられる背景には、個別大学史をも含む大学史の研究が非常に細分化してしまい、全体を見通すことが困難になってきている状況のなかで、極おおまかでもよいから何とか全体を見通すことのできる概念装置を持ちたいという学問的要請が潜んでいると言ってよいであろう。

このモーラフの概念は、「古典期以前の時代があまりにも長すぎる」とか「家族大学というのは、カトリックの大学には妥当しない。なぜならカトリックの教授たちは結婚しなかったから。」と批判されている。批判されながらも、Ｒ・Ａ・ミュラー（故人、アイッシテットカトリック大学教授）やＲ・ｖ・ブルッフ（ベルリン大学教授）、Ｒ・Ｃ・シュビンゲス（ベルン大学教授）といった有力な歴史研究者に受容され、学問的成果を生みだしている。筆者は、こういう時代区分をつかってどれくらいの成果をあげうるかということによってのみ評価されうると思う。上記の研究者は、批判的であるにしろ同意するにしろ、この時代区分を分析の道具として使うことによって、ドイツ大学史の大きな流れを、把握している。それほど、実効性をもっていると考えてよい。

以上により、叙述していく理論的前提ができあがった。このモーラフの歴史認識を受けて、一八世紀のドイツの代表的大学を例に挙げて叙述してゆこう。

（１）ベルンハイム『歴史とは何ぞや』坂口昂・小野鉄二訳、岩波文庫、一〇八頁。

（２）Paulsen, F., Die *deutschen Universitäten und das Universit* ätsstdium, 1902. Nachdruk 1966.

（３）Moraw, Peter, *Aspekte und Dimensionen älterer deutscher Universitätsgeschichte* in: ACADEMIA GESSENSIS, 1982, S. 29ff.

第Ⅱ部　個別大学史的考察

第一章　ハレ大学の創設——問題の設定

学問の変革期には、新しく勃興してきた学問とそれらの容器である大学との間に必ず矛盾がおこるのが常である。新しい学問の登場は、これまでの大学には盛りきれないことになるので、それに対応する新しい大学を創設しなければならない。新しい酒は新しい革袋に盛らなければならない。新しい学問は新しい大学に組織化した方が進歩がはかれるからである。そうではあるが、伝統的学問を全く無視するわけにもいかない。新しい大学でも、新しい学問と伝統的学問とが併存するのをさけるわけにはいかない。他方、これまでの既存の大学も、何とか組織的改善をはかって、サバイバルし、新しい酒（学問）を盛り込もうと努力する。新しい酒を古い革袋に盛って盛れないことはないからである。一八世紀は、新しい学問と伝統的学問、新しい大学と旧い大学が混在した時代、それらが葛藤した時代として捉えることができる。ハレ大学は、まさに新しい酒を新しい革袋に盛った実例にほかならない。

ハレ大学は一六九四年に新たに創設された。ハレ大学の創設から古典期を代表するベルリン大学の創設（一八一〇年）までの約一二〇年間に、ゲッティンゲン（一七三七年）、エアランゲン（一七四三年）、ミュンスター（一七七三年）、ブレスラウ（一七〇二年）、ボン（一七八六年）などの大学が創設されている。本章の目的は、それらのうちで最も早く創設された代表的な大学、ハレ大学をとりあげ、その創設期における諸事情と学問的性格などを明らかにし、一八世紀におけるドイツの大学を特徴づけることにある。

第一節　ハレ大学の創設

1　開学式

ハレ大学は、パウルゼンによれば、ドイツにおける最初の「近代大学」（moderne Universitat）と言われている。(1) 一体どういった意味で「近代的」と言われるのか、その理由について、厳密に本書第Ⅲ部の終章で集中的に考察することにして、まず創設時の状況から見てみよう。

ハレ大学の開学式は、一六九四年六月一日、フリードリヒ三世の誕生日に挙行された。この時各方面に送った招待状が次頁の写真である（写真参照）。開学以前に教授団の陣容もほぼ整っており、すでに胚珠細胞となる教育機関の教授活動も開始されていた。開学に先立ち、一六九三年一〇月一九日神聖ローマ帝国皇帝レオポルト一世の勅許状（Privileg）を得た。しかし、領主の勅許状の授与は開学より遅れ、一六九七年のことであった。また、中世以来大学は、神聖ローマ帝国皇帝とローマ教皇の聖俗双方から勅許状を受けて初めて大学と認められたが、プロテスタント領邦では、マールブルク大学（一五二七年創設）以降当然のことローマ教皇の勅許状は受けられなかった。ハレ大学も例外ではなかった。

領主の勅許状に基づき学則の整備がなされ、また、大学裁判権を獲得した。カトリックの側は、新教の大学は神聖ローマ帝国皇帝と領主の勅許状しかなく、ローマ教皇の勅許状がないことを問題にしたが、ローマ教皇からは貰いようがないのである。ハレ大学がはいった最初の建物は、市役所の横の「測量倉庫」（Waaghaus、測量倉庫と言っても広い立派な建物）であった（写真参照）。ハレ大学はここから出発したのである（この建物は現存しない）。

2　大学の胚珠細胞

ライプツィヒ大学を彼自身の合理性のゆえに追放されたクリスティアン・トマジウス（Christian Thomasius　一六五五〜一七二八）は一六九〇年にハレにやって来た。すでにハレはプロイセンの領土になっていた。かれは直

Halle in Sachsen
d. 1. Jun. 1694.

ES ist numehro fest gestellet / daß S. ChurFürstl. Durchl. zu Brandenb. auf ihren Geburths-Tag/ als den bevorstehenden 1. Julii in der Stadt Halle/ im Herzogthum Magdeburg / in eigener hohen Person sich einfinden / und Dero alhier auffgerichtetete neue Universität / welche allbereit vor 160. Jahren mit Päbstlichen / numehro aber auch mit vortrefflichen Keiserl. Privilegiis beneficiret ist / solenniter werden inauguriren lassen / Und weiln nicht allein des Hrn. MargGraff Philip Wilhelms HochFürstl. Durchl. als Stadthalter alda Hoff halten und residiren / sondern auch höchstged. Seine ChurFürstl. Durchl. die berühmtesten Professores in allen Facultäten/ auch Exercitien, und Sprachmeister von andern Orten mit ansehnlichen Kosten beruffen / sothane neue Universität auch herrlich dotiret/ und speciatim damit begnadigt haben daß die studirende Jugend in die daselbst befindliche Collegia der Regierung / Cammer/ Consistorii, Schöppenstuls / Rahthauß / Stadt / Saltz- und Ampts Gerichte mit hinein gehen / und allen Verhören und publicationen derer sententien beywohnen / zugleich an dem ihnen dazu eingeräumeten Orte die acta judicialia lesen/ und also nebst der theoria die praxin und applicationem zugleich mit erlangen können / So finden sich von Tage zu Tage viel Grafen/ Herrn/ Edle und andere studirende/ in specie auch viele Studiosi Theologiæ der Evangelischen Lutherischen Religion in dieser Stadt Halle ie mehr und mehr ein/ sonderlich weiln so wohl in statu politico als Theologico bey gewesenen vacantien die subjecta, so allhier denen studiis obliegen/ theils schon würcklich befordert worden / auch noch hinkünftig in dem ChurFürstl. Landen und Provincien vor andern befördert werden sollen.

Der Ort an sich selbst ist sonsten sehr gesund / lustig/ und die Victualien alda wolfeil auch der Bürger und Einwohner gar Civil, sonderlich die Teutsche Sprache hiese lbst vor allen andern Orten von Alters her renommiret.

So befinden sich auch in denen vorbenandten Collegiis ausser denen Herrn Professoren noch viele gelahrte/ und in publicis und privatis gebrauchte Personen/ welche denen studirenden viel gutes und liebes erzeigen. Wie dann nicht weniger allhier so viele Frantzösische Familien sich auffhalten / bey welchen die studirende Jugend der Frantzösischen Sprache durch die tägliche Conversation um so viel eher recht kündig werden/ und Wöchentlich vier Frantzösische Predigten hören können / Gestalt dann auch zu denen Auditoriis und Exercitien Hausse zwey köstliche bequeme Gebäude auffen Marckte eingeräumet / und Winterszeit alle Auditoria eingeheitzet/ auch die Reit-Schule und exercitien Hauß herrlich aptiret werden / höchstged. Seine ChurF. Durchl. sind auch bemühet / was zu fernern auffnehmen dieser neuen/ und nach Dero hohen Nahmen genanten Friedrichs Universität dienen und zustatten kommen kan / in geringsten nichts ermangeln zu lassen.

ハレ大学1694年の創設祝祭の招待状
（250 Jahre Universitat zu Halle 1944 より）

18世紀中葉の大学の建物（左）。右側の建物は市役所。
大学の建物の入口には，1694年，1722年改築とある
（Halle an der Saale. Kleine Stadtgeschichte. S. 6 より。）

ちにブランデンブルグの枢密顧問官に任命された。それと同時に、ハレの町で講義する自由を与えられた。それが大学が出来る胚珠になったのである。彼の講義に多数の聴講者が集まったので、ハレに大学を創立する計画が立案され、それが実現の運びとなった。ハレ大学の創設に関しては、当然にトマジウスの発議によるところが大きく、彼は一七二八年に没するまでこの大学で教鞭をとり、骨をハレ大学に埋めたのである。

3 ハレ大学創設の宗教的・法学的・政治的背景

大学は王室の財産を使用して創設された。大学創設の背景には、次のような目的意図が有力に作用していた。すなわち、フランクフルト・アン・デア・オーダー大学は領主（ホーエンツェルン家）がプロテスタントに改宗してから改革派（カルヴァン派）が支配的であった。プロイセン政府は、ライプツィヒとヴィッテンベルクというザクセンの両大学に入学することが禁止されている領内のルター派学生のために、自国に信頼しうる教育施設（Bildungsanstalt）を建設する意図をもっていた。[2] 換言すれば、ハレ大学は、プロイセン領における最初のルター派大学となったのである。

このような宗教ないし宗教的問題をも含めて、メーリング（Mehring）は大学の創立に関して、なかんずく二つの理由が決定的であったという見解を示している。[3] すなわち、（1）古いルター主義の熱狂的信者を養成する場を作るのではなく、宗教的信仰の寛容の精神を鼓舞する拠点を創造すること、（2）さらに、特定の国法（Staatrecht）、当時他の大学で行われていたような王国法（Reichsrecht）や帝国法（Kaiserrecht）を想定する大学でなく、個別領邦の法（partikulares Recht）を発展させる大学であること、この二点に集約されるという見解である。

さらにもう一つ、政治的理由があった。ドイツ啓蒙主義の中心となったハレ大学は、カトリックを奉ずるフランス王ルイ一四世に対する軍事的・文化的戦争を背景として創立された。フランスに対抗する側面があったのである。

この三つの理由、宗教的信仰の寛容の精神を鼓舞する拠点を創設すること、個別領邦の法（partikulares Recht）を発達させること、フランスに政治的・軍事的・文化的に対抗すること、これら三つの理由は、まさに特殊一八世紀ドイツ的と形容できよう。

大学は、このような宗教的・法学的・政治的理由を重層的につつみこんでいる時代背景を無視するわけにはいかない。一七世紀の末以来すでに貴族や高級官吏の要求に応じて、教育制度は変化してきており、実用的でない神学や古典語（特にラテン語）は背後におしやられ、実学的素養が強調されはじめていた。まさに、国家に奉仕する大学や教育が求められたのである。他方思考の自由すなわち哲学の自由を求める傾向も顕著になってきた。一方では国家に役に立つ学問が求められ、他方では思考の自由を求める、こうした時代の精神や学問の変化を典型的に象徴していたのが、新設大学ハレであったと言ってよい。実は、哲学や法学の教育の変容も、ハレ大学から始まったのである。

4　ハレ大学初期の教授団

以上述べてきたような歴史的状況のなかで創設されたハレ大学の初期の教授団は次のような人々であった。(4) ヴィッテンベルクの有名な法学者サムエル・シュティルク（Samuel Stryk 一六四〇〜一七一〇）、エルフルトの神学者ブライトハウプト（Joachim Justus Breithaupt 一六五八〜?）、敬虔主義の教育で著名な神学者アウグスト・ヘルマン・フランケ（Augst Hermann Francke 一六三三～一七二七）、コーブルクのギムナジウムの哲学者ヨハン・フランツ・ブデウス（Johann Franz Buddeus 一六六七～一七二九）、メルセブルク（Merseburg）の司教座聖堂付属学校（Domschule）の校長であった言語学者クリフトフ・ケラリウス（Christoph Cellarius 一六三八～一七〇七）、一六九三年に招聘された物理学者・医学者フリードリッヒ・ホフマン（Fr. Hoffmann 一六六〇～一七四二）、一六九三年に招聘されたシュタール（G. E. Stahl 一六六〇～一七三四）、それにディレクター（Direktor）として招聘された公法学者ゼッケンドルフ（V. L. v. Seckendorf 一六二六～一六九二）などであった。その後任には法学者シュティルクが就任した。ゼッケンドルフは副学長（学長は国王）になる予定であったが、開学式を見ずしてこの世を去った。

ヴォルフ
（ライプツィヒ大学展示より）

クリスティアン・トマジウスは、先に述べたように、この大学に最初から重要なかかわりを持ち、合理主義者として知られている。かれは大学の教授用語として母国語のドイツ語を使用した最初の人としても知られている。彼は、上に述べた敬虔主義の神学者フランケと並び称される。「君はハレに行くか。しからば、君は無神論者かあるいは敬虔主義者となって帰ってくるであろう。（Halam tendis aut pietista aut atheista reversurus）」[5]という言葉は、合理主義者トマジウスと敬虔主義者フランケという影響力の大きい二人の教授を擁するハレ大学の性格を端的に表現したものと見てよいであろう。

さらに、この二人の教授のほかにもう一人の教授を看過してはならない。それは彼等よりも年若く、一七〇六年に数学の教授として招聘されたクリスティアン・ヴォルフ（Christian Wolf 一六七九～一七五四）である。彼は数学のみならず、物理学、天文学、力学、論理学、形而上学、自然神学、心理学、倫理学、政治学、経済学、自然法等々哲学諸科の全分野にわたって研究を行い、教科書を書いた。彼の考え方・哲学は、時代精神（Zeitgeist）の一つとなった。彼の手になる教科書は一六世紀以来ドイツの大学で重んじられてきたメランヒトンのそれに事実上とって代ったのであった。メランヒトンからヴォルフへの変化は、一八世紀を特徴づける出来事とみていいであろう。

哲学史家シュヴェーグラーは、ヴォルフについて次のように書いている。「ヴォルフは哲学にドイツ語で語ることを教えたが、哲学は以後それをふたたび忘れることがなかった。ドイツ語を永久に哲学の機関とした功績は、（そのきっかけを作ったライプニッツについで）ヴォルフのものである。」と。この時代の哲学的思潮を後の時代の人々は、「ライプニッツ・ヴォルフ哲学」と呼んでいる(6)。

しかし、このような輝かしい業績にもかかわらず、ヴォルフは一七二三年フリードリヒ・ヴィルヘルム一世によってハレ大学から追放されるという憂き目にあった。この事件の背後には敬虔主義者達の策動があったとされている。その後フリードリヒ大王の即位（一七四〇年）とともに再びハレ大学に復帰している。

第二節　教師のヒエラルキーと教授科目

1　教　師

さて次に各学部の教師数と教師の職階を詳しく見てみよう。開学の翌年（一六九五年）の講義目録（Codex Lectinum annuaum in Regia Fridericiana Halensi Habitarum）によると、大学全体で一六人の教師がいたことがわかる。[7] それを学部別に分類してみると、神学部二人、法学部五人（うち、員外教授一人を含む）、医学部二人、哲学部七人、合計一六人（ホフマンは医学部と哲学部の双方に講座を持っていた）の教授が教えていた。実質は一五人であった。

この点に関連して注目すべきことは、正教授（Ordinarius）と員外教授（Extraordinarius）という教師の階級分化が明確に打ち出されているということである。私は、ドイツにおいては一八世紀の末までに正教授（Professor ordinarius）、員外教授（Professor extraordiinarius）ならびに私講師（Doctores privatim docentes）という整然とした教師の官僚的位階制度が確立された、と考えている。この教師のヒエラルキーは、一七世紀の末ではあるが、その兆候を示すものと言えよう。

特に哲学部の教授と教授科目について具体的にそれらの名称を列記すると、次のとおりである。[8] ①ギリシア語・東方語（Gr. et Or. lingu P.P.）、②雄弁・歴史（Eloqu. et Histor. P.P.）、③論理哲学（Phil. Ration. P.P.）、④哲学（Philos. P.P.）、⑤道徳哲学・政治哲学（Philos. Mor. ac. civ. P.P.）、⑥自然哲学・実験哲学（Philos. Natur. et

RECTORE MAGNIFICENTISSIMO
SERENISSIMO PRINCIPE AC DOMINO,
DN. FRIDERICO WILHELMO
PRORECTOR ACADEMIAE FRIDERICIANAE,
IOHANNES WILHELMVS BAIERVS,

ハレ大学初めての講義目録
（1694年ライプツィヒ大学展示より）

ハレ大学初めての解剖学教室
（250 JAHRE UNIVERSITAT HALLE 1945 より）

Experimentalis)、⑦数学（Math. P.P. Extraord.）である（P.P. は Professor Publicus の略号である）。

設立から約一世紀を経た一七八〇年の正教授数は、神学部六人、法学部五人、医学部八人、哲学部二〇人であった。また一八七五年も大差なく、神学部七人、法学部五人、医学部一一人、哲学部一九人である。(9) 特記すべきことは、約一世紀の間に神学部もさるものながら哲学部と医学部の正教授数が著しい増加を示したことである。まさに、一八世紀は、哲学部と医学部の教師数が大きく伸びた世紀と言えるだろう。

哲学部の教師の教授内容を具体的に検討してみよう。

① 雄弁・歴史の教授はC・ケラリウス（一六三八〜一七〇七）であった。一六九五年にはフィロロギーと歴史を教え、また一六九七年にはフィロロギーのゼミナール（collegium elegantioris litteraturae）を設けて、古典研究をさかんにすることに努めた。また彼は、後の歴史研究に多大な影響を与えた時代区分を提唱した（第Ⅰ部第三章参照）。ケラリウスの歴史は、他の大学でも教えられた。バーゼル大学哲学部の歴史学講座のJ・C・ベック教授は、一七三八年正講義でケラリウスの歴史によって古代史を教え、一七三九年〜一七四〇年にも、おなじくケラリウスの歴史によって古代史を教えている。また、J・H・ブルケル教授は、一七四八年にはケラリウスによって古代史を、一七五〇年にはケラリウスによってローマ史を、一七五二年から五三年にかけてはケラリウスによって中世史を教えている。

② ギリシア語・東方語の教授は、敬虔主義の神学者アウグスト・ヘルマン・フランケ（一六六三〜一七二七）であった。彼は新約聖書および旧約聖書の諸篇を講義し、一六九九年神学部の教授になった。

③ 自然哲学・実験哲学の教授は、科学史に名前をとどめているフリードリヒ・ホフマン（一六六〇〜一七四二）であって、実験物理学を教授していた。彼は医学部にも講座を持っていた。

④　道徳哲学・政治哲学の教授ブッデウス（J. F. Buddeus　一六六七～一七二九）は、政治学と自然法を講じたが、一七〇四年には神学部の正教授となり、翌年ハレを去りイェナに移った。

⑤　哲学の教授スペルレッテ（J. Sperlette）は当初物理学および数学の教授として招聘されたが、「新哲学の教授」（Prof. Philos. novae）と自称し、一六九五年には哲学の体系、デカルト哲学、地理学そしてフランス語を教えた。

⑥　論理哲学の教授ルデヴィッヒ（J. P. Luedwig）は討論（Disputation）を含む論理学、形而上学・系譜学・紋章学・地理学の歴史補助学を含む歴史学、そして詩学においてPrudentiusを講じるなど、教授内容は多岐にわたっていた。

⑦　数学の担当者オストロヴスキー（M. V. Ostrowski）はP.P. Extraordinariusという称号からも明らかなように、員外教授であった。

2　ヒエラルキーと哲学部の教授職の性格

これからも、ハレ大学においては、すでに設立の当初から、正教授（ordinarius）と員外教授（extraordinarius）という大学教師のヒエラルキーが置かれていたのが分かるであろう。

一六九九年には、フランケは哲学部から神学部に移ったことからも分かるように、ハレに限らず、哲学部の教授職は、しばしば神学部・法学部・医学部という上級学部に移るまでの腰掛けとして、利用された。これはドイツの大学の一般的傾向であった。

3　学問の性格

考えてみると、人間の認識は、人間自身が作った認識装置にかなう世界しかみえないものである。認識装置とは、このばあい学問と言ってもいい。一七・一八世紀は「認識革命」、「学問革命」の世紀と言っても過言ではない。と言うのは、イギリスではフランシス・ベーコンやハーヴィ、ドイツではライプニッツ・ヴォルフ、イタリアではヴィーコ、フランスではデカルト、パスカルなどが挙げられる。こうした人々のものの考え方、とらえ方の「コペルニクス的転換」が大学に反映された。確実な知識は、そうした認識装置からしか得られない。しかし、ヴィーコの言うように、人文・社会に関する学問は、デカルト的数学的認識から言えば、蓋然性的確からしさをもってしか語り得ないような気がする。

初期のハレ大学の教師たちは、C・ケラリウスにしてもフランケにしてもホフマンにしてもブッデウスにしてもスペルレッテにしてもルデヴィッヒにしてもオストロヴスキーにしても、新しい学問を担当しているとは言え、当時の認識装置で知り得たことを教育内容とせざるをえなかった。それまで大学学問の中軸であったアリストテレスの学問に価値がないのではなく、それなりに意義があった。意味がなければ大学で教えられない。しかし、アリストテレスの学問では見えない（認識できない）現実もある、人間の実際生活に役に立つものを産み出す力に欠けているという事実があることに、この時代の人々は気が付いたのである。そして近代の科学は突然に成立してきたのではなく、従来の学問（科学）に依拠あるいは批判することによって、成立してきたのである。[10]

しかも、こうした学問は、一八世紀ヨーロッパという空間的にも時間的にも拘束された知のあり方であったのではないか。したがって、学問が変れば、大学の構造が変わる。講座構成が変化せざるをえない。そういった意味で、この時代は、古い権威原理（Autoritätsprinzip）と新しい自由研究の原理（Prinzip der frein Forschung）が相争い、闘争し、次第に「新しい自由研究の原理」が徐々に優勢になっていった時代と考えて良い。と言うのは、グンドリング（Gundling）が一七一一年のプロイセン国王の誕生日に行った注目すべき演説のなかで、「大学の使命とは何か」という問題に答えて曰く、「知恵、すなわち正しいものと間違ったものを見分ける能力をつけることである。しかしそれは、もし研究に何かある限界が設けられていれば、不可能である」と言っているからである。[11] ここには、当時の大学のあり方、学問のあるべき姿が端的に述べられている。すなわち、①正しいものと間違ったものを見分ける能力＝知恵と②考えることの自由（libertas philosophandi）、この二つのことにほかならない。

第三節　教授活動

以上、初期の教師、各学部ごとの教師数、教師の官僚的位階制度、正教授の増加といった教師と学問に関することがらを中心に述べてきた。次に創立当初の教授活動を簡単に概観してみよう。

大学の教授の形態として中世以来伝統的に伝えられているものに、「講義」（Vorlesung）、「討論」（Disputation）、「演説」（Deklamation）の三者があることは、大学史研究の常識と言えよう。その外に文法（Grammatik）の教授においては、「活用」や「変化」を記憶させるために「演習」（Ubung）が行なわれることもあった。

講義はさらに正講義（lectiones publicae）と私講義（lectiones privatae）との二種類に分類されていた。ハレ大学では普通五時間の私講義に対して、二ないし六ターールが報酬として支払われることになっていた。この額はイェナ大学の三ないし五タールと大体合致する。

教師の授業時間数は、中世や一六世紀と比較するとかなり多くなってきていることが指摘できる。たとえば、一六世紀のヴィッテンベルク大学の教授はたいていのばあい週四回の授業を行っただけであったが、トマジウスは一七〇〇年に一日三箇の講義を行うことを講義目録で公示している。このように教授の授業時間数は増加する傾向にあったが、ミヒャエリス（David Michaelis）は一日三ないし四時間、そして、週二一時間をこえない方がよいといっている。

教授たちは、どうも正講義も私講義も真面目に授業をしなかったらしい。というのは、一七三一年に国王から出された「一般規則」（Allgemeine Regelement）によると、まず第一番目に「教授は真面目に正講義および私講義を、有用な教材について、集中して行うべきである」ということが書かれているからである[12]。

第四節　一八世紀末における教授・員外教授・事務職員の収入

１　教授や員外教授、事務職員はどれくらいの収入があったのであろうか。史料の残っている一七六七～六八年の年俸をまず見てみよう。

学長は国王であったので大学からの収入はなかった。他は、副学長四〇〇タール、①枢密顧問官三〇〇タール、②枢密顧問官六〇〇タールであった。神学部には四人の教授がいた。①神学教授（フランケ）一九三タール一八グロッシェン、②四九三タール一八グロッシェン、③三〇〇タール、④五五〇タール。

法学部にも四人の教授がいて、①六〇〇タール、②一〇〇タール、③一〇〇タール、④二〇〇タール。

医学部にも四人の教授がいて、①一〇〇ターール、②四〇〇ターール、③二〇〇ターール、④一〇〇ターールであった。哲学部には五人の教授が在職していた。①一五〇ターール、②一六二ターール一二グロッシェン、③一五〇ターール、④一〇〇ターール、⑤一〇〇ターールであった。

学部の意思決定に関わらない、一段低い教師たち、すなわち馬術の教官は四〇〇ターール、フェンシングの教官は五〇ターール、ダンスの教官は一〇〇ターール、正規の語学教師すなわちフランス語の教官は、フェンシングの教官と同じく五〇ターールもらっていた。

事務職員に目を転じて見ると、一人の人間が法律顧問として、秘書として、会計係として三二〇ターール、記録係一一〇ターール、ペデル一五二ターール、ペデル二三四ターール一六グロッシェンであった。また郵便と荷造りのチップ二ターール一六グロッシェンも計上されていた(13)。

2　次に、創設から百年以上たった一八〇三年の大学成員の年俸を見てみよう。

神学の教授は五人いて、それぞれ①九六六ターール（学部の手数料を含む）、②五四五ターール、③一二三〇ターール（そのほかに賢者の館 Weisenhause から六〇〇ターール）、④三七五ターールを受けていた。

法学の教授は五人いて、それぞれ①一二三六ターール、②六一六ターール、③四一四ターール一六グロッシェン、④五一六ターール、一三〇ターール受けていた。

医学の教授は三人いて、それぞれ①七三〇ターール（予定されている手数料三一六〇〇ターールを含む）、②二〇三〇ターール（予定されている手数料三一六〇〇ターールを含む）、③一八二〇ターール（予定されている手数料三一六〇〇ターール、市の医師として二〇〇ターールを含む。）をうけていた。

哲学の教授は数が多く、十一人いて、①八九四ターール一二グロッシェン、②一二六二ターール（そのほかにアカデミーの会計から二〇〇ターール）、③一二九五ターール一二グロッシェン、④六二〇ターール、⑤三六〇ターール（そのほか主に塩官庁から六一八ターール）、⑥八七〇ターール、⑦三二〇ターール、⑧三二〇ターール、⑨七三〇ターール（そのほかに、化学の授業のために塩官庁から一〇〇ターール）、⑩一二二〇ターール、⑪八二〇ターールであった。こうした正教授のほかに員外教授の給与もあった。①一三〇ターール（聖ウーリッヒ教会の説教師として二〇〇ターール）、②二〇ターール（ペダゴギウムの教師として二〇〇ターール）、③三〇ターール、④一二〇ターール、⑤三三〇ターール、⑥一三〇ターール（公使館会計の通訳者として三〇〇ターール）、⑦二〇ターール（ルター派のギムナジウムの教師として三九〇ターール）、⑧一六〇ターール、⑨二二〇ターール、⑩三三〇ターールであった。

言葉の教師や体操教師も大学から給与をうけていたが、大学から支給されるよりも多額の収入を他所から受ける者もいた。①英語の教師三〇ターール（鉱山役所から四〇〇ターール）、②フランス語の教師二〇〇ターール（フランス語の説教師として二八〇ターール）、③イタリア語の教師　？　ターール、④ポーランド語の教師一〇〇ターール、⑤馬術の教師八六〇ターール一六グロッシェン、⑥ダンスの教師一〇〇ターール。

大学の事務職員では、①第一法律顧問六七三ターール七グロッシェン二ペニッヒ（手数料を含んで）、②第二法律顧問六七三ターール五グロッシェン二ペニッヒ（手数料を含んで）、③記録係五一〇ターール二一グロッシェン七ペニッヒ（手数料を含んで）の給与を受けていた(14)。

四学部の正教授には給与が払われたのは、当然であるが、員外教授や言葉の教師、法律顧問、ダンス教師、フェンシング教師などにも大学から給与が支払れていた事が分かる。しかし、言葉の教師、ダンス教師、フェンシング教師たちは、学部の構成員とは認められず、学部や大学の意思決定に参画することは許されなかった。また、

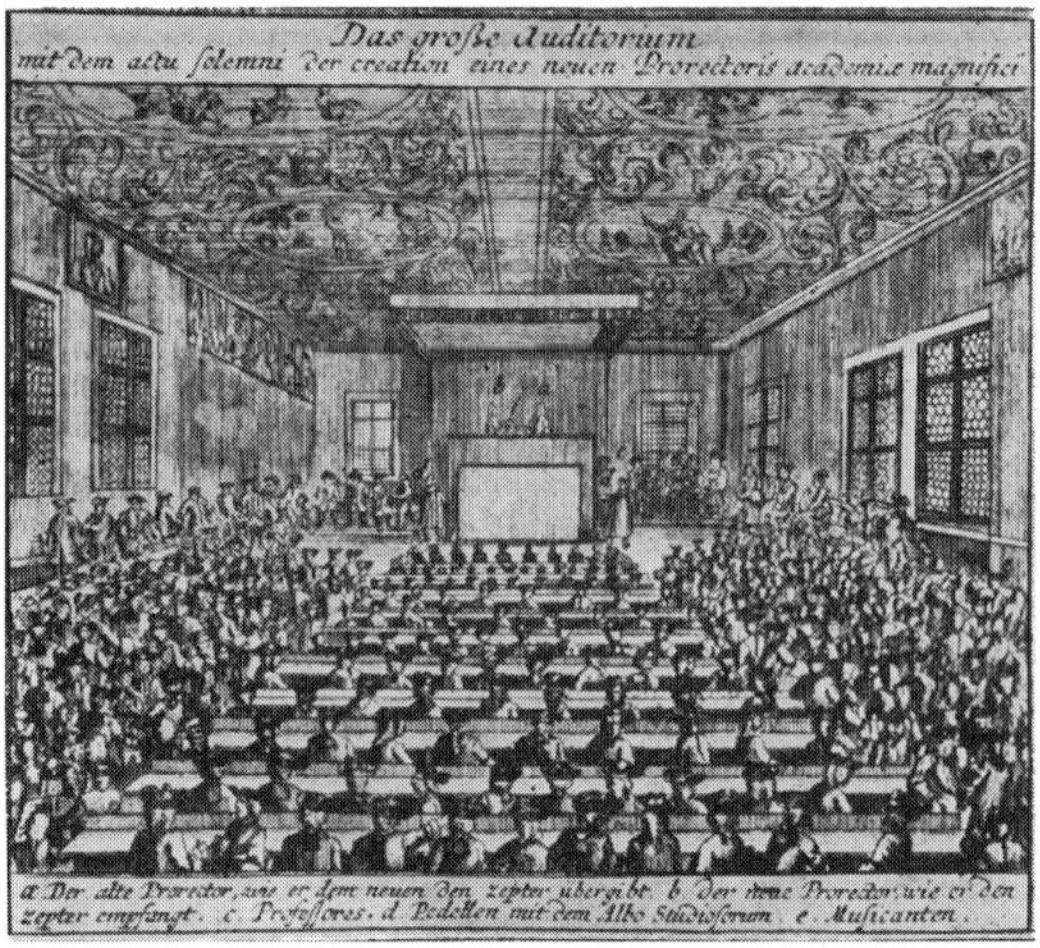

ハレ大学の副学長の交替式
（KUNSTE-UND KULTUR SCHÄTZE. S. 17 より）

正教授の収入は給与だけではなく、学部の手数料、寮舎、アカデミー、塩官庁、教会、公使館の通訳者、ギムナジウムの教師などからも、全員ではないが、収入があったことがわかる。さらに、大学の事務職員として、法律顧問が二人いること、記録係がいることもわかる。

第五節　教授用語と教育方法

大学史および大学教育についてかたるばあい、教授用語および教育方法も触れておくべき重要な問題であろう。トマジウスは教授用語として母国語のドイツ語を使用したが、他のすべての教授が彼を模範としたわけではなかった。特に神学部においては、ラテン語が依然として重要な位置を占めていた。哲学部では、前述のように、ヴォルフはドイツ語を使って授業をしたことはすでに述べた。

ラテン語は「討論」（Disputation）と伝統的に結びついていたので、「討論」の盛衰はラテン語の盛衰と密接に関連していた。一七三五年五月一四日に発布された領主の布告は、「学生は奨学金（Stipendium）を得るためにも、また官職を得るためにも、討論をしなければならない」旨告示し、「討論」を奨励している。しかし、時代の大勢はそれとは逆に動いていたと言っていいだろう。すなわち、一八世紀後半になると、ラテン語および

「討論」は次第に大学教育のなかでの重要性を失い、ついには全くといってよいほど大学から姿を消してしまう運命にあったからである。そして、ラテン語に代ってドイツ語が、「討論」に代って「ゼミナール」が登場してきた。

ゼミナールとは何であろうか。ゼミナールには色々な意味があるが、明確な理解を得ることを意図して、ここで説明しておこう。ドイツ大学史でいうゼミナールには、大きく分けて、五つの意味がある。①日本学研究所というように、「専門学問分野の研究所」という意味がある。②そういう研究所の部屋、空間を意味することもある。③講義と区別して、「演習のなかのある授業の一形態」という意味がある。④聖職者ゼミナール（Klerikal-Seminar）と言うように、「聖職者を養成するためのゼミナール」という意味がある。⑤「初等・中等教員の養成コース」という意味がある。[15]

このように、辞書的には五つの意味があるが、ここでは言うまでもなく、「演習のなかの授業の一形態」という意味で使われている。ハレ大学で新しい授業形態としてゼミナールが採用されたということは、新しい傾向として特記してよい。

第六節　ハレ大学の財政

ハレ大学の財政は、どうなっていたのであろうか。教授の経済的基盤になる俸給資金（Besodungsfond）は、後に開学したゲッティンゲン大学に比較して、非常に貧弱であったと言われている。開学時における俸給資金は五四〇〇タールであったが、この財源から教授の給料のほかに大学職員（Beamte）や体操教師（Exerzitienmeister）の給料までもまかなわれていたのである。創設から二六年を経た一七二一年に至ってもなお教授の給料の総額は年間六〇〇〇タールにも満たない有様であった。[16]

大学全体の予算に関しても全く同様のことが指摘できる。創設当初の予算は七〇〇〇タールであったが、この数字は一八世紀後半の一七六八年に至っても何ら変るところがなかった。

このように、教授の給料および大学の予算の面で非常に貧弱であったハレ大学に対して、一七三七年ハノーヴァー公の手によって創立されたゲッティンゲン大学は、ハレの二倍強の予算を持っていたのであった。大学予算の多寡は、必然的に有能な人物の招聘を少なからず左右し、また大学の設備を左右する。ひいては大学の地位・重要度に決定的な影響を与えたと考えられる。ゲッティンゲン大学がハレ大学に対抗して創設されたという政策史的背景を想起するとき、ゲッティンゲンの予算の多いことは首肯できるであろう。

ではハレ大学の教授たちはどれくらいの給料を得ていたのであろうか。個々の教授についてはすでに述べたので、有名な教授個人に限定して見てみよう。またその額は他の大学の教授と比較してどうであったであろうか。

一七〇九年、ディレクター（Director）の職にあったシュトリク（Stryk）は一二〇〇タール、神学者ブライトハウプト（Breithaupt）は五〇〇タール、トマジウス――ブライトハウプトとトマジウスは宗教局評定官（Konsistorialrat）でもあった――は五〇〇タール、神学者アウグスト・ヘルマン・フランケは二〇〇タールであった。ここに挙げた教授たちはすべて著名人であるにもかかわらず、シュトリクの額の大きさは他の教授を完全にひきはなしている。上に述べた四人の収入の合計二四〇〇タールは、一七〇九年のハレ大学の全体予算六七〇〇タールの約三六パーセントを占めている。

彼らの給料の額は他の大学の教授のそれに比較してどうであったろうか。同じくプロイセンの大学であったフランクフルト・アン・デア・オーダー大学を例にとろう。一七二一年には、神学部の教授が三三八タールから五五七タール、法学者は二〇〇タールから五〇〇タール、医学者は一〇〇から三〇〇タール、哲学者は一〇〇から一七五タールの収入をそれぞれ得ていた。中世および近世（一六世紀）と同じく相変らず神学部教授の収入は他の学部の教授に比較して高額である。大体においてハレ大学と同額であったと言ってよいであろう。ただし、フランケの二〇〇タールという額は、当時の彼の名声からして低すぎるように思われる。

教授の給料をも含めた大学の予算はどのようにして賄われていたのであろうか。一七〇九年と一七六八／六九年の予算の出所を上に示そう。[17]単位はタール（Thlr）である。

表１

出　　所	1709年	1768／69年
マグデブルグ公爵領の州会（Landschaft）	2300	2300
ハレの Stifsschreiberei	2100	2119.8
Stadt Burg の Accisegefallen	1200	1200
マグデブルグの税収益	600	600
マンスフェルド伯爵領の Accisekasse	500	500
馬術練習場のカラス麦代としての Landrentei（地代）		280.16
合　　計（タール）	6700	7000

土地や税金の金額は、そんなに増えないので、六〇年たっても三〇〇タールしか増えていない。余り増えていないと言ってもいいのではないだろうか。

第七節　プロイセン邦政府による大学行政

つぎに、プロイセン政府の大学行政あるいは国家の大学統治の方式に関して、ごく簡単に述べておきたい。プロイセンは、この時代には、ハレの他に、フランクフルト・アン・デア・オーダー大学とケーニヒスベルク大学を持っていた。したがって、誰が大学監督官になるかという問題は、大学と国家の関係を考えると

表2　ハレ大学の大学監督官（Oberkurator）

	人　　名	官　　職	在任期間
1 2	フォン　レェズ D. L. フォン　ダンケルマン	大臣 枢密顧問官	1694-1701
3 4 5	フォン　レェズ D. L. フォン　ダンケルマン パウル　フォン　フックス	大臣 枢密顧問官 大臣	1701-1704
6 7	フォン　レェズ D. L. フォン　ダンケルマン	大臣 枢密顧問官	1704-1707
8 9	D. L. フォン　ダンケルマン v. Printz	枢密顧問官 王子	1707-1709
10 11	v. Printz バラスピール	王子	1709-1723
12	v. Printz のみ	王子	1723-1725
13	F. フォン　Cnyphausen	大臣（男爵）	1725-1730
14	フォン　コクツェイ	大臣	1730-1738
15 16	フォン　ブラント フォン　ライヒンバッハ	大臣 枢密顧問官	1738-1747
17 18 19	フォン　コクツェイ フォン　マーシャル フォン　ビーレフェルド	大監督官 大臣 枢密公使館参事官（全大学とギムナジウムの監督官）	1747-1749
20	フォン　ダンケルマン	枢密顧問官	1749-1763
21	フュールスト　フォン　クペンベルグ	大臣（全大学の監督官。昇進のあと大監督官となる。）	1763-1771
22	フォン　ミュッハウゼン	大臣	1771（短期間しかやらなかった）
23	フォン　ツェドリッツ	大臣（男爵）	1771-1788
24	フォン　ヴェルナー	大臣	1788-1798
25	フォン　マッゾー	大臣	1798-1807

典拠）Wilhelm Schrader, *Geschichte der Friedrichs-Universität zu Halle*. S. 439 より作成。

き、無視できない。端的に言えば、この時代の大学は、国家に寄り添うように存立していた。言葉を換えて言えば、国家は大学のスポンサーであった。したがって、大学における最高の管理者は、国家（ラント）の任命する大学監督官（Kurator、クラトール）であった。ハレ大学にあっては一六九二年に大臣フォン・レェズ（Rhez）と枢密顧問官ダンケルマン（Daniel Ludolf von Danckelmann）の二人が大学監督官に任じられている。それ以来一七四七年までに、再任された者を除いて、一〇人がその職に就いたのであった。表2はハレ大学の大学監督官の職に就任した人物の名前とその在任期間を示したものである。(18)

他のプロイセンの大学にもハレ大学と同じように大学監督官が置かれていた。たとえばフランクフルト・アン・デア・オーダー大学に置かれた大学監督官は、表3からも明らかなように、ハレ大学のそれと同じ時期に同じ人物が任命されているばあいもみられる。

表3　フランクフルト a. O 大学の大学監督官

	人　名	地　位	在任期間
1	フォン　フックス	大臣	1692
2	フォン　ダンケルマン	枢密顧問官	
3	v. Printz	王子	1707
4	v. Cnyphausen	男爵	1725
5	v. コクツェイ	大臣	1730-1738
6	v. ブラント	大臣	1738-1747
7	v. ラインバッハ	枢密顧問官	

典拠）Bornhak, Conrad: *Geschichte der preussischen Universitatsverwaltung bis 1810.* (1900) S. 179-180. より作成。

上に述べたように大学ごとか大学全体に大学監督官が置かれており、この官職を通じて領邦政府の大学政策が貫徹された。大学監督官を統括する官庁として、大学監督局（Oberkuratorium）があった。すなわち、一七四七年プロイセン政府は領内のすべての大学を統括するために大学監督局を設置した。これによってプロイセンの大学行政を司どる中央集権的な官僚体制が完成した。ハレ大学も当然のことながらその支配下に置かれるに至った。

第八節　学生数・登録者数・留学生数

最後に学生数、登録者数、留学生数といった、いわば学生に関する事項にも触れておきたい。ハレ大学の年間登録者数は最初の一〇年間で六〇〇人に達し、一六九一年から一七〇〇年までに登録した学生の数は合計して二八八四人にのぼるといわれている。[19]

一八世紀の初期から中葉にかけて五〇〇人をこす学生が登録しており、ハレ大学は他の大学に対して優位をたもっていた。またこのころの全学の学生数は一八〇〇人から二〇〇〇人に達していたといわれている。[20]

ハレ大学には、ドイツ人のみならず多数の外国人も学んだ。ハレ・ヴィテンベルク大学の四五〇年を記念して出版された文献"450 Jahre Martin-Luther-Universitt Halle-Wittenberg"によると、一六九四年から一七三〇年までにハレ大学に登録した外国人学生数は表4に示す通りである。[21]

表4からも明瞭であるように、イギリス、フランス、イタリアのヨーロッパの主要国はすべて含まれている。なかでもロシア人やハンガリア人などのようなスラブ系の民族が多いことは、四五〇年祭当時東ドイツ・プロイセン領であったことを考慮しても、一つの特徴として指摘しうるであろう。

以上に述べた学生の出身地域の普遍性およびヨーロッパ各国の留学生の数などの点から見ても、ハレ大学は領邦主義および宗派主義から脱却しつつあるとともに、国際的な性格をおびつつあったと評価してよいであろう。

また、創設期からかなり時代が下るが、ベルリン大学史の編者マックス・レンツ（Max Lenz）の示すところによれば、一八世紀後期のプロイセン出身者に対する旧プロイセン領およびプロイセン領以外出身者の割合は、後者が相当な高率を占め、五〇パーセント弱に達しており、年度によっては五〇パーセントを超過することさえもあった。[22]

結　語

ドイツ大学史の流れのなかで、一八世紀は、宗教改革以来陥っていた領邦宗派主義を脱し、ベルリン大学に象徴される古典的大学の隆盛を実現するための精神的エネルギーの蓄積期間にあたっている。その発端となったのはハレ・ゲッティンゲンの両大学であった。この時代は、精神史的には、啓蒙主義時代と呼称される。大学史における啓蒙の特徴は、ライプニッツに象徴されるように、アリストテレスの哲学を脱し、「権威」の基礎の上にではなく、「理性」の基礎の上に哲学と自然科学を確立し発展させること、学問＝科学にはいりこんでいる宗教的およびスコラ哲学的要素を完全に払拭することを意味していた。

一六世紀と比較する意味で、それまでに大学で教授された学問分野を示しておこう。それらはおおよそ次の三つの領域に大別して間違いないであろう。（1）思考および演説などの形態に関する学問（artes formales）として弁証法と修辞学が重視された。（2）現実にかかわる学問（artes reales）として自然学、宇宙論、心理論および生理論が重視された。（3）人生の実践的な諸問題にかかわる学問として倫理学と政治学が重視された。（4）ギリシア語、ラテン語などの古典語が重点的に

表4　ハレ大学の外国人学生数

	国　名	人数
1	デンマーク	64
2	イギリス	29
3	フランス	54
4	ギリシア	3
5	オランダ	9
6	イタリア	11
7	ノルウェー	18
8	ロシア	289
9	スウェーデン	98
10	スイス	70
11	ハンガリア	258
	合　計	903

である。

教授された。これらの学問についての講義にはたいていメランヒトン（Melanchton）の教科書が使用されたのである。

ところで、ほぼ以上のような経過で一八世紀に至ったとして、この時代のドイツ大学は、一体どのような基本的特質――歴史的位置と性格――をもつものであったと言うべきであろうか。その問題を、まず、最も変化の大きかった哲学部を軸にして、上級学部との関係、中等教育機関との関係、教授職の性格、そして学生の年齢といった外的諸条件からまず考察してみよう。そののちに、教授内容の変化、哲学と他の学問との関係といったいわば内容に連関する問題に言及することとしよう。

1　外面的変化

（1）哲学部と上級学部との外的関係

哲学部と上級学部との関係は、外面的には、旧態依然たるものであったといってよい。すなわち、それは、上級学部における専門的研究のための一般的学問的予備部門であることには依然として変りなかった。医学部は学生数では全く取るに足らない存在であったから、哲学部は事実上神学研究と法学研究のための予備部門であった、といって決して過言ではない。しかし、本質的にはその関係は変容しつつあったと言えようが、その変容の内実を先に簡単に言ってしまえば、上級学部の「予備校的性格」からも脱却し、哲学諸科を中心とする高い程度の研究・教育を行うようになりつつあった。このことに関しては、「哲学と他の学問との関連」を取り扱うさいに今一度立ち入って論及することとしたい。

（2）　中等教育機関および上級学部からの哲学部の独立

つぎに、哲学部の中等教育に対する関係を見てみよう。中世・近世において哲学部はラテン語学校的教育を行っていたことはすでに述べたとおりである。では一体一八世紀においてはどうであっただろうか。哲学部の教育はあきらかに変容し、高度になってきていた。哲学部の教育内容の高度化は、エルネスティ（一七〇七～一七八一）、ゲスナー（一六九一～一七六一）、ハイネ（一七二九～一八一二）、クリスチャン・ヴォルフ（一六七九～一七五四）といったその時代の一流の教授の積極的な活動によってもたらされた。その結果、哲学部は、中等教育の補完や神学部の下請け機関という任務から解き放たれつつあった。

このように、哲学部は、一方では中等教育的内容から分離し、他方では、上級三学部からも独立を確保し、独立性を強めつつあった。

（3）　哲学部の教授職の性格

哲学部の教授職の性格に関し、すでに述べた新設のハレ大学を例にとれば、一六九四年創設のハレ大学哲学部教授であったA・H・フランケ（一六七三～一七二七）は一六九九年に神学部の教授に転任している。また一七三八年には哲学部に一三人の教授が在職していたことが知られているが、それらのうち哲学部のみで講義を担当していたのは五人にすぎない。残り八人は、神学部と法学部でそれぞれ三人ずつ、医学部で二人というように、上級学部の正講義を担当していたのである。哲学部に所属していながら、哲学部のみで講義を行っている教授よりも上級学部の講義をも兼任している教授の方が多いという実情であった。これは何を意味するのだろうか。このことは、まさに哲学部の教授職は流動的であり、上級学部——特に神学部と法学部——に教授職を得るための「こしかけ的性格」を持つものとして考えられていたことを示すものにほかならない。

(4) 学生の年齢の上昇

哲学部が中等教育から解放されるにしたがって学生の年令も上昇してきたことを附加しておきたい。大学に在学する学生の年齢は一六歳から二二歳までが普通であった。入学年齢は一七歳ないし一八歳が最も多かった。有名な哲学者カントは一六歳で、ヘーゲルは一八歳で、ヘルバルトとフレーベルはともに一九歳で、大学に入学している。

2 内面的変化

哲学部の外面的な性格はこれくらいにして、次に哲学部の内面的性格に関して考察を加えることとしよう。

(1) 教授内容の変化

教授された学問、使用された教科書といった教授内容はどのようなものであっただろうか。一六・一七世紀から一八世紀への移行を端的に示しているのは、人物中心にして考察すれば、「ドイツ国民の教師」(Praeceptor Germaniae) といわれたメランヒトンからヴォルフ (Professor universis humanis) への移りかわりであろう。ドイツの大学史の流れからみるとき、メランヒトンは論理学、自然学、倫理学等々の教科書を書くことによって、伝統的な知識を学校で教えうるように体系づけるという仕事を行ったのであった。これに対してヴォルフは、「哲学を創造する」という要求に忠実に従い、哲学を権威の上にではなく理性の基礎の上に置くという仕事を成し遂げた。換言すると、彼は「信ずること」を要求したのではなく、「疑うこと」を要求したのであった。これは大きな変化と言わなければならない。ヴォルフがめざしたのは、権威を疑われつつある諸々の伝承・啓示・宗教を克服するために、必要かつ単純にして信頼しうる規範となりうる自律的思惟方法を確立することであった。

（２）　哲学部の包括分野の変化

一八世紀の哲学部で教授された学問分野は、哲学的・自然科学的分野（philosophisch-naturwissen schaftliche Gebiet）と言語学的・歴史学的分野（philologisch-historische Gebiet）の二つに大きく分類することができる。哲学部の教育の本流を形成したのは前者であったが、後者はルネサンス以来力強く勃興し、一八世紀に特に著しい発達をとげた領域と特徴づけることが出来よう。中世においてはアリストテレスの哲学と学問が大学教育の全内容を構成しているかのような観を呈していたが、ルネサンス以降人文主義者はそれに「哲学的」な素材を附加し、メランヒトンが両者を調和的に統一したといわれている。すなわち旧来の「学芸」（artes）とルネサンス以来の「ギリシア・ローマ作家解釈」との両者に相互的関連性を持たせたのであった。しかし、一七世紀の中期以降古典語および古典古代の作家に関する講義は次第に衰退しはじめ、それに逆比例して哲学がほとんど独占的な支配を得るようになった。

すなわち、形而上学、自然神学、心理学、数学、物理学の哲学的諸科が一八世紀の中期以降非常な関心を持たれはじめ、古典学者の講義は僅少の価値しか持たない付随物になりさがり、ギリシア語、ラテン語、雄弁は消滅の危機に瀕したのであった。当時の時代思潮の主要な目的、すなわち、理性の啓蒙という目的にとって、ギリシア語および演説等の古典学は、哲学的諸科――まさにその形成のさなかで、当時の人々は非常に驚くべき進歩をとげたと確信していたのである――よりも成果をあげえなかったといえよう。

（３）　哲学部と上級学部の内的関係

哲学部と上級学部との関係は、先にも述べたように、外面的には旧態依然たるものがあった。しかし内面的にみれば、その関係は変容しつつあった。内面的には旧態依然たるものであったとは言えない。一七世紀の終りまで哲学は従来と全く同様に神学および法学の侍女（ancilla theologicae et jurisprudentiae）としての地位に甘んじていたが、一八世紀の中期に至ると、いまや主人（domina）ではないにしても先導的な役割を果たすようになったのである。このように哲学の地位を向上させ、ひいては哲学部の地位の上昇に与かって大いに力があったのは哲学者ヴォルフとカントであった。このような哲学の隆盛は、カントの「学部間の闘争」を経て、一九世紀における「哲学部の他学部に対する優位」を結果的にもたらした。

(4) 哲学そのものと他の学部との内的相互関係

哲学そのものと他の学部との相互関係はどうであったであろうか。神学部では、古い権威的な実在論の代りに哲学的な方法がとり入れられ、理性神学が伝統と教義を取り扱う標準となった。さらに、聖書研究においても、歴史的・批判的方法が勢力を得てきた。法学部では自然法が新しくとり入れられ、それはなかんずく国家法の分野において支配的であった。医学部では近代的な自然哲学（自然科学）が浸透した結果旧来のテキストは排除された。その理由として、医学教育は本質的に自然科学的であるべきであり、哲学、観察、実験の上にうちたてられねばならないと考えられるようになったことが挙げられよう。

以上、哲学部の性格についての一般的な性格を、パウルゼンの見解をもとにしてそれをやや敷衍しつつ述べてきたが、一八世紀のドイツ大学における哲学部の特徴を中世および一六世紀との対比において考察したばあい、おおよそ次のように要約して大過ないのではあるまいか。

(1) 中等教育の補充を行うという役割から徐々に解放されてくること。

(2) それと関連して、上級学部の予備校的性格を脱し徐々にその地位が上昇してくること。哲学部の他学部に対する優位は、ベルリン大学において理念的に実現されていたといってよいであろう。

(3) 教授内容は、哲学そのものの発達と相俟って漸次高度化し、重視されたテキストもメランヒトンのものからヴォルフのそれへと変っていった。

(4) 以上のような上向的傾向にもかかわらず、哲学部の教授職は上級学部の教授職へ移るための「こしかけ的」性格を濃厚に持っていた。

(5) 学生の年齢が前の時代と比較して高くなったこと。

以上述べてきた大学の性格の変化をふまえた上で、さらに、次の五つの基準を設定すれば、個別大学の講座構成の特徴を検出するためのリトマス試験紙として使用することができるであろう。

(1) アリストテレス的・スコラ的哲学に代って、数学・自然科学を基礎とする新しい哲学が登場してきた。

(2) 教授用語としてのラテン語は衰退し、それに代って母国語のドイツ語が使用されるようになった。

(3) 中世以来の伝統的な学科である自由七科に代って新しい歴史学（フィロロギー、紋章学、系譜学、古銭学等の歴史補助学も含む）、自然法・国際法等の新興の学問が教授されるようになるとともに、物理学と数学が著しい分化発達を遂げた。

(4) 教授対象としての言語は、古典語の比重が減り、フランス語、イタリア語、アラビア語などの外国語が新たに教授されるようになった。

(5) 中世以来の伝統的な教授形態である討論（Disputation）や演説（Deklamation）はラテン語の衰退と期を同じくし、ゼミナール（Universitätsseminare）がそれらにとって代った。

（初出『明治大学教職課程年報』二〇〇五年、二八号、本書のために加筆・訂正）

（1）Paulsen, F.: *Geschichte des gelehrten Unterrichts*, Bd. 1, 1919, (Nachdruck, 1965. S. 535.
（2）Paulsen, F., a. a. O., S. 535.
（3）*450 Jahre Martin-Luther-Universität Halle-Wittenberg*. 1953. S. 4.
（4）Paulsen, F., a. a. O., S. 535.
（5）Paulsen, F., a. a. O., S. 537.
（6）シュヴェーグラー著『西洋哲学史』下巻、谷川徹三・松村一人訳、岩波文庫、九二頁。
（7）一六九五年のハレ大学講義目録　Codex Lectinum annuaum in Regia Fridericiana Halensi habitarum.
（8）Paulsen, F., a. a. O., S. 536 および講義目録 Codex Lectinum annuaum in Regia Fridericiana Halensi habitarum.
（9）Schrader, Wilhelm: *Geschichte der Friedrich-Universität zu Halle. Zwiter Teil*, S. 464.
（10）学問の歴史を考える時、坂本賢三『ベーコン』（「人類の知的遺産」）講談社、九九頁が参考になる。
（11）Paulsen, F., I, a. a. O., S. 543.
（12）Schrader, II, S. 464.
（13）Schrader, II, S. 468–469.
（14）Schrader, I. S. 635–636.
（15）Golücke, Friedhelm: *Studentenwörterbuch, 1983*, S. 256.
（16）Bornhak, C.: *Geschichte der preussischen Universitätsverwaltung bis 1810*. 1900, S. 179–180.
（17）Bornhak, C., a. a. O., S. 165.
（18）Bornhak, C., a. a. O., S. 439, 179–180.
（19）Bornhak, C., a. a. O., S. 93.
（20）Lenz, Max, *Geschichte der Universität Berlin*. 1937. Bd. IV, S. 89.

(21) *450Jahre Martin-Luther-Universität Halle-Wittenberg*. 1958, S. 97.

(22) Lenz, M., a. a. O., S. 4-25.

第二章　ゲッティンゲン大学の創設

問題の設定

一六九四年のハレ大学の創設からベルリン大学の創設（一八一〇年）までの約一二〇年間に、ブレスラウ（一七〇二年）、ゲッティンゲン（一七三七年）、エアランゲン（一七四三年）、ミュンスター（一七七三年）、ボン（一七八六年）などの大学が創設されている。本章の目的は、それらのうちで最も代表的な大学のひとつであるゲッティンゲン大学をとりあげ、創設、学則、教授された学問、とそれに続く時代にまつわる様々な事実の大学史上の歴史的意味を明らかにすることを通じて、「大学史における近代」の意味を考えてみることにある。

なぜ、ゲッティンゲン大学をとりあげるのか。統計によれば、ゲッティンゲン大学は、ハレ大学と並んで、最も学生が押し寄せる大学であった(1)。それだけではなく、後で述べるように、創設文書で、「教育の自由」を標榜した大学であったからである。

第一節　大学の創設

１　創　設

ゲッティンゲン大学は、たしかにハレ大学と並んで、近代大学のひとつとして、ドイツ大学史上の一時期を画する大学としての位置を与えられている。ゲッティンゲン大学は、ハレ大学に対抗して、イギリス王も兼ねていたハンノーヴァー公ゲオルグ二世によって一七三七年に創立された。しかし、その学則をはじめとして、大学組織などはすべてハレ大学をモデルとしていた。ハレはプロイセン、ゲッティンゲンはハノーヴァーというように、領邦国家相互の政治的対抗意識の産物であったことは事実であるが、組織・学則など大学にとって重要な意義をもつものはハレ大学の模倣であった(2)。ここに、歴史の妙味もあると言えよう。このことも、両大学が並び称される所以である。

まず、歴史的事実について、評価をまじえずに、客観的に事実を述べることから、始めよう。

現在のゲッティンゲン大学講義室
（写真筆者）

２　皇帝と領主の勅許状

教会分裂前の常識では大学を設立するには、ローマ教皇、神聖ローマ帝国皇帝という二者の勅許状が必要であった。しかし、ゲッティンゲン大学

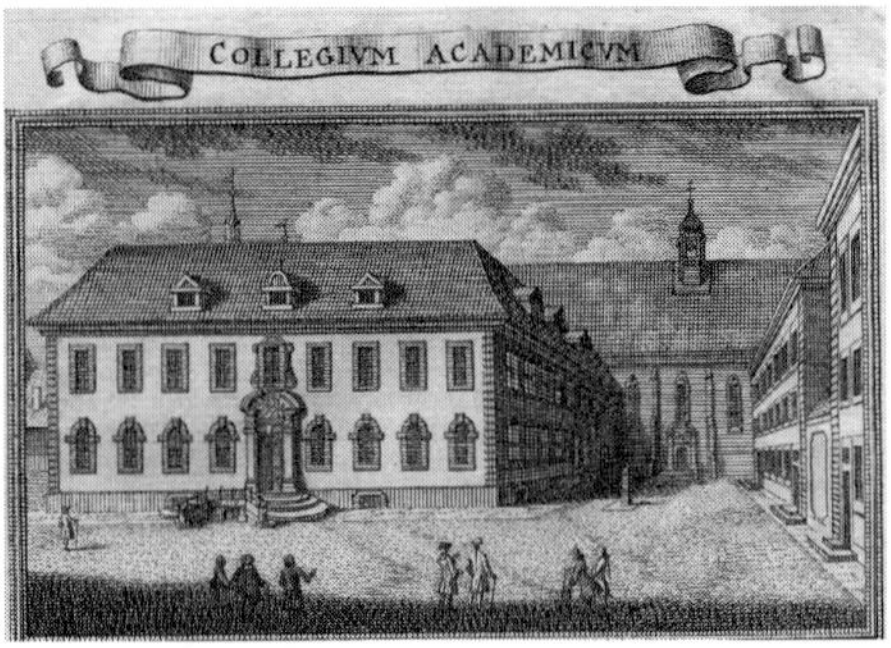

設立当時のゲッティンゲン大学
（Pütter: *Versucheineracademischengelehrten Geschichte Georg=Augustus=Universität zu Göttengen*, 1765 より）

は、福音派（プロテスタント）の領邦の大学であったので、神聖ローマ帝国皇帝と領主という二者の勅許状があるのみであり、ローマ教皇の勅許状はなかった。このことを問題にするカトリックの学者もいるが、一五一七年のルターによる宗教改革ののち福音派領内に創設された大学のすべてに言えることである。

ゲッティンゲン大学の創設にいたる経過を述べよう。まず、一七三三年一月一三日に皇帝カール六世（在位一七一一～一七四四）から授与された[3]。翌一七三四年一〇月九日に暫定的な学則が施行され、一〇月一四日にはかつてペタゴギウムのあった場所で教授活動を開始した。だが、皇帝の与える設立勅許状はその性格上大学創設の認可を意味するのみである。新しい大学の実質的な運営面に関して大きな役割を果たし、また大学の性格を決定づけるのは、むしろ、設立者（領主）の勅許状にほかならなかった。ゲッティンゲン大学が領主の勅許状を得たのは一七三六年一二月七日であった[4]。またそれとともに正式の学則（Statut）も与えられた。しかし、その学則が実際に効力を持ったのは一七三七年九月一七日開学式の挙行された日のことであった。

大学の実質的な運営・管理・組織・教授団・教授活動を規定する力をもっているのは、領主の勅許状の方であったから、領主の勅許状に関して検討するのが順当であろう。

領主の勅許状に関してまず指摘しておかなければならないことは、それはドイツ語で書かれていたという事実である。ゲッティンゲン大学はその教授用語として、ハレ大学よりも一層徹底して母国語であるドイツ語を使用した。領主の勅許状がドイツ語で書かれていることからして象徴的である。

勅許状内容に関する事柄でも、これまでの勅許状と異なっている。その最も重要な規定は、前文にあたる部分でうたわれている「教育の自由」(Lehrfreiheit)である。そこには、教師たちは「公的にあるいは私的に教えることのできる完全に無限の自由と権能を持つ」(vollkommene unbeschänckte Freyheit, Befugniß und Recht haben sollen, öffentlich und besonders zu lehren,respective Collegia publica und privata zu halten.)と明記されている。「教授の自由」はゲッティンゲン大学の大学監督官の職にあったミュンヒハウゼン(Münchhausen von Adolph 一六八八〜一七七〇)の理念を規則としてあらわしたものと言われている。(5)

3 私講師

教師に関して、そのほかにもう一つの重要な規定がなされているのを看過してはならない。それは教師の官僚的位階制度を根底から支えていた私講師に関する規定である。「大学で学位を取得した者は私講師として教授する無限の権利を持つ」"Wer an der Universität einen Grad erwarb,hat die unbeschränkte Freiheit, als Privatdozent zu lehren"(Königl Priv, §21)と規定している。ゲッティンゲン大学を創設し、初期の運営を担当した大学監督官(クラトル)ミュンヒハウゼンは、ゲッティンゲン大学(Georg-Augusta-Universitat)の私講師職を将来の大学教授養成のために活用するという明確な意図を持っていた。

彼のこの意図は、その後のドイツの大学全体の在り様を考えるとき、非常に的を射たものであったと言ってよい。というのは、一九世紀のベルリン大学を中心とするドイツの大学の隆盛の一端は、私講師制度に負うところが大きかったからである。私講師はまさしく「俸給もなく、大抵非常に僅かな謝礼の収入と、きわめて不確実な将来の見込みにもかかわらず、苦しい学問研究に献身する若い人々」（ヘルムホルツ）であった。[6] このような私講師に関する規定が、ここにできあがったのである。ゲッティンゲン大学においてはじめて私講師が講義目録に掲載されたのは一七五五年のことであった。[7]

右に述べたように、「大学で学位を得たものは自由に教える権利」が保証されていたにもかかわらず、時代が降ると、学位を取得する者の数が増加したために、私講師の数を制限する動きが生じてきた。そして、ついに一八三一年には私講師の職を制限する規則がつくられた。

4　教師の任務と学位

教師はどのような任務を持ち、どういう学位が授与されたのであろうか。ゲッティンゲン大学の教師およびその任務と授与しうる学位にかんしては、皇帝カール六世の勅許状に定められている。その規定によると、「教授およびそれに相当する資格を持つものは、講義（lectio）、討論（disputatio）、無料の復習（repetiotion publica）を行わなければならない」とされている。[8] 学位取得のための試験を受けようと望む者は、ドクトルの団体（教授の団体）から試験を受ける許可をもらったのちに、試験をうけ、能力があると認定された者には、バカラリウス、マギステル、リケンティアート、ドクトルの各学位が与えられた。[9] 学位に関しては、ゲッティンゲン大学も中世ヨーロッパ以来の大学の伝統に忠実に従っている。

5　シュマースの意見書

ゲッティンゲン大学の創設にさいして、E. S. Treuer や一七三四年以降この大学の法学教授となり、宮廷顧問官・Prof. juris et gent. になった Johann Jacob Schmauß（1690–1757）、Boher、Heumann 等々が意見書（Gutachten）を出したことが知られている。[10] それらのなかで最もよく練られており、しかも、当時の学問状況に最も敏感に反応し、それを最もよく伝えてくれるのは、シュマースの起草になる意見書である。ゲッティンゲン大学と他の大学との違いを考察するさいに、手がかりになるから、それを以下に紹介してみよう。

シュマースは、アリストテレス的スコラ哲学が支配的であった時代は過ぎ去り、修辞学（レトリック）、弁証法（ディアレクティク）、文法、詩学などの分野は、時代遅れとなった学問状況の変化を明確に把握していた。シュマースが、アリストテレス的スコラ哲学に代って、近代的な学部で教えられるべきであると考えていた学問は次のようなものであった。

まず神学関係では、ハレ大学の哲学部では、新約聖書が原典（ギリシア語）で創立当初から教えられていたのであるが[11]、禁欲の教え（Ascetik）、説教術実習（Homiletico-Practica）、教理問答（Catechetica）といった科目がゲッティンゲンでは教えられた。

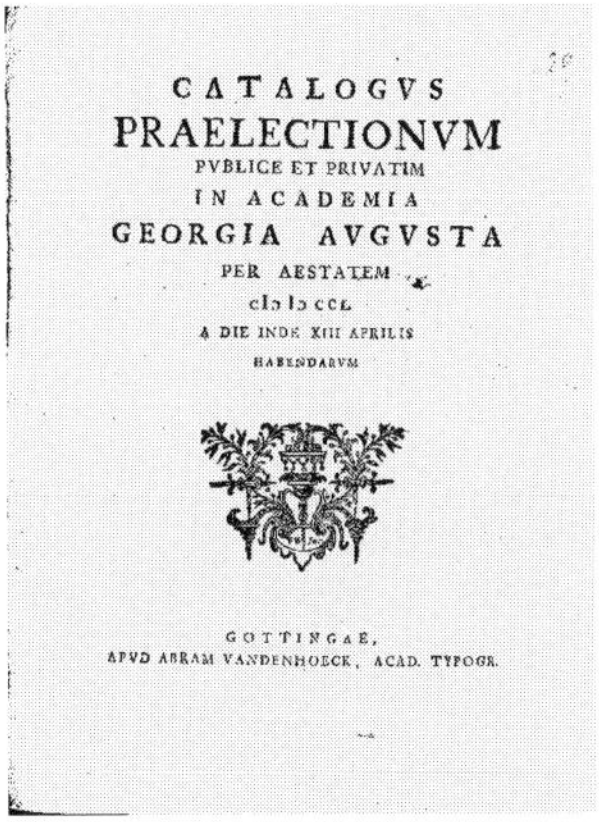

ゲッティンゲン大学1750年の講義目録（文書館にて写真筆者）

つぎに法学関係では、自然法・国際法（jus naturale et gentium）、ドイツ市民法（jus civile Germanicum）、ゲルマン諸民族とザクセンの封建法（jus feudale Alamanorum et Saxonum）、公法（jus publicum）が教えるべき科目として構想されている。伝統的な法学（たとえば、パンデクテン、コデクス、インスティテューテオネンなど）が全く含まれていないことが、その特徴として挙げられよう。

医学関係では、実験化学（praktische Chemie）、外科学（Chirurgie）、解剖学（Anatomie）が、教授されるべき学問領域として挙げられている。

最後に、哲学関係では次のような学問が教えられるべきであると提言されていた。すなわち、ヨーロッパ国家学（europaische Staatswissenschaft）、新聞講義（Zeitung=Collegia）、地理学（Geographie）、紋章学（Haraldik）、経済学・官房学（Oeconomie und Cameral-Wissenschaft）、測量術（Geometorie practica）、実験物理学（Physica experimentalia）、文学史（historiam litterariam）である。これらの教授科目のなかには、アリストテレスの影響を受けた学問領域を見いだすことができない。と同時に、ギリシア語、ラテン語などの古典語や七自由科（artesliberales）も見つけ出すことができない。

または、言語教育の必要性も、また高地ドイツ語（Hochdeutsch）に関する特別な教養の必要性も認めていた。さらに、リッターアカデミー（Ritterakademie）で教えられる習慣になっていた体操、ダンス、フェンシング、乗馬、球戯、音楽なども、大学で教える科目として考えていた。

以上のことから、シュマースが学問状況の移り変りを敏感に把握していたことが明らかになったであろう（後に、実際にゲッティンゲン大学で教えられた科目については後に述べる）。

右に述べたシュマースの意見書が、新設のゲッティンゲン大学の教授科目にどのように活かされたかという疑問が出てくるが、それを証拠立てる事実はまだ知られていない。しかし、当時の人間が新しい大学で教える必要があると考えていた学問領域、あるいは当時の人々の学問観・科学観を知るひとつの材料には十分なりうると思う。

6　学術団体

ゲッティンゲンには、大学と密接な関連を持つ学問研究の団体が二つあった。これらの学術団体においてどのような研究がなされたかを知ることも、当時の学問の動向を明らかにするうえで重要な手がかりとなると思う。ごく簡単に触れておきたい[12]。

ゲッティンゲン大学が創設されたのと同年、一七三七年に創立されたのが「ドイツ協会」（Deutsche Gesellschaft）である。この団体の指導者は一七三四年来ゲッティンゲン大学の教授職にあったゲスナー（一六九一〜一七六一）であった。彼が集中的に研究するべきだと考えていた学問領域は、言語、雄弁術、詩文学、地理学、歴史学、母国の遺物と法律であった。

他の一つは「学術協会」（Die Gesellschaft der Wissenschaften）と呼ばれた団体であって、一七五一年に創立された。これはゲッティンゲン大学にとって前者よりもより重要な意味を持つものであった。大学の創設当初からすでに他のアカデミーや碩学ライプニッツの理念を導入し、ゲッティンゲンに「学者の団体」（gelehrte Gesellschaft）を創設しようという動きがあり、それが実現したのであった。

そこには三つの部門（Sektion）が置かれていた。①物理学部門（die physikalische Sektion）、②数学部門（die mathematische Sektion）、③歴史・文献学部門（die historisch-philologische Sektion）である。その名称から明らかなように、これら三つの科は大学でいえば哲学部の担当分野の主なもののみである。

これら三つの部門を統括する長（Prasident）の職が置かれており、その職に最初に就任したのはゲッティンゲン大学の自然科学の教授であったアルブレヒト・ハーラー（Albrecht Haller）であった。彼は一七五三年までその地位に留まったが、その後母国スイスに帰国した。帰国した後も形式的にはその長であった。

ハーラーのほかこの団体にとって重要な人物は、ハレ大学の東方語教授ミヒャエリスの息子J・D・ミヒャエリス（一七一七〜一七九一）であり、また、ハイネ（一七二九〜一八一二）の活躍も見のがすことはできない。

このように大学の外に設けられた学者の団体の指導者にゲッティンゲン大学の教授がなっていることは、これらの団体と大学との関係がいかに深かったかを示すものである。大学とこれら協会（Gesellschaft）との密接な関係との活動は、一八世紀においてゲッティンゲン大学の名声を決定的に維持し、そして、ゲッティンゲン大学がハレ大学をしのぐ大学になるのに貢献したと言われている。

第二節　教授活動

話を、学術団体から、再びゲッティンゲン大学そのものにもどそう。そして、次に創業期のゲッティンゲン大学の各学部にどのような講座が置かれ、どのような学問が教授されていたか、という問題が検討されなければならないであろう。このことを検討することは、ゲッティンゲン大学の歴史的性格を明らかにするばあい、避けて通ることのできない意義を持つと言わなければならない。

1　一八世紀の一般的講義システム

一八世紀の講義システムは、どうなっていたのであろうか[13]。

この時期には、講義は二種類あった。ひとつは正講義であり、他のひとつは私講義である。この両者は、同じ講義でありながら、異なっていた。

正講義とは、教授あるいは員外教授が、職務として、無料で、学問の一般的部分を講義するものである。これに対して、私講義とは、学生が定められた授業料を支払って、行われる講義のことである。ドイツの大学では、このように、国家の施設を使って、個人的な営業が、つい先頃の大規模かつ世界的な学生反乱（一九六八年）まで行われていたのであった。

２　各学部の講義内容

では、各学部では、どのような学問領域が教えられたのであろうか。それを次に見ておこう。[14]

(1)　神学関係の講義は、教義学、道徳神学、論駁、聖書釈義学、教会史、自然神学・神学入門・学者史(Gelehrten=Geschichte) があった。

(2)　法学の領域では、法学提要、パンデクテン、Struv、古代ローマや古代ローマ法、教会法、封建法、刑法、ドイツ法、ドイツ国法、ヨーロッパ国家学、訴訟法・実践的講義、法制史、法学的学者史、法学入門・論争演習が教えられた。

(3)　医学関係の講義では、解剖学、骨学、心理学、病理学・症候学、薬物学 (materia medica)、化学、薬学、食餌療法、外科あるいは医学実習、口径薬剤、助産術、法医学、植物学、医学入門、医学史が教えられた。

(4)　哲学部の講義は、いくつかの分野に分かれていた。

(a)　哲学関係では、哲学入門、論理学、形而上学、道徳・自然法・政治学、物理学、博物学の講義がある。

(b)　数学の講義では、純粋数学 (mathesis pura) や応用数学などが教えられた。

ゲッティンゲン大学図書館
（Pütter: *Versucheineracademischengelehrten Geschichte Georg=Augustus=Universität zu Göttengen*, 1765より）

(c) 歴史では、歴史の主要分野、歴史補助学とくに文書学、学者史が教えられた。

(d) 言語学、批判、古代学、美学の分野では、ヘブライ語・他の東方語、ギリシア語、ラテン語、ドイツ語、古代学・美学が教えられた。

(5) 一八世紀に使われていた外国語では、英語、イタリア語、スペイン語が教えられた。

(6) 体操、音楽、造形その他の芸術の領域では、乗馬、フェンシング、乗馬とダンス、音楽、造形・図工、ガラス細工およびその他の光学・機械による芸術が教えられている。

では、シュマースが挙げている科目とゲッティンゲン大学で実際に教えられた科目とを比較してみよう。そういう作業を通じて、ゲッティンゲン大学で教授された学問領域の性格が浮き彫りになってくると思う。

神学関係ではどうだろうか。実際に聖書釈義学は、教えられているが、他の既存の大学との比較において注目すべきことは、シュマースの挙げている科目にも、実際に教授された科目のなかにも、新旧の聖書がこのなかに含まれていないことであろう。単に聖書の内容を無批判に教えるのではなく、聖書の研究においては、歴史的・批判的方法が有力になっている時代背景と無関係ではない。

次に法学関係では、シュマースは、自然法・国際法（jus naturale et gentium）、ドイツ市民法（jus civile Germanicum）、ゲルマン諸民族とザクセンの封建法（jus feudale Alamanorumet Saxonum）、公法（jus publicum）を教えるべき科目として構想し、そのなかに、学説集成や勅法集成、法学提要などの伝統的科目は含まれていなかったが、実際には、法学提要、学説集成は教えられている。しかし、封建法をはじめとして、ドイツ国法、ヨーロッパ国家学、訴訟法・実践的講義、法制史、法学的学者史、法学入門・論争演習が教えられており、伝統的科目に配慮しつつも、新しい方向に展開しつつあることを物語っていると考えていいだろう。

ハイデルベルク大学哲学部教授であったプーフェンドルフは、歴史学および自然法を神学から解放し、国家法にそれらを適用する道をひらいたのである。

医学関係では、シュマースは実験化学、外科学、解剖学を教授されるべき学問領域として挙げている。実際に、解剖学、化学、外科あるいは医学実習が教えられており、医学の領域においては、シュマースの意見はすべて活かされている。その理由として、医学教育は本質的に自然科学的であるべきであり、哲学、観察、実験の上にうちたてられねばならないと考えられるようになったことが挙げられよう。事実、医学の領域では、近代的な自然科学が浸透していき、旧来の医学テキストは排除されつつあった。

最後に、哲学関係については、シュマースは、ヨーロッパ国家学、時事講義（Zeitung=Collegia）、地理学、紋章学、経済学・官房学、測量術、実験物理学、文学史を挙げているが、実際には、哲学入門、論理学、形而上学、道徳・自然法・政治学、物理学、博物学、純粋数学、応用数学、歴史の主要分野、歴史補助学とくに文書学、学者史、ヘブライ語・他の東方語、ギリシア語、ラテン語、ドイツ語、古代学・美学が教えられている。

実際に教えられている教授科目のなかには、アリストテレスの影響を受けた学問領域を見いだすことができない。しかし、ギリシア語、ラテン語の古典語は教えられている。シュマースやゲッティンゲン大学で教授された科目を見ても、アリストテレスの学問は、大学から次第に排除されつつあったと言えよう。

Johann Stephan Pütters,
Königl. Großbrit. churfürstl. Braunschw. Lüneb. Hofraths
und ordentlichen Lehrers des Staatsrechts
zu Göttingen,
Versuch
einer
academischen Gelehrten-Geschichte
von der
Georg-Augustus-
Universität
zu
Göttingen.

Göttingen,
Im Verlag der Wittwe Vandenhoek, 1765.

ピューターの初判本
（筆者蔵）

または、言語関係では、それぞれの国で当時使われていた外国語、すなわち英語、イタリア語、スペイン語が教えられている。当時の人々が身につけておくべき教養にかかわる科目として、乗馬・フェンシング・ダンス・音楽などが教えられている。

このように、ゲッティンゲン大学で教授された科目についても、新しい潮流を見いだすことができる。

3　私講義の偏重

講義はハレ大学と同じくすべてゼメスター（Semester）単位で行われていた。「私講義」はもちろんであるが、「正講義」さえもが教授の私宅で行われていたと言われ、一般に無料で行われる正講義よりも費用を出して聴講する私講義を重んじる風潮が蔓延していた。ゲッティンゲン大学は私講義に関する費用の予約や免除、時間に関する一般的な規則をはじめて導入していた。けれども、貧乏な学生はあまり歓迎されなかった。

このような私講義偏重の傾向に対して大学監督官であったミュッヒハウゼンは次のような処置をとった。すなわち、かれは一七五六年、「各学部の教師のうち一人は、その学部の学問分野全体を網羅した入門講義を公開

（öffentlich）で行わなければならない」という布告を出した[15]。それをうけて哲学部ではゲスナーが「文献学・歴史学分野」（philologisch-historisches Gebiet）を、ケストナーが「数学・自然科学分野」（mathematisch-naturwissenschaftliches Gebiet）を、それぞれ受け持ったのであった。

４ 休 暇

ゲッティンゲン大学では、すでに述べたように、ゼメスター制が採用されていたが、復活祭（Ostern）とミカエル祭（Michaelis）を中心とする二～三週間が休みとなり、またそれがゼメスターの切れ目になった。一六世紀においては、盛夏祭（Hundstagsferien）を休日にする大学もあったが、ゲッティンゲン大学では、Brunnen祭、大市祭（Jahrmarktferien）のいずれも休日ではなかった。このことから、休暇は非常に限られた期間であったといいうるであろう。

1748年ゲッティンゲン大学教会における学位授与式
（R. A. Müller: Geschichte der Universität1990, S. 127より）

第三節　財政と大学運営

１ 財 政

大学の基本的な財産は修道院と領邦議会（Landschaft）の寄付によるものであり、年間予算は一六〇〇タールを超えており、その額は漸次増大していった[16]。

2　意思決定機関

学則第二五条の定めるところによると、評議会の構成員は四つの学部のすべての正教授であり、一九人という限定された数であった。[17] その内訳は神学部三人、法学部四人、医学部四人、哲学部八人である。注意をひくのは、上級学部の予備的学部としての性格を完全には脱しきっていなかった哲学部所属の教授数が最も多く、全体の四二パーセントを占めていたということである。それに対して当時なお「伝統の力」によって有力であったと考えられる神学部の教授数は一六パーセントにすぎない。大学の最高決議機関（評議会）に、哲学部の正教授が最も多く所属していることは、哲学部の地位が高まってきつつあることの一つの証拠とみなしてよいであろう。

一九人の構成員のなかから副学長（Prorektor）——学長は形式的には領主ハノーヴァー公であったから、実質的には学長であった——が選出され、彼が評議会の議長を務めた。評議会議長は何ら特別の特権・権限を持っていたわけではない。ただ同数のばあいにのみ決定を下すことができるだけであった。このように、「多数決の原理」が採用されていたから、哲学部所属の教授数が多いことは、哲学部にとっては有利であったと考えられる。

評議会の任務は、学則と勅許状、公式の儀式、学内秩序（tranquillitas publicas）の維持やその他大学にとって基本的な意義を持つ問題を商議することであった。しかし、建前はそうであっても時を経るに従って、実際には副学長の任命、教授の宣誓式などといった事柄が主な任務となってきた。もちろん、大学学則の改訂、記念祝祭、建築計画、恩給の推薦、兵士の宿泊等々の雑多な問題に対しても決定を下したのであった。

評議会を招集する権利は副学長にあったのではなく、教授の側にあった。学則によると、少なくとも月に一回は協議のために会合を持たなければならないことになっていたが、実際には必ずしもそのとおりに行われていなかった。たとえば、一七五五年から一七六九年までの評議会議事録あるいは一七八四年から一八四八年までのそれによると、しばしば会合の開催される間隔が三か月も隔たっており、多くのばあいそれ以上長い間開会されなかったということである。(18)

3　名誉学部（Honorare Fakultät）

時を経るに従って正教授の数は少しずつ増加してきた。そこで最初から評議会の構成員であった正教授たちは、学則には全く規定されていない、いわゆる名誉学部（Honorare Fakultät）を形成するに至った。学部内の学部と形容しても良い。この名誉学部なるものは、創設時に居た教授たち、先任教授の特権を認めるものであったからである。ゲッティンゲン大学においても創設のさいに、Johann Lorenz von Mosheim（モスハイム、一六九三～一七五五）などによって提案されていた。(19)

名誉学部の構成員は、評議会に議席をもつ権利のほかに、学部長や副学長になる権利、人事に介入する権利、学部の副収入（Fakultätsportel）を受ける権利等々の政治的・経済的特権を持ち、大学の運営を独占してしまったのであった。このような名誉学部の構成員の地位を保証をしたのは外ならぬ大学監督局（Kuratorium）であった。この点は、大学と国家との関係を考えるばあいに、考慮に入れておく必要がある。

前述したように評議会の構成員が限定された数であったこと、そしてまた、学部内学部ともいうべき名誉学部が諸特権を独占していたことは一九世紀初頭における一八三一年の改革を惹起する契機となった。

結語

大学史における近代とはいったい何だろうか。この問題を、全体的には本書第Ⅲ部終章で詳しく考えるとして、やや繰り返しになるが、ゲッティンゲン大学で生じた変化との関連で考えて、本章を閉じることにしよう。大学史における「近代」とは何かという問題について、ゲッティンゲン大学に即して一応の答えを出すことにもなろう。

近代社会と前近代社会を区別するメルクマールについて要約すれば、阿閉吉男は、①人間が前近代的な身分関係から解放されて、基本的人権が尊重され、いわゆる法の前においての平等が実現されたこと、つまり、人間は、かつては身分的な枠内で行動せざるをえなかったが、いまや、形式的とはいえ、自由・平等な個人として行動できるようになった。②近代社会は資本主義を根幹としており、つまり貨幣経済にもとづいている。③近代社会のもつ形式的合理性からもたらされるものは、合理主義的・個人主義的な人間関係である。近代社会においては、個人は、それから解放されて、機能的・合目的的な種々の派生的集団を形成し、相互に合理主義的・個人主義的な人間関係をもつようになった。つまり、個人は、自律的・能動的となる。近代社会においては、個人は、いわば、種々の派生的集団の形成を要請されながら、同時に、その要請の主体となる。[20]

このメルクマールは、経済学や社会学では、一般的に広く認められていよう。しかし、大学史の領域では、大学史的事実に即して、もう少し詳しく定義し直す必要があろう。大学内のアスペクトとして、1　哲学部の変容、2　教授された学問領域、3　教育方法の変化、4　教育目標の変化、5　大学を学問的考察の対象とした著作の出現、6　大学教授になる者の精選、7　教授用語の変容、がある。このアスペクトから、ゲッティンゲン大学を検討してみると、ドイツにおける「近代」大学は、ベルリン大学から始まるのではなく、ハレ・ゲッティンゲンの両大学から始まるというのが、正しい歴史認識であることが証明されるであろう。

なおゲッティンゲン大学史を研究するばあいの基本的な文献として、Pütter, Johann Stephan: *Versucheineracademischen Ggelehrten=Geschichtevonder Georg=Augstus=Universität zu Göttingen*、を挙げなければならない。第一巻は創設から一七六五年まで、第二巻は一七六六年から一七八八年まで、第三巻は一七八九年から一八二〇年まで、第四巻は一八二一年から一八三年までである。

現在のゲッティンゲン大学文書館

（初出　『広島大学大学教育研究センター大学論集』第三五集、二〇〇五年
本書のために加筆・訂正）

（1）Eulenburg, Franz, *Die Frequenz der deutschen Universitäten von ihrer Gründung bis zur Gegenwart*. Nachdruck der Ausgabe von 1904, 1994, S. 164-165.
（2）Ebel, Wilherlm, *Die Privilegien und ältesten Statuten der Georug-Augst-Universität zu Göttingen*, 1961, S. 28-39. Gundelach, Ernst, *Die Verfassung der Göttinger Universität in drei Jahrhunderten*, 1955, S. 13
（3）Gundelach, a. a. O., S. 3
（4）Ebel, a. a. O., S. 28.
（5）Gundelach, a. a. O., S. 9.

（6） Hermann, Helmholtz von, *Über die Freiheit der Wissenschaften in den deutschen Universitäten*, 1877.（ヘルムホルツ『ドイツ大学の学問的自由』三好助三郎訳、大学書林語学文庫、一九六六年、二五～二七頁）
（7） Paulsen, Freidrich, *Geschichte des gelehrten Unterrichts*, Bd. II, 1921, S. 12.
（8） Ebel, a. a. O., S. 16.
（9） Ebel, a. a. O., S. 16.
（10） Selle von, Götz, *Die Georg-August-Universität zu Göttingen*, 1937, S. 21–23.
（11） Paulsen, Freidrich, *Geschichte des gelehrten Unterrichts*, Bd. I, 1921, S. 536.
（12） Paulsen, Bd. II, S.
（13） Pütter, Johann Stephan, *Versuch eineracademischen Ggelehrte=Geschichtevonder Georg=Augstus=Universität zu Göttingen*, 1765, S. 276–278.
（14） Pütter, a. a. O., S. 278–310.
（15） Paulsen, Bd. II, S. 14.
（16） Paulsen, Bd. II, a. a. O., S. 10.
（17） Gundelach, a. a. O., S. 14–17.
（18） Gundelach, a. a. O., S. 15.
（19） Gundelach, a. a. O., S. 14–15.
（20） 「近代社会」の項目。『社会学辞典』有斐閣、一九七三年、一八〇～一八一頁。

第三章　ヴィーン大学における講座構成と団体権の喪失

はじめに

旧来の大学は、新しい学問が勃興したり、社会の変化に対応して、「改革」しなければ、生き延びていけない。大学の歴史に即してごく一般的に考えてみるとき、「改革」の必要性は、「危機」として意識される。大学の「危機」の内実は、一般的に、次の三つのケースが考えられよう。

まず第一は、個別の大学それ自体が存亡の危機にさらされるばあい。これは、大学という社会的組織が生きるか死ぬかという瀬戸際に立たされているケースにほかならない。たとえば学生が集まらない、教授がいなくなる、財政困難に陥るというような事態である。これは、まさに組織的危機と言えよう。

第二は、大学組織それ自体はなんとか存続していても、その存在様式や運営形態が従来とは大きく変化するばあい。このケースでは、とりわけ伝統的に自治団体としての性格を持っている大学が、国家などの他の強力な組織から圧迫を受け、次第に自治権を奪われていく事態を考えればよい。これは自治団体としての危機と言えよう。

第三のケースは、大学における研究・教育が危機に直面するばあいである。大学は、中世以来研究や教育を通じて、人材を養成する機関であった。教育の質が落ちる、学生や社会のニーズに合わない、研究成果があがらない、大学のおよばないレベルの高い研究を行う大学以外の機関が出現するという状況は、大学の本質的な機能が危機にさらされていることを意味している。これは、大学の存在理由にかかわる内在的危機と言ってよい。

さて、本書においては、第二の大学の自治団体としての危機を、一八世紀オーストリアのヴィーン大学について、事例研究を試みてみたい。

なぜ、一八世紀のヴィーン大学なのか。ヴィーン大学は、ハレやゲッティンゲンと違って、中世以来の伝統を持ち、新しい学問に対応しなければならず、スポンサーである領邦国家の要請にも対応しなければ、生きてはいけない。かくして大学は、危機に直面するわけである。本書では、ヴィーン大学の歴史を通じて、大学自治の問題を観念的ではなく、事実（歴史的出来事）に即して、考えてみたいからである。さらにどういう形で新しく勃興してきた学問を取り入れているかを検討してみたい。とりわけ大学が近代国家のなかに組み込まれていく過程、すなわち官僚制化の過程は、明らかに自治団体としての危機にほかならない。しかも、時代的にいえば、この時代は、ドイツの大学が大量に淘汰されたナポレオン戦争期の直前に位置している（第九章参照）。

さらに、わが国のドイツ大学史研究において、ドイツ大学といえばプロイセンの大学を念頭におく習慣が定着している。ところが、ドイツ（旧神聖ローマ帝国の大部分）では、バイエルン、ザクセン、オーストリアというように各領邦が現在でも「文化高権」を保持していることからも明らかなように、各領邦ごとに大学・教育政策が異なっていた。プロイセン以外の領邦の事例を知ることは、ドイツの諸大学に対する認識を拡大し、プロイセン中心のドイツ大学観からぬけでる契機となるであろう。

このように、筆者の問題意識の展開から言っても、時代的に言っても、われわれのドイツの大学の歴史的実態についての見解を拡大するためにも、上記の問題設定のもとで、オーストリアのヴィーン大学を取り扱うことは、意義なしとしない。

第一節　大学に対する批判

一八世紀の半ばには、大学に対する鋭い批判が行われるようになった。神学者でゲッティンゲン大学教授であったミヒャエリスは、その著書『ドイツにおけるプロテスタント大学についての理性的判断』において、大学教授批判を展開している[1]。また、ザルツマン、バセドー、カンペ、ゲープハルトといった汎愛主義者は、大学教育の非実用性を攻撃している。すなわち、大学の教師たちはツンフト的な精神に侵されており、伝統墨守的であり、このような教授に支配されている大学を改革する可能性はないこと、および伝統的な学問は非実用的であり、当時勃興しつつあった実験的・実用的自然科学に対応していなかったことが批判されている。つまり、大学沈滞の原因は「ツンフトのなかで硬直した大学」というわけである[2]。

17世紀後半のヴィーン大学の学長
パウル・デソラバイト
（ヴィーン大学のカレンダーより）

このような状況にあった大学が危機に直面しないわけはない。そして、改革されざるをえない。現にオーストリアにおいては、マリア・テレジアおよびヨーゼフ二世によって急進啓蒙主義的な大学改革が断行された。どのような改革がなされたのか、自治団体の側面と教育の側面の双方から見てみよう。

第二節　団体としての危機

大学は中世におけるその成立以来、教育団体としての性格を持つとともに政治的自治団体としての性格を強く持っていた。具体的に自治権の内容をなしていたのは、学長・学部長の選出権、大学裁判権、教授仲間選任権（少なくとも推薦権）、学位授与権などであった。これらは大学の特権と呼ばれるものである。したがって、大学は教育機能と自治機能という二つの機能の統合体としてとらえることができる。つまり、大学はツンフト、ギルドと見なされてきたのである。しかし、その自治権は、つねに政治権力から保証され、尊重されてきたわけではなかった。

大学と国家との関係を歴史的に見てみると、ヴィーン大学は、創設以来一五二〇年ごろまでは、教会的機関としての性格を持っていたが、一五三三年、一五三七年そして一五五四年というように、たび重なる改革を通じて、領邦国家の利害を代表する機関へと性格変更された。つまり、大学は、国家の施設としての機能を果たすように変えられたのであった(3)。

この時代は、正教授職の確立期であり、員外教授職の出現した時期でもある。また、この時期は、狭義の学部教授会や大学評議会といった寡頭的な大学運営機関が確立された時期でもある。正教授職および寡頭的運営機関の確立は、じつは、領主権力が大学を自己の支配下に組み込んでいく過程の一環であった。一八世紀の大学改革もこの延長線上で考えることができよう。

1　大学の特権の廃止

ヨーゼフ二世（在位一七八〇〜一七九〇）統治下の一七八三年に、大学が伝統的に保持してきた団体的特権は消滅させられた。とりわけ特別裁判管轄権（大学裁判権）は、ギルド的遺物として、廃止された。さらに教授のガウンや大学の公印も廃止された[4]。つまり、大学教授の地位は、一般の官吏と同じであり、特別な裁判籍は認められなくなったのである。中世以来保持してきた大学の特権、とくに大学教授の特権の廃止は、大きな変化と言わなければならない。

2　大学の財産権の剥奪

さらに同年、大学財産（Fundus Universitätis）は内閣官房（Camerale）に引き継がれ、国家財政に組み込まれることとなった。これに対応して、大学教授の俸給は、ほかの官吏と同じく国家財政から支給されるようになったのである。つまり、教授は、裁判籍と同じく、国家の官吏としての身分を持つものと定められた[5]。同様な改革は多くのドイツ諸邦でも行われ、一八〇〇年代の初めまでに大学教授は近代的意味における国家の官吏となった[6]。大学の財政的基礎が国家予算に全面的に負うようになった当然の帰結である。

3　大学の教会からの分離

大学はその創設以来、教会的・宗教的色彩を濃くおびていた。一六世紀までは、神学部のみならず、その他の学部でも大学教師は独身でなければならないと定められていたほどである。ところが、非教会化の傾向が一八世紀には顕著になってきた。まず、一七八二年に「聖母マリアの無原罪の御宿り」についての宣誓が廃止された。さらに一七八五年には学位取得のさいに義務づけられていた信仰告白とローマ法王への服従宣誓までもが廃止された。一七八八年には世俗的学部（法・医・哲学）においてカトリックの信仰告白を実行することは廃止することが再度確認された(7)。このように、大学のみならず、教育機関が教会の手を離れてだんだん国家の手に移っていく世俗化の傾向は、この時代の大きな特徴と言えよう。

1724年頃のヴィーン大学と大学教会
（Rundgang durch die Geschichte der Universität Wien. S. 39 より）

第三節　教育・研究団体としての危機

1　教育内容の改革

一八世紀中葉のヴィーン大学の教育をめぐる状況はどうであったのか。この時代は、大学の運営権をジェスイット会がにぎっていた。少なくとも神学部と哲学部は完全にジェスイット会の支配下にあった。教授団の約三分の二をジェスイット会が占めており、その他は、ドミニコ会やアウグスティヌス派などの少数派がいたにすぎない。

法学部および医学部は衰退しきっていた。宮廷書記局（Hofkanzlei）は一七四九年に次のように報告している。医学部については、実験物理学、化学、植物学に関する教育が不完全であり、またこれらの学問を教授する場所および解剖学のための場所や道具さえもない、さらに新しい法学の素材も同様に少ない、と。

哲学部の教育については、一七三五年の宮廷書記局の意見書のなかで、さしあたって、少なくともデカルト哲学が導入される必要があること、さらに世界史の教授とフランス語およびイタリア語の教師をおくことが必要である、と報告されている[8]。

このように貧弱な状態にあったヴィーン大学を改革するためにマリア・テレジア（在位一七四〇～一七八〇）は一七四五年オランダのライデンからゲラード・ヴァン・スヴィーテン（Gerhard van Sweiten 一七〇〇～一七七三）を医学部教授および侍医として招聘した。それとともに、医学部の改革が断行され、新しい講座や研究所開設された。

ゲラード・ヴァン・スヴェーテン像
（DIE WIENERUNIVERSITÄT IM BILD-1365-1965. S. 2 より）

医学部につづき、哲学部の改革も行われた。一七五二年「古典および哲学研究のための将来計画規定」（Vorschrift wegen künftiger Einrichtung der humanistischen und philosophischen Studien）が起草された。それによって、上級学部に進学する予備的課程である哲学部のコースは二年間に改められた。そこにおいては、一週二〇時間の講義と年度末試験が必須とされていた。当時ヴィーンではいまだゼメスター制は採用されておらず、通年制であった。

必須の科目は次のようにさだめられていた。一年目には、論理学、形而上学、数学が、二年目には物理学、自然史、実践哲学（政治学と国民経済を含む）が必須であった。これら必須の科目のほかに歴史学、高等数学・天文学、美学、古典文学・ドイツ文学が選択分野としてあった。のちには歴史学も選択分野に入れられている。しかし、上級学部にいって神学や法学を専攻しよう思っている学生から、歴史学と雄弁の講義に参加するために、もう少し時間的余裕が欲しいという要請がなされた。したがって、哲学部は実質的には三年となってしまった。

教授の教育方法についても、口述し筆記させるのではなく、確固とした著作家に依拠すること、しかし、アリストテレス哲学とは縁を切ることと定められている。アリストテレスが排除されていく傾向は、この時代の著しい特徴である。

1753-55年に建設されたヴィーン大学新校舎と大学教会
現在オーストリア科学アカデミーが使用している
（Gesellschaft der Ärzte in Wien. 1987 S. 12より）

一七七三年にローマ教皇庁によりジェスイット会が廃止されたのち、一七七四年ヴィーン大学では「学務委員会」（Studienkommision、一七六〇年設置）によって、新しい教授案が作製されたが、上述の改革に何ら重大な変更を加えるものではなかった。(9)

マリア・テレジアの没後王位を継いだのはヨーゼフ二世（在位一七八〇～一七九〇）であった。彼も後の時代に特記される重要な大学改革を断行した。

表1　ヴィーン大学の教育内容と聞き手の数―ニコライの報告（1781）から―

教授の名前	教授した科目名	聞き手
マイヤー	論理学，形而上学・実践哲学，ラテン語	217
フォン・シュラーフ	論理学，形而上学・実践哲学，ドイツ語	6
フォン・ゾンネフエルス	政治学（彼の3巻の教科書）	63
フォン・ヘルベルト(元ジェスイット会員)	理論物理学・実験物理学，ラテン語	10
イエガー	理論物理学・実験物理学，ドイツ語	
フォン・メェツガー(元ジェスイット会員)	数学	130
フォン・ヘルベルト(元ジェスイット会員)	力学，ドイツ語　土曜日11時	
シュレルフェア（元ジェスイット会員）	手工業者のための高等数学，ラテン語	70
フォン・ケサアヤー		
バウワー	ドイツ語	2
ヴォイト（エスコラピオス会員）	数学，ドイツ語（ヴォルフの教科書）	21
	万国史	
	中世史，地理学	ほとんどなし
エックヘル		ほとんどなし
イエーガー	釈義学，古代史，地理学（アッヘンバールの教科書）	1
マスタリファ		8
ハスリンガー	一般地理学	12
	釈義学，美学	
	釈義学，哲学的演説術	

そのほか，高等天文学を二人の教授が告知しているが，誰も聞き手はいない。
典拠）Paulsen, F.; *Geschichte des gelehrten Unterrichts. Bd. 2,* S. 112 より作成。

2　一七八一年のヴィーン大学の状況

ヨーゼフ二世の改革が行われる前の一七八一年にヴィーン大学を訪問したフリードリッヒ・ニコライ（一七三三～一八一一）は、旅行記のなかにヴィーン大学の講義の様子について書いている[10]。この旅行記から、われわれは教授の名前、担当講義名、受講学生数などを知ることができる（表1参照）。また、ニコライは、「哲学の教室でマイヤー教授の良い講義を聞いた」と言っている。この教授の受講学生数が最も多いのは、良い講義だったからであろう。

3　一七八四年から一七八六年にかけて各学部の教育内容の改革が行われた[11]

一七八四年に政治学・官房学の講座は哲学部から法学部へ移された。さらに中世以来の伝統をもつ哲学部のマギステル学位は廃止された。また同年、オーストリア政府はドイツ語を公用語として採用することを決定している。これまで、ドイツ語とラテン語の双方で行われていた講義はすべてドイツ語で行わなければならなくなった。

一七八五年には神学部の教育内容の改訂が行われている。

一年目　教会史、神学入門、ヘブライ語、旧約聖書解釈学

二年目　神学文献史、ギリシア語、新約聖書解釈学、教父神学と教義学第一部、

三年目　教義学第二部、論駁、道徳神学

四年目　教会法、司祭神学

しかし、一七八六年には教父神学と論駁は学習内容から除かれている。

さらに、一七八六年には医学部でも教授内容の改革が行われた。

一年目　特殊自然史、解剖学、化学、一般外科・特殊外科

1784頃のヴィーン大学付属総合病院
（現在日本学の研究室はここにある）
（Rundgang durch die Geschichte der universität Wien. S. 40より）

二年目　生理学（高等解剖学を含む）、外科手術論・外科道具論、包帯論、助産法

三年目　病理学、マテリア・メディカ（Materiamedica）

四年目　医学、外科実習（臨床）

大学において医学を学ぶ目的は、臨床医および外科医の養成であった。また、軍医を養成するために、軍医・外科アカデミーが同年に開設されている。軍医養成の専門学校の開設はプロイセンでもみられ、オーストリアでは一七九五年ピペニェー軍医アカデミーが作られている。

このように、大学の教授活動は国家の監視下におかれる傾向が明確に見られるとともに、大学教育の内容を国家目的に合致するように変えていく傾向が、この時代に顕著に見られる。

結　語

クルーゲはドイツにおける大学と国家との関係の歴史を次のように時代区分している。(12)

① 中世における大学監督（一四世紀から一七世紀まで）
② 初期絶対主義的大学監督（一六世紀から一七世紀まで）
③ 一八世紀における大学監督と古典的大学監督
　機械的監督
　急進啓蒙主義的監督
　官僚主義的監督
　古典的監督
④ 一九世紀および一九四五年までの伝統的大学監督
⑤ 現代における大学監督（法による監督）。

クルーゲによれば、本書で論究したヴィーン大学の事例は、一八世紀の急進啓蒙主義的監督にあたる。この大学の危機克服のために採用された方策をまとめてみると次のようなものであった。

① 大きく時代思潮や学問思想が変化する転換期には、時代の要請に対応する科目や講座を導入するととも

に、有能な教師、著名人を招聘し、新しい血を入れることによって、大学を活性化する。

② これらのことは、当然のことながら、大学の組織構造の改革と並行して行われる。

③ 大学財産を国家財政のなかに組み込み、大学の財政的基盤を強化する。大学は、財政的には国家に依存せざるを得ないから、「大学の自主的運営」（自治）も当然制約されることになる。

④ 大学を教会から分離して、世俗化する。ということは、国家化するということにほかならない。

このように見てくると大学危機の克服は、部分的改革にとどまらず、国家体制、科学政策、大学組織全体にかかわる複合現象となる。このようなドラスティックな改革の実行は、中央集権的な国家権力による強力なイニシアティブによって成し遂げられた。逆にいえば、国家改造の一環として、伝統的なツンフト的な勢力を一掃し、国家のなかに取り込むために、国家は強力な指導性を発揮したのであった。

こうした改革は、以下の結果をもたらした。

① 中世以来の伝統をもつ勢力（大学もその一つ）や諸身分（Stände）は弱体化し、「政府は、施設の主人であり、大学は国家のなかの国家ではない」ことが強調され、大学は国家の機関、支配の道具としての性格を強く持つことになり、自治団体としての性格は、当然のことながら、弱くなった。

② 国家によって、教育内容が定式化・規定化され、監視が強化されるに至った。(13)

③ 大学教育の目的は、国家に奉仕する人材の養成に限定された。

この傾向は、とりわけオーストリアやバイエルンというように、カトリックを奉ずる領邦で強かった。このように、大学の危機克服策の一環としての大学の国家化という傾向と一九世紀における「大学の自治」、「教授の自由」、「学習の自由」という理念の強調は、歴史的に見て、どのような関係において捉えればよいのか。この問題は、大学の危機およびその危機の克服を考察するさいにどうしても考えなければならない研究課題であると言えよう。

（初出『大学史研究』第五号、一九八九年、本書のために加筆・訂正）

（１）Michaelis, J. D.; *Raisonnement über die protestantischen Universitäten.* Bd. I 1768, S. 283–294.

（２）H・シェルスキー著『大学の孤独と自由』田中・阿部・中川訳、未来社、一九七〇年、二四頁。また、König, R.; *Vom Wesen der deutschen Universität.* 1970, S. 22–29. を参照。

（３）Kink, R.; *Geschichte der Wiener Universität.* Bd. I. 1854. ND 1969, S. 257–258.

（４）Kink, R.; a. a. O., S. 561. また、L・ベーム著『ドイツ大学の勃興と改革』別府昭郎訳、明治大学国際交流センター、一九八七年、二一～三三頁を参照。

（５）Kink, R.; a. a. O., S. 59.

（６）*Handbuch der deutschen Wirtschafts- und Sozialgeschichte.* Bd. II, 1976, S. 486.

（７）Kink, R..; a. a. O., S. 556–557.

（８）Paulsen, F.; *Geschichte des gelehrten Unterrichts.* Bd. II, S. 109.

（９）Paulsen, F.; a. a. O., S. 110.

（10）Paulsen, F.; a. a. O., S. 112.

（11）Meisters, R.; *Entwicklung und Reformen des österreichischen Studienwesens.* Teil 1, 2. Gratz・Wien・Köln 1963, S. 29–30.

（12）Kluge, A.; *Die Universitäts-Selbstverwaltung.* 1958, S. 226–233.

（13）Paulsen, F.; a. a. o., S. 127.

第四章　ライプツィヒ大学における意思決定システム・講座構成・講義告知の方法

この章では、ライプツィヒ大学の意思決定システム、教授された学問領域、講義目録などを扱うが、そのまえに、ライプツィヒ大学の一般的性格を述べておきたい。

この時代においてもライプツィヒはザクセンの重要な商業都市であり、また出版物の中心地でもあった。ドイツで最初の学問上の定期刊行物として知られている『ライプツィヒ学報』(Acta Eruditorum Lipsiensium)が出版されたのもこの土地であった[1]。このようなライプツィヒ大学で、後にベルリンのアカデミーの指導者となったライプニッツ、ハレ大学教授となった法学者クリスチャン・トマジウス、同じくハレ大学教授となった敬虔主義の神学者アウグスト・ヘルマン・フランケといった当代一流の人々は育ったのであった。

トマジウスはヤコブ・トマジウス(一六二二〜一六八四)の息子として生まれ、故郷の大学ライプツィヒおよびフランクフルト・アン・デア・オーダー大学で学んだ。彼の教師としての職歴はライプツィヒ大学の私講師の職を得たことからはじまった。斬新なアイデアの持主であった彼は、当時異端説とみなされていた内容を含む法学の講義を行い、大学を支配していた保守派の批判対象となった。また彼は大学の講義をドイツ語で行った最初の人という栄誉を担い、一六八七年からそれを開始したと言われている。このように、反権威的・反伝統的であったトマジウスは、いまだライプツィヒ大学において支配的であったアリストテレス哲学を信奉する権威を重んずる人々、いわゆる保守派と相入れず、ついに大学を追放された。しかしプロイセンのハレに教師として迎えられ、講義を委託された。これが、皮肉にも、最初の近代大学と言われるハレ大学の原型になったのである。

トマジウスやフランケを追放したライプツィヒ大学の保守的な性格に関してもう少し説明を加えておこう。当時のこの大学では新しい学問、新しい哲学は受け入れられにくかった。というのは中世以来大学教育全体を通じて重きをなしていたのは、アリストテレスであった。この時代においてもそれまでとおなじく、正統と考えられたアリストテレス主義によって、すべて新しい哲学や考え方は排除されていた。必然的に新しいものを導入しようとする教授は追放されることとなった。また、自然法を大学に導入したプーフェンドルフの諸著作の使用は、ライプツィヒ大学では禁止されていた。その上、マギステルの宣誓（Magistereid）では正統なアリストテレス主義への忠誠の義務を負わされていた。保守的傾向の強かったスイスのバーゼル大学でさえ、アリストテレス主義をなんとか克服しようとする努力を、一六五九年のオルガノン講座の廃止（一六四二年にもその動きはあったが）やマギステルの宣誓にドイツ語やフランス語でもいいとする事実のなかに見て取ることができる。[2]ライプツィヒ大学はそれ以上にアリストテレスに関しては保守的であったといえよう。ライプツィヒ大学は一七四〇年に至ってもアリストテレスのオルガノンの講座は廃止されていなかった。

このように保守的雰囲気の強いライプツィヒ大学にあって、トマジウスやフランケと同じように新しい方向に目ざめている教授もいたのである。それはアダム・レッヘンベルグ（Adam Rechenberg 一六四二～一七二一）であった。彼は一連の哲学の講義を担当し、後には神学をも担当した。彼は彼の教導学の著作（Destudiis academicis, 1691）において、新しい学問すなわち数学・物理学、歴史学・地理学、政治学・自然法、について詳細に論じ、それらの諸学問は教養に欠くべからざるものであり、上級学部の研究のためにも必要であることを説いて

いる。(3)

しかし、このような保守的性格を強く打ち出していたライプツィヒ大学とて新しい時代の波を避け得なかったことは言うまでもない。一七世紀の末期から一八世紀の初頭にかけて、保守派の支配体制は徐々に崩れはじめていた。すなわち、保守派を代表していた二人の教授、アルベルティ（Val. Alberti）は一六九七年に、カルプゾー（B. Carpzow）は一六九九年に、相次いで他界した。これを転機として新しい学問や哲学が大学にせきを切ったようにはいりこんできた。

一体どのような学問が教えられるようになったのか。まず一七一〇年には化学と帝国法（Reichsrecht）、翌一一年には自然法と紋章学、が教えられるようになった。一七二四年にはアラビア語が、一七二五年には新しい哲学が導入された。そのほか、他のドイツ大学に先がけて、詩学教授J・F・クリスト（一七〇〇〜一七五六）が芸術学（Kunstwissenschaften）を一七三〇年に講じた。このようにして古い革袋は破られ、新しい内容がもりこまれたのであった。

一八世紀のドイツの大学は、ライプツィヒに限らず、一種のギルド的性格を濃厚に残している組織と言っても差し支えない。ギルドであるため、大学として次のような特徴を持っている。①どこにでもあるという普遍性を持たない組織である。②正教授だけを成員とする直接民主制的行政を行う。大学のトップや教育課程、仲間となる人を自分たちで決めるという自治権を持っている。③有資格者を無資格者から分かつ選抜装置を持っている。たとえば加入のためには、審査を伴う厳重な試験（exsamenrigorosum）が行われる。④処分権を持っている。だからカルツァー（学生牢）がある。

こういう特性を持っているから、大学は、誰を仲間として採用するか、誰にどういう学位を授与するか、誰に教授資格（venia legendi）を授与するか、誰を昇格させるか、誰を私講師として採用するか、どういう罪を犯したら、どれくらいの期間カルッアーに入れるかというような、大学として重要な事項を大学独自で決めうる。しかも一人で決めるのではなく、当然、会議体で全員が納得する形で決めてゆくシステムがとられていた。

そのために、各大学は、それぞれに意思決定システムを持っていた。しかも一八世紀においては、各大学はほぼ同じシステムを持っていると判断しても大きな間違いはないであろう。

大学の意思決定システムとは、学長・評議会などの全学的な会議体、学部長・学部教授会、学内裁判を担当する判決団などである。時代が降るにしたがって、大学裁判権は次第になくなっていく。人数が増えるに従って、意思決定システムは少しずつ複雑になってくるが、現代と比較すると、一八世紀にはいまだ比較的シンプルであった。ここでは、ライプツィヒ大学の例を示そう。主要な史料として使うのは、ライプツィヒの歴史学者ツァルンケ（Freidrich Zarncke）が編集したJ. H. Jugleという学生の論文「一八世紀におけるライプツィヒと大学」（Jhoann Heinrich Jugle; Leipzig und seine Universität im 18. Jahrhundert Aufzeichnungn des Leizìger Studenten Jhoann Heinrich Jugler aus im Jahre 1779）である。[4]

第一節　意思決定システムと学問領域

1　学長（Rector）

大学のトップは、学長であった。[5] トップという意味は、他の者は誰も学長より先に立つことができないという意味にほかならない。学長は大学を代表する最高責任者である。学長は就任にさいして宣誓しなければならなか

1783年塔の下を通るライプツィヒの学長
(Geschichte der Universiät Leipzig S. 588 より)

った。学長の権限と言えば、大学にかかわる緊急事態のばあいには、大学の成員全員を招集する権限をもっていた。大学全体にかかわる宗教上の問題や世俗的問題は、学部長たちと相談して、決めることができた。

2　大学の会議体

大学の会議体は多数あった(6)。すなわち、（1）常任委員会（das Consilium perpetuum）、（2）国民団委員会（das Consilium national emagnum）、（3）das Consilium Profesorum、（4）一〇人委員会（das Consilium Decemvirorum）、（5）学部長会（das Consilium Decanale）、（6）各学部の教授会である。それぞれの会議体について説明しよう。

（1）Das Consiliumperpetuum

「常任委員会」とでも訳すことが出来るが、この委員会（Consilium）は大学の正規の法廷であった。当時の大学は大学裁判権を持っていたのである。ライプツィヒ大学も例外ではない。領邦は違うが、一七九四年に施行されたプロイセン邦の一般国法（Allgemaine Land Rechte、ALRと略称される）は、「大学における正教授、員外教授、教師、および職員（officiant）は、裁判籍に関することを除いては、国王の官僚の持つ権利を享受する」（第一二部第七三条）と定めている。大学独自の裁判権を認めているのである。近代大学（近代大学については本書第Ⅲ部終章参照）と言われているベルリン大学（一八一〇年創設）でさえも大学裁判権をもっていた。

この大学法廷である委員会のトップは学長（Rector Magnificus）であった。委員（Beisitzer）の構成は、四人であった。水曜日と土曜日の午前中に開催された。その在任期間は、半年間であった。新しい学長は、夏は、復活祭（Oster）がすぎたゲオルグの日に、バイエルンもしくはザクセンの国民団から、冬は、ミカエルの日（九月二九日）後のGalliの日にポーランドとマイセンの国民団から、選出された。学長は、年二回選出された。だから総長という訳は当たらない。

この委員会の四人の議席の選出は年に二回であった。三位一体の祝日の後の水曜日と待降節（クリスマス）の最初の水曜日である。「三位一体の祝日」と言い、「待降節」と言い、キリスト教の祝日で、われわれ日本人には余りなじみがないので、年二回、冬と夏に委員の交替が行われたと理解しておけばいいのではないか。

1809年ライプツィヒの学長と４人の学部長
（Geschichte der Universität Leipzig S. 578 より）

どういう案件がこの委員会で審議されたか、あるいは学生がどれくらいの期間カルツァー（学生牢）にいれられたかについては、他大学の例ではあるが、第Ⅲ部第三章の「学生生活」をも参照して頂きたい。

(2)　das Consilium national emagnum

この委員会は、「大国民団委員会」とでも訳すべきであろう。大学を国民団からなる団体とみなすところから構成される委員会である。当時ライプツィヒ大学には、マイセン（ライプツィヒを含む）、ザクセン（ウプサラやロストックを含む）、バイエルンあるいはフランケン（ヴィーン、ハイデルベルク、ケルン、チロルを含む）そしてポーランド（クラカウ、ブレスラウ、プラハ、ダンツィヒを含む）という四つの国民団があった。この委員会のトップも学長であった。委員（Beisitzer）は、全教授、寮舎付き教師（後で説明する）、ライプツィヒ大学を卒業して教授資格を取得したドクトル、リケンティアート、マギステルであった。新しい学長、Canonicus や Decemvirs を選ぶというような大切な議題のときには、法律顧問がよばれた。

（4） das Consilium Decemvirorum

「一〇人委員会」と訳されうる。文字通り一〇人の委員から成り立っていた。この委員会は、大学の経済・財務に関する事項を扱ったので、「財務委員会」としての性格を強く持っていた。

（5） das Consilium Decanale

この委員会は「学部長会」と訳すことができる。この委員会の構成は、学長と四人の在任学部長からなっている。

（6） 各学部の教授会

当時の大学は、神・法・医・哲の四つの学部から成り立っていた。そして各学部はそれぞれに意思決定機関をもっていた。それは、現代の大学と変わりはない。したがって、学部は、①対象と方法の類似する学問の集合体、②学生、教員、事務職員というように人の集合体、③集合体の運営機関という三つの意味を持っているが、ここでは言うまでもなく、③集合体の運営機関という意味である。

学部長は、学部のトップである。このことに、議論の余地はない。学部長に次ぐポストとして、各学部は、長老教授（Senior）を置いていた。学部長の任務は、学部全体を管理することであったが、とくに講義、討論など授業に関することや学位授与に関することが、学則の規定通りに行われているかどうか、確認することであった。

大学の公式の行事の時には、学長の次に席を占めた。

学部ごとに教授の数と包括していた学問領域を述べよう。

①　神学部には四人の正教授がいた。内訳は新訳聖書二人、旧訳聖書二人である。学部長は、国民団に関係なく、聖Galliの次の日に選ばれ、任期は一年であった。

②　法学部には七人の（五プラス二）の講座があった。ここで講座というのは、学部のなかにとりこまれた、学問領域で給与が支払われる固定した教授職のことである。

18世紀中葉のライプツィヒ大学法学部の大講堂
（Geschichte der Universität Leipzig S. 384 より）

Decretalium（勅令集）

Codex（勅法彙纂）

Insititutiones（法学提要）

Pandectae（学説彙纂）

tit. de Verb. singnif. Etreg. iuris

以上五人は、「全学教授会」に議席もあり、投票権もあったが、「自然法と万民法の教授」（Pro. iur. Nat. & gent.）と「封建法の教授」（Prof. iur. feud.）の二人は、「全学教授会」には議席がなかった。しかし、「封建法の教授」はドレスデンのHofrat（宮廷評議会）の委員であった。

③　医学部

一七七九年の時点では、治療学（Therapeutices）、病理学（Pathologiae）、解剖学と外科（Anat. & Chir.）という三つの講座があっ

18世紀外科の道具
（ライプツィヒ大学の展示より）

たが、学部長になれるのは、治療学（Therapeutices）講座の保持者と決まっていた。

④　哲学部の正教授は、詩学（Poeos）、歴史（Historiar）、倫理学・アリストテレスの政治学（Ethic. & Politic. Aristot.）、新論理学（Dialectics novae おそらくペトルム・ラムス）あるいは形而上学、数学、修辞学、ギリシア語・ラテン語（彼は神学部では員外教授であった）、自然学、アリストテレスのオルガノン、以上九人であった。

アリストテレスのオルガノンとは、アリストテレスの論理学に関する書物の総称である。具体的には、カテゴリー論、ペリ・ヘルメニアス（PeriHermenias）、分析論前書、分析論後書、トピカ、詭弁論駁論の書巻から成り立っている。

いつも九人いたわけではない。時代ごとに変化している。一五五七年には、領主アウグストが、アリストテレスのオルガノン、ギリシア語・ラテン語と倫理学、アリストテレスの自然学、数学、クインティリアヌス、ヴェルギリウスとテレンティウス、論理学、修辞学、霊魂論の処書、数学の基礎か（Elementor. mathem.）、ラテン語文法、ギリシア語文法の一二人に変えた。一五八〇年には、ギリシア語文法とラテン語文法が統合された。

では、哲学学部で教授された学問領域は、どのような特性を持っていたかをあらためて考えてみよう。

(1)　前にも述べたように、ライプツィヒ大学においては、一七世紀の末期までアリストテレス哲学が正統とされていた。一八世紀の中期に至ってもなおオルガノンの講座が残存していることは、そのなごりと見ることができよう。その教授内容は「三段論法」（Syllogistik）であった。

(2)　歴史学に則する講義が多数みられるという事実に着目しておきたい。歴史学教授（C. G. Joecher）は一七三九年に正講義で「中世教会史」を、私講義で「文学史」と「政治史」を教えた。一七四〇年になると、「万国氏」、「ドイツ帝国史」、「哲学史」を講義したのである。だが、歴史関係の講義を行ったのは歴史の教授のみにとどまらなかった。雄弁の教授（J. E. Kapp）は私講義においてではあったが、一七四二年モスハイム（Mosheim）の教科書にしたがって「教会史」を講じている。また一七四〇年には数学教授（C. A. Hauser）が「年代学」（Chronologie）を教えている。一七四三年には哲学教授（C. G. Ludovici）が「近世史」（Die neueste Geschite）を講じた。これらのなかには、教会史のように宗教的色彩を持つものも含まれている。また、万国史、政治史、ドイツ帝国史、あるいはまた文学史、哲学史といった新しくおこってきた歴史学諸分野も含まれており、その教授内容も多岐にわたっていたことが看取されるであろう。それと同時に、歴史補助学的な年代学が教えられ、ギリシア・ラテン文学の講座で「古代ギリシアの遺物」がとりあつかわれていることも、新しい傾向として見落とすことはできないと思う。

(3)　物理学では、新しい合理的な実験という研究方法が採用されている。すでにアリストテレス流の自然学〔フィシカ〕は克服され、一六九四年に創設されたハレ大学におけるのと同様に、ライプツィヒ大学においてもまた新しい研究方法〔実験〕が採用されたのであった。すなわち物理学教授（F. Menz）は実験をともなった物理学（Phisik mit Experimenten）を教えている。

(4)　道徳・政治学の教授（G. F. Richter）も非常に新しい教授内容を取り扱っていたことを指摘しておきた

い。すなわち一七四〇年にはハレ大学教授であったグントリンクについて、一七四一年にはヴォルフについて講義をしているし、一七四二年にはバウムガルテンの道徳哲学を講義している。

一七六八年になると、「哲学部は九人の教授から構成される」と学則に定められ、先に述べたのと同じ数になっている。一八世紀のこの時代になると、員外教授も各学部に置かれるのが普通になってくる。神学部三、法学部四、医学部四、哲学部一〇という状況である。

この時代になっても、法学部の科目は中世と余り変わらないし、哲学部でアリストテレスが一つの講座になっているとかクインティリアヌス、ヴェルギリウスとテレンティウスが教授されているのは、ハレやゲッティンゲンと比較して、いかにもライプツィヒは伝統を重視して新しい学問を受け入れない態度と判断されても仕方がない。

ともあれライプツィヒ大学では、このような委員会で大学や学部の意思が決められていったのである。

第二節　講義目録

次に講義目録について見ておこう。

講義目録は、学部ごとに、どの教授が、どういうテーマで、何処で、何時から何時まで、私講義か正講義か、というように教授活動（学修活動）の重要な情報を知ることができるから、学生にとっては重要な情報源である。

講義目録は、長い間手書きで書いたものを張り出すのが普通であった。しかし印刷術の発達により、一七世紀には印刷されるようになった。ライプツィヒ大学では、一七七三年になると、領主が定めた規定によって、印刷された形で出されるが普通になった。現代では、Webで学生は見ることができる。

講義目録は、所属学部、担当教授、教室、講義内容を知ることができるので、現在では研究材料として若手研究者の注目を集めている。筆者は大学院時代からドイツの大学の講義目録を収集してきたが、たとえば、ライプツィヒ大学のある若手研究者は「大学史史料としての講義目録」という論文を書いている。

大学は、修道院と同じく、学問を伝達していくことを主要で、重要な任務の一つとしている。大学の歴史を見てみると、研究よりも教育を主たる任務にしている期間が長いことが分かる。歴史的にみれば、大学はなによりも教育機関なのである。だからライプツィヒ大学のみならず、他の大学でも講義が重視された。次頁に示したのはセウメ（J. G. Seume 一七六三～一八一〇）という学生がプラトナー（Ernst Platner 一七四四～一八一八）という教授の講義を筆記したノートである。この教授は、「理想主義」、「言語について」、「確からしさの思考様式について」など講義したことを、この学生のノートから知ることができる。この学生は、アメリカ独立戦争に、イギリス側から参加するために学業を一時停止して、参加した。一七八七年には学業を再開した。

RECTOR
VNIVERSITATIS LITERARVM LIPSIENSIS
LECTIONES PVBLICAS

1777年の講義目録の告知
全学部の講義が告知されている
（ライプツィヒ大学の展示より）

（本書のために書き下ろし）

（1）Paulsen, F.: *Geschichte des gelehrten Unterrichts*. Bd. II. S.

（2）Staehelin, Andreas: *Geschichte* der Universität Basel

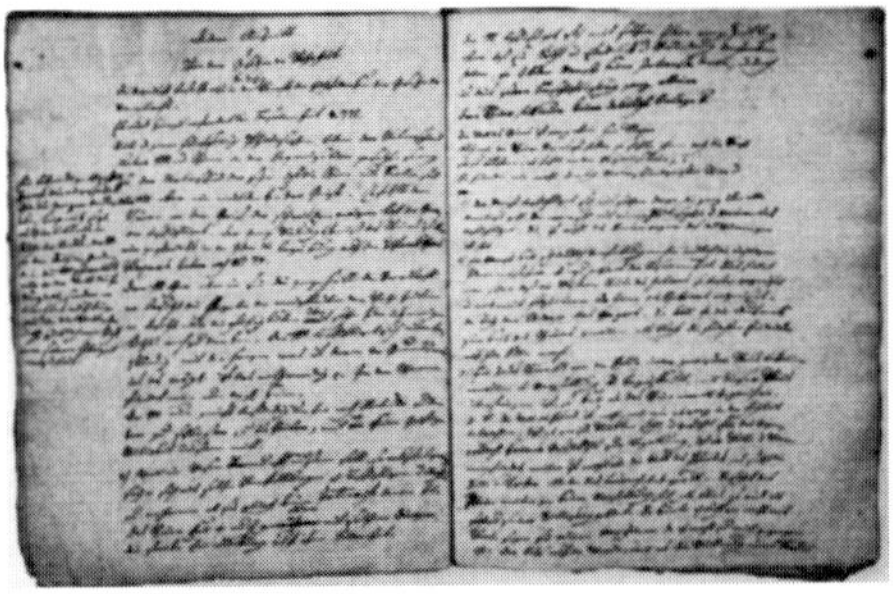

18世紀ライプツィヒ大学ある講義の筆記ノート
（ライプツィヒ大学の展示より）

1632～1818, S. 188–189.

（3） Paulsen, F.: *Geschichte des gelehrten Unterrichts.* Bd. I, S. 553–555.

（4） Jhoann Heinrich Jugle; *Leipzig und seine Universität im 18. Jahrhundert Aufzeichnungn des Leiziger Studenten Jhoann Heinrich Jugler aus im Jahre 1779 herausgegenben von Freidrich Zarncke.*

（5） Jugle, J. H.: *Leipzig und seine Universität*, a. a. O. S. 36.

（6） Jugle, J. H.,: *Leipzig und seine Universität*, a. a. O. S. 36.

第五章　インゴルシュタット（ミュンヘン）大学における官房学の展開

はじめに

ドイツの諸大学が一九世紀に「学部の多様化」の時代に突入すること、およびこの多様化を担う学部は、哲学部から分離した理学部と国家経済学部であることは、大学史の研究上しばしば指摘されてきた。理学部の形成過程については筆者は、これまでいくつかの論稿で明らかにしてきた[1]。そこで、ここではインゴルシュタット（ミュンヘン）大学の国家経済学部に光をあてて、考察することにしたい。

一九世紀のはじめに、テューービンゲン大学[2]（ヴュルテンベルグ）、ヴュルツブルク大学[3]（バイエルン）、ランズフート大学（バイエルン）という南ドイツの三大学が国家経済学部（Staatwritschaftlichie Fakultät）を開設したが、ここではそのうちインゴルシュタット大学（インゴルシュタット、ランズフート、ミュンヘンと移転）をとりあげることにする。なぜこの大学をとりあげるのか。

第一に、この大学は一八世紀の後半に入っていくつかの改革の試みを続けながら、インゴルシュタット、ランズフート、ミュンヘンへと移転することによって、その存続を図ってきた。改革と移転は、この大学の存続にとって必須の要件であった。伝統ある大学の多くが廃止または統合された一八世紀と一九世紀の交錯期にあって、たびかさなる改革と移転を繰り返してきた大学は他に例がない。

第二に、これまでのわが国におけるドイツ大学史研究は、プロイセンの大学、とりわけベルリン・ハレ両大学を対象として行われてきた。その結果、ドイツ大学史についての認識において、プロイセン以外の雄邦の諸大学を視野の外にはじき出してしまい、ドイツ大学史像をきわめて一面的なものにしてしまったという事実は否めない。学部編成や大学学問の在り方にも各大学に特有の地域的、分権主義的特色や伝統があるが、これを明らかにする作業はこれまであまりなされていない。バイエルン邦のインゴルシュタット、ランズフート、ミュンヘンと移転を繰り返してきた大学は恰好の考察対象であると考えても差し支えない。

本章では、国家経済学部が形成されるまでの制度的変遷を年代順に追うことを通じて、学部形成の歴史的動因、カリキュラム、抱括学問領域、大学内部でのこの学部の占める位置、学部の性格や任務を解明することを目的としている。

第一節　官房学研究所開設に至るまでの官房学教育史

官房学的諸学科は、組織的かつ体系的に教授されるようになるまで、どのような形態をとりつつ教授されたのであろうか。ここでは、いわば、その潜伏期を見てみよう(4)。

1　一七四六年の改革

インゴルシュタット大学史をひもとくとき、われわれは、一七七三年のジェスイット会の廃止令以後一七七九年までの間にいくつかの画期的な改革が行われているのを知ることができる。[5] 官房学的科目にとって重要な意味を持っているのは、一七四六年の改革である。というのは、この年に、ヴュルツブルク大学教授であったイックシュタット（Joh. Adam Ickstaat 一七〇二～一七七六）が「公法、自然法・国際法、Jus oeconomico/Camerale」担当の教授として法学部に任命されたからである。[6] そして事実、彼は自然法・国際法および官房法（Cameral-Recht）を教授したといわれている。[7] これをインゴルシュタット大学における官房学教育の、カリキュラムにあらわれた最初の実例として挙げてよいであろう。かくして、諸侯の家産管理のために発生した官房学は、このカトリック精神に満ちた大学への侵入にも成功したのであった。

マールブルクで、ハレから追放されたクリスチャン・ヴォルフ（一六七九～一七五四）に学んだイックシュタットは、従来インゴルシュタットでは教授されていなかった新しい学問領域を教授したことで注目に値するとともに、一七六五年までの一九年間この大学で活動し、いくつかの改革を手がけた重要な人物である。[8]

近代自然科学の方法に強く影響された自然法・国際法さらには重商主義の特殊ドイツ的形態といわれる官房学は、大学学問を伝統的に支配してきたアリストテレス学問体系との闘争を展開し、その切り崩しに成功して、大学へと進出するのに成功した。これらの学問領域が大学組織の一画に位置づけられているか否か、少なくとも講義目録に登場するか否かが、当時（一八世紀）にあっては、その大学の学問的性格を測定する有力なメルクマールの一つと見てよい。これらの学問領域の、インゴルシュタット大学への進出は、北方プロテスタント系の大学、特にプロイセンのハレ大学やフランクフルト・アン・デア・オーデル大学と比較して、決して早い時期に行われたとは言えない。それと同時に、次のことがこの大学の特色として指摘されなければならない。

つまり、他の大部分のドイツでは、プロテスタント系大学、カトリック系大学（ヴィーン大学を除くが）を問わず、そしてまた領邦を問わず、自然法・国際法は官房学とは別個に、しかもそれに先立って大学に進出しているのであるが、インゴルシュタットでは、両者がいわばセットとなって大学学問としての地位を得ているのである。なぜこのような現象が生じたのかという問題は、大学と学問の相互関係を考察する上で興味ある問題と言えよう。この問題は詳細な研究に待たなければならないが、自然法・国際法と官房学がセットになって大学学問化したことは、この大学の学問状況の特徴と言うことができる。

2　一七七四年の改革

ジェスイット会廃止令（一七七三年）は、カトリック系の大学に大きな影響を与えた。インゴルシュタット大学では、イックシュタットの提案に基づいて、一七七四年に全学部にわたって教授要目（カリキュラムと言って良い）の大改革が断行された。

①　この改革によって確定した教授要目によれば、官房学は、法学部で三年目に教授されることになっている。この時期は学期制ではなく、まだ通年制であった。[9] 担当者はベルナー（Borner）であって、彼は同じ学年で刑法をも教授していた。官房学に関連してとくに述べておかなければならないことは、この改革において、イックシュタットは、一七六五年の時点では、自然法・国際法および官房学を教えていたが、この改革において、両者は分離され、官房学（Cameralwissenschaft）という名称が教授要目に登場していることである。官房学を構成する主要な学問領域は、経済学・警察学・財政学の三つであって、官房学は三者の包括概念と

して使用されていた[10]。後の時代になるが、マルクスは『資本論』において官房学を、多くの学問から成果をとってきた「雑炊」と特徴づけた。

② 官房学は哲学部の守備範囲に属する学問かそれとも法学部のそれかという問題に関しては、個別の大学にあたってみると必ずしも一概に断定できない。当時の法学部学生は、あらかじめ哲学部で二年の間基礎的学問の修得に従事し、さらにそのうえに、法学部での三年間にわたる勉学活動をしなければ、ドクトル学位試験に志願することは許されなかった[11]のであるが、この改革後の哲学部の教授科目のなかには、官房学に係わる学問は全く含まれていない。したがって、この時点では、官房学は哲学部に包括されるべき学問とは考えられていなかったと言えよう。しかしながら、二年後の一七七六年には、ペックマンが哲学部で経済学を教えている。官房学をめぐる事情は除々に変化しつつあった。

③ 法学部の教授科目のなかで、バイエルン邦出身者にとって特に重要であったのは、バイエルンの国法であった。その国（領邦）の法律を重視する傾向は、一七七六年になるとさらに強力に打ち出されてきた。

ヨハン・アダム・フォン・イックシュタット
（ドイツのヴィキペディアより）

それは、直接カリキュラムに反映した。つまり、法学教育で主要な地位を占めたのは「バイエルン王国史」、「バイエルン国法」、「バイエルン教会法」、および「Kaeitmayer のすべての法令集」であった[12]。バイエルン邦出身学生は、以上の四科目を中心に学習すべきものとされた。これらの主要科目から学生が気を散らすことのないように、法学文献史（Litterar-

Geschichte)、法廷実習、さらには警察、財政学・官房学は私講義で講義されれば十分であるとされていた。

なぜ、国法学を中心に据え、官房学やその他の科目を周辺に配するカリキュラム編成がとられたのであろうか。その社会的背景は何か。筆者なりの仮説を示せば次のとおりである。あくまでも仮説であることをお断りしておく。

① 官房学を教授要目のなかにとりいれ、教授していたという事実から、行政に必要な知識を提供する官房学の存在意義はある程度認められていたと言えるであろう。バイエルン王国の政治構造も、他のドイツ有力領邦と同じく、帝国体制から領邦絶対主義国家体制へと移行しつつあり、行政実務に精通した官僚養成の必要性を一方では認めながらも、ローマ法原理とは必ずしも直結しない国内法をまずもって整備しようとした。したがって、行政組織を現実的に担う官僚には、国法学的素養をもった者が採用されるようになった。

② バイエルンでは、プロイセンとは異なり、「司法と行政」の分離の進行が緩慢であった、と考えられる。バイエルンでは、法律学を修得した者が領邦の公職において、活動する余地は充分に残されていた。したがって、「頭の良き者は行政官僚へ、頭の悪き者は司法官僚」というような言葉をはく国王(プロイセンのフリードリヒ・ヴィルヘルム一世)もいなかった。バイエルン王は官房学を重視した。

③ 「司法と行政の分離」が行われていなかったから、当然、国家による官吏登用試験制度も存在せず、大学でそのための教育を行う必要はなかった。

④ 法律家が国家のあらゆる公職について活躍する「法科万能」(Juristenmonopol) の傾向が強く、官房学

や警察学を修めた官僚を養成しなくても、法学を修めた者で間に合った。

⑤　法律家とくに国法学を重んじる人々のまきかえしがあった。

以上が一七七六年の法学部カリキュラムを貫いているところの「国内法を重視し、官房学やその他の科目を軽視する」思想が支配的となってきた現象の社会的背景である。

3　官房学講座の開設

カール・テオドールの治政下、一七八〇年にモスハーマー（Fr. X. Moshammer 一七五五～一八二六）が官房学の担当者に任命されたとき、彼をどの学部に所属させるかが問題となった。法学部は、ヴィーン、ゲッティンゲンおよびイェナの各大学を参酌し、熟考したあげく、官房学講座を法学部に設置するという結論を出した[13]。そしてこの結論に基づいて、事がはこばれた。しかし、法学部は、官房学講座が入ってくることを好まなかった。さらに、法学部は、一七八六年には、法学部三年生が聴講するように定められていた林学を、哲学部に置くように決議したのであった[14]。

法学部は、伝統的法律学を脅やかしつつあった官房学を法学部から排除しようとしたが、成功しなかった。というのは、一七八一年に、モスハーマーは官房学担当教師として法学部に移ってきたからである[15]。このようにして官房学は法学部に属することとなった。モスハーマーは、一七八三年には正教授となり、一、〇〇〇フロリンの年収を得た。一七九〇年に彼は貴族に列せられ、フォン・モスハムと称した[16]。

4　一七八四年の改革

一七八四年に、法学部を含む全学部にわたる教育課程のさらなる改革が行われた。この年のカリキュラムにあらわれた官房学的科目は、Achenwall や Hohenthal の教科書に従って教授された「国家経済」（一年目）とモスハーマーの教科書に基づいた「手形法」（三年目）の二科目である。

以上で明らかなことは、国家行政実務に関する学問の総合名称ないし上位概念と目される「官房学」という名称が姿を消し、その具体的内容を示す科目名がカリキュラムに登場してきている。これは、この年のカリキュラムの特徴の一つといってよい。そして、このことは、カリキュラムにおける官房学を構成する具体的内容の鮮明化ないし分化を物語っており、学問は分化することによって進歩するという観点からみれば、官房学にとっては「進歩」であると同時に、官房学という総括名辞の「解体」への序曲をなすものであった。

インゴルシュタット大学では、官房学は組織的に体系的学問を基盤とする教師集団が形成された。それが次に述べる「官房学研究所」である。

第二節　官房学研究所の開設

1

マクシミリアン一世・ヨーゼフの治政下に最も指導的な大臣として活躍したモンテゲラス（Maximilian Montegelas 一七五九〜一八三八）は一七九九年に登用された。同年、インゴルシュタット大学は大改革を断行した。しかも、この改革は、インゴルシュタットにおける最後の改革となったのであった。

この改革で、今まで類をみないほどのカリキュラムの大改訂が行われ、またゼメスター制が採用された。これも大学史上大改革であるが、同じくわれわれの耳目をひくのは、官房学諸科を担当する教師集団（官房学研究所）が大学組織の重要な部門として位置づけられたことである。官房学研究所はそれ独自の教授要目を持った。この研究所の開設によって、官房学的科目は大学の一部門として、組織化・体系化されたと言えよう。一九世紀にミュンヘン大学史を書いたカール・プラントル（Carl Prant 八二〇〜一八八八）は、官房学研究所を、神学・法学・医学・哲学の伝統的四学部と併置させ、「第五の学部」としての性格をもつものとして描いている。(17)

2　教授科目

官房学研究所は、国家行政実務に精通した有能な官吏を実務訓練によって養成するのではなく、大学において体系的・組織的に養成することを目的として開設されたのである。そこでは、どのような科目が、どのような順番をもって教授され、学習されたのであろうか（表1参照）。

3　官房学研究所の構成員

官房学研究所の所長（Direktor）には、シュランク（Fr. Paula Schrank 一七四七〜一八三五）が就任した。書記（Secetär）にはホルツィンガー（B. Holzinger 一七五三〜一八二二）が就任した。その他の教授陣は、モスハム、フェスマイヤー（Georg Fessmaier 一七七五〜一八二八）、レーベリング（H. M. Leveling 一七六六〜一八二八）、ベルテレ（Augustius Bertele 一七六七〜一八一八）、クノグラー（Gabriel Knogler 一七五六〜一八三七）、マゴルド（Maurus Magold 一七六一〜一八三七）、レイナー（Gregorius Reiner 一七五六〜一八三八）、ミルビラー（Josef Milbiller 一七五三〜一八一六）、ヴェーバー（Josef Weber 一七五三〜一八三一）という面々であった。

表1　インゴルシュタット大学官房学研究所の教授案（1799年）

学期	教授科目	教科書著作者
第一学期	○法学提要 ○一般自然学 ○官房学の百科全書	Heineccius Lambrecht
第二学期	○物理学・化学 ○自然法 ○統計学 ○ philosophische Botanik ○鉱物学	Jakob Meusel Linné と Schrank Blumenbach
第三学期	○政治算術 ○警察学（財政学） ○工　学 ○応用数学 ○自然史・動物学	Michelsen Mosham Lambrecht Kästner Mönch
第四学期	○財政管理・国家経済 ○ bürgerliche Baukunst ○商　学 ○農　業 ○バイエルン国法	Moshamm Succow Jung Fessmaier
第五学期	○医学警察 ○ Codex Maximil. Civilis ○手形法 ○高等数学 ○山林経営	Plenk Moshamm Kastner Kai. L Walier
第六学期	○人間学 ○獣医学 ○自然地理 ○気象学 ○商業警察・官房法 ○鉱区測量術 ○採鉱術	Bode Moshamm KaStner Schrank

典拠）Carl Prantl: Geschichte der Ludwig-Maximilians-Universitat. Bd. I, S. 692-693 より作成。

4　官房学研究所の教授科目の特色

官房学研究所の教授科目の特色は、将来絶対主義国家の官僚になることを志望する者が国家試験に合格するために知っていなければならないような、あらゆる種類の知識の混合にあると言えよう。法学、自然科学、工学、農業、林学などの分野にわたる知識が折衷的に採用されている。しかも、カリキュラムに採用するばあいの唯一の根本原則は、絶対主義的な官僚国家を維持してゆくのに必要であるか否かであって、官房学の学問的体系や科学性に対する反省的思惟はみられない。支配の術的な性格が濃厚であった。それゆえ、当然国家行政に役立ちうるような断片的な実用的知識を寄せ集めた教科内容となったのである。このような官房学は、デッドマールの著書“Einleitung in die Oeconomische Poicei=Cameral=Wissenschaften MDCCXLV”をみればわかるように、その発生・確立の時期において、あらゆる領域から借用してきた「いろいろな知識の混合物」といわれるような性格をすでに内包していたのである。

こうした性格を持つ官房学研究であったにせよ、学部が多様化していく歴史の流れのなかで果たした役割は否定すべくもない。というのは一九世紀に突入してただちに官房学研究所は、「国家経済学科」として改編され、従来から職業に対応してきた専門学部である神学、法学、医学と並ぶ専門学科（Section）としての地位を獲得したのである。国家経済学科は、国家経済学部の基礎組織となった。従来の四学部体制を崩したという事実は大学史上着目するに値する。

第三節　国家経済学科の設置

1　ランズフートへの移転

インゴルシュタット大学は、ヴィーン大学と並んでジェスイット会が支配する大学であった。しかし、大学は、ジェスイット会廃止命令（一七七三年）が出されたのち、幾度かの啓蒙主義的改革を試みた。そうした努力にもかかわらず、改革が成功したとは言いがたかった。たび重なる大学改革の試みがうまくいかなかったのは、時代の特色である「啓蒙の精神」を圧迫するジェスイット会の精神的雰囲気が強く残存していたからである。(18) ジェスイット会の精神的雰囲気は改革の大きな阻害要因であった。古い衣を脱ぎすて、改革を成功させるために、大学は、一八〇〇年に新しい天地であるランズフートへ移転したのであった。

2　学部の廃止＝学科の設置

移転したのちも、大学改革の試みは熱心に続けられた。そのなかで、学部編成史上とりわけ重要な意味を持っているのは、一八〇四年の改革にほかならない。大学の基本的構成要素である「学部」（Fakultät）が廃止されて、その代りに、「学科」（Section）が新設されたからである。[19]

「学部の廃止」＝「学科の設置」は大学組織上の大変革であると言ってよい。というのは、この改革によって、教師団の再編成が断行され、教授要目（カリキュラム）が全学部にわたって改訂されたからである。さらに、われわれが当面の問題としている官房学的諸学科が、職業に対応した旧来の専門的学問領域と同等の地位を持つ組織として、はじめて位置づけられたからである。

学部の廃止＝学科の設置という大学組織上の大改革は、ハイデルベルクとヴュルツブルクの両大学でも行われた。この一八〇三年四月を画期とする南ドイツ三大学の改革は、基本的に、フランス的インパクトを原動力とする政治的社会的変革の潮流のなかで急激に断行されたものであることは、疑いを容れない。それに対して、プロイセンは、フランス的要因をひとつのインパクトとしつつも、独自の改革の道を歩んだ。シュタイン・ハルデンベルク改革およびベルリン大学の創設は、その一環であったと見なすことができよう。

①「学科」（Section）の構造

上記三大学において行われた改革を微視的に観察すれば、学科の名称や教授科目に若干の相違点がみられるが、基本的には同一の性格をもつ改革であると考えられる。ここではランズフート大学に則して、新しい大学組織の構造をさぐってみよう。ただこのばあい、学科制全体と学科制そのものについて述べるのが本章の目的ではないので、それに関しては重要な点を示唆するだけにとどめたい。

大学の組織は、二つの大きな「部門」（Classe）に分割され、そしてさらに二大部門はそれぞれ四つの「学科」（Section）から成り立っていた。（表2参照）

表２　ランズフート大学1804年の組織

ク　ラ　ス	学　　科　　名
一般学問の部門	○哲学科 ○数学・物理学科 ○歴史学科 ○芸術・美学科
専門的学問の部門	○宗教上の国民教師の養成のために必要な知識の学科 ○法解釈学，批判および歴史叙述を含む法律学科 ○国家経済学科 ○医学科

典拠）Carl Prantl; Geschichte der Ludwig-Maximilians-Universitat Bd. S. 702 より作成。

この表からも明らかなように、「一般的学問の部門」を構成している四つの学科は、これまであった哲学部を学問領域毎に細分化し再編成したものである。一方、「専門的学問の部門」は、かつての上級三学部の伝統をそのまま継いでいる学科、すなわち「宗教上の国民教師を養成するために必要な学科」（旧来の神学部）、「法解釈学・批判および歴史叙述を含む法律学科」（旧来の法学部）、医学科（旧来の医学部）に、「国家経済学科」を付加して、四つの学科から成り立っている。これが学科制の構造である。

学部の廃止＝学科の開設という大学の組織的改編は、ナポレオンの占領政策に対する、ヴュルテンベルグ、バーデン、バイエルンという各領邦の対応策であった。すなわち、ドイツ的伝統である総合大学（Universität）を解体し、学部をフランス的な専門学校へと改編したものと考えて良い。事実、バイエルンでは、イマニエル・ニートハンマー（一七六六～一八四八）、フリードリヒ・フォン・ツェントナー、シモン・ベーベルらによって専門学校論争がひきおこされたのであった。こういった歴史事情を考慮に入れるならば、この大学改革は全く特殊南ドイツ的現象であって、ドイツ全体に波及するものではなかった。他方、北方の雄邦プロイセンは、「国家は物質的に失ったものを精神的に獲得しなければならない[20]」というフリードリヒ・ヴィルヘルム三世の言葉にしたがって、旧来の四学部を持つベルリン大学（一八一〇）を創設することによって、ナポレオンに対抗したのである。この対応は、北と南の領邦大学では対照的であった。

② 国家経済学科の抱括学問領域

国家経済学科は、一七九九年の改革にさいして開設された「官房学研究所」が大学の重要な機関として新たに位置づけられたものである。これにより、官房学的諸学科は、国家経済学科という名称のもとに体系づけられ、伝統的学部の後裔と同等の地位と権利を持つものとしての地位を獲得し、しかも専門的職業に直結した学問の一領域として、現実的に組織化されたのであった。このような大学組織の構造上の改革は、ドイツ大学の学部の多様化＝四学部制の崩壊過程における非常に重要な出来事と言わなければならない。こうした大学内部の制度的改編から行政の方面へ目を転じてみると、そこにもひとつの重要な変化が認められる。それは、一八〇五年に、バイエルンの主要国家事務処理法（Hauptlandespragmatik）が規定されたことである。この規定の制定は、大学の改編に対応していた。さらにこれは、後の官僚に関する法律の模範になったと言われている[21]。

ところで、国家経済学科はどのような学問領域を網羅していたのであろうか。これはカリキュラムを見れば、ある程度明らかになってくる。

3 一八〇七年の教授要目

国家経済学科のカリキュラムは、一八〇七年になって、規則で確然と定められた。その規則によれば、国家経済学コースの学生が習得すべき学科目は，大別して，二つに分類されている。一つは，「主要学問」（Hauptwissenschaft）であり，他の一つは，「必須の補助学問」（Hilfswissenschaft）である。教授科目は，表3のとおりである。

3-A　「主要学問」と「必須の補助学問」とを対比してみると，それぞれの特色とカリキュラムの全体的性格（構造）が明らかになってくる。

第一に，「主要学問」と呼ばれている諸学問の特色は，「実践的にあまりに実践的」ということになろう。官房学を大学学問化する論拠の一つに「実際的有用性・必要性」が強調されたことを想起すれば，官房学コースの実践的特色は当然であろう。現実の政治に携さわる行政実務官僚を専門的・組織的に養成することを第一の目的として，この研究所は開設されたのである。しかし，伝統的な神学，法学，医学に比して，方法と対象とがかならずしも確立されておらず，学問の科学性に対して疑問をさしはさむ余地のあるものの，大学学問として科目のなかに入り込むことに成功した。

表3　ランズフート大学1807年の官房学コースの教授要目

主要学問	必須の補助学問
○農　業	○化　学
○山林経営	○動物学
○鉱山学	○植物学
○工芸学	○鉱物学
○建築学	○高等数学
○商　学	○統計学
○警　察	○バイエルン史
○国家経済	○自然法
○財　政	○法学提要
○政治算術	○ドイツ私法
○財政演習	○バイエルン市民法・国法
	○医学警察

典拠）Prantl. Bd. I, S. 713より作成。

第二に，これに対して，「必須の補助学問」の領域に列挙されている科目は，自然科学，法学，数学の各領域にわたり，大学組織でいえば，「一般的学問の部門」に設置されている「数学・物理部門」と「専門的学問の部門」の「法律学科」に関わっている。これらの諸学は，対象と方法が伝統的に確立されており，科学性に対する批判にたえうるものであると言ってよい。いわば，官房学コースの基礎科学としての位置を占めていたと考えても大過ない。

第三に、「主要学問」と「必須の補助学問」との相互関係性を考えてみると、次のように言えるのではないか。官房学研究所の教授要目は、すでに確立された「必須の補助学問」を基礎とし、それらを現実の政治過程や行政場面において応用しうるような「教養」ある官僚、しかも実践的知識を専門的に修めた「有能」な官僚を養成することをねらっていたのである。このカリキュラムは、当時の一般的思潮であった「幸福促進主義的福祉国家観」を支える学問を組織的、体系的に配列したものであり、絶対君主（バイエルンにおいてはルードヴィッヒ一世）の統治を効果的に遂行する術を研究し、教授するためのものであった。

このような実践的・実用的学問の体系化・組織化は、前に指摘したとおり、フランスの大学政策のインパクトを受けた啓蒙主義的な大学改革の一環であった。

3-B　法学部の教授要目との関係

一八〇七年に行われた法学部の教授要目の改革は、一七九九年のそれよりも、国家経済学的科目と法学的科目との相互関係性、かさなり合いをさらに明瞭に示している。法学科では、国家学的科目の位置づけを、整然と行うようになった。

法学は「必須の教科目」（nothwendige Lehrfächer）と「有用な教科目」（nutyliche Lehrfächer）との二大領域に分けられている。前者はさらに「法律学」、「補助学」、「国家学研究」の三つに分類されている。[22] われわれは、ここでの問題の設定の仕方からいって、当然のこととして、まず「国家学研究」に注目しなければならない。その内容は具体的には、農業、警察、国家経済、財政である。この四つの科目は、すべて、国家経済学科の「主要学問」のなかに含まれているのである。これらの科目が「必須」として法学生に課せられていたことは、国家経済学科と法学科との密接な関係を推量するに十分な材料を提供している。次に「有用な教授科目」を見てみよう。それは、「Lyceal-Unkreise の復習」と「新しい教授科目」から成り立っている。前者は、要するに哲学的諸科目がその具体的な内容となっているにすぎない。しかし、後者には、歴史補助学や美学、法医学などのほかに、官房学的な科目として、林学、工学、商学、統治術（Staatskunst）、官房算術（Cameralrechnungskunst）の五教科目が配されているのである。したがって、法学科の教授科目のなかに合計九個の国家経済学的科目が入り込んでいることになる。

以上の考察から、次のように言えよう。国家経済学科は、国家行政実務に関する実用的知識や学問を志向しつつ、その学問的基盤を哲学と法学に基づいて、両学問に支えられながら、学問としての存立を確保していたのである。そして、国家経済学の存立の社会的基盤は、法科万能や貴族の官職就任への特権という伝統的歴史状況を克服して出現しつつあった「官僚制」の成立であったのである。絶対君主の官僚制を構成した者は、専門的に行政の実務に関する教育を受けた行政官僚であって、彼等は、法律家と明瞭に区別されたのであった。

こうした司法と行政を分離しようとする動きは、学問の世界において、法学と官房学・国家経済学とをはっきりと区別しようとする動向と対応していた。ゴンネン（N. T. Gonnen 一七六四～一八二七）は、法学だけを修めた者が他の学問領域に無知であり、技術に関する知識において頼りにならず、世事にうといことをなげいており、官吏になる者のために行政的予備教育を施す必要を強調している。(23) かくして、法学的予備教育のほかに、官吏になるための予備教育を特別に実施することが、バイエルンの諸大学のひとつの大きな特色となった。

4 一八一四年の教授要目の改訂

大学は、一八一四年に再び学則の改訂を行った。それに伴って、官房学コースのカリキュラムの改革も行われた。この改革は、一八〇七年の改革ほど大きなものではなかったが、次のような変化を指摘することができる。すなわち、「必須の補助学問」のカテゴリーのなかに置かれていた「バイエルン史」の代りに、「官房学通論」が新たに付け加えられている。(24) また同年法学科のカリキュラムも若干の改訂がなされた。「必須の教科目」のカテゴリーに配置されていた「国家学研究」が「国家経済学研究」と改称された。さらに、「国家経済」に代って、「統計学」が新たに登場してきている。「有用な教科目」のカテゴリーには、一八〇七年には、五つの官房学的科目があったが、それに「医学行政」が加えられた。したがって、結果的には、法学部のカリキュラムのなかに占める官房学的科目の割合は、高くなるという現象が生じているのである。これは、官吏登用試験において、官房学的諸科が、以前にもまして重要視されるようになったためである。

このように見てくると、たしかに、国家経済学科は大学の組織構造の一隅を占める組織としての体裁を一応整えてはいる。しかし、その包括学問領域は依然として雑多であり、他の学問領域からの寄せ集めである。さらに対象と方法の観点からみたばあい、その科学性を問題にされうるような学問内容を含んでいる。国家経済学科の抱括する学問領域を規定した社会的・政治的要因として、おおよそ次の点を挙げうるであろう。

第一に、官房学自体の純粋に学問的自己運動の結果である。

第二に、コスティの主張にもみられるように、官僚を養成するためのコースとして、官房学学部や官房学研究所を開設しようとする動きが一八世紀の七〇年代以降とくに活発にみられた。そして、現実にそのような組織が設けられたのであった。これらの現実的動向を支えた根本思想は、「大学は教会、国家、社会に役立つ学問を展開するために設立されたのである。したがって、官房学のような実用的知識が大学で組織的に教えられるようになっても何の不都合もない」ということであった。

第三に、司法と行政の分離が進行しつつあって、行政官僚の専門的養成の要求が、現実の声としてあった。したがって、国家試験に対応するために大学もそれだけの処置をとらなければならない。そのための組織が国家経済学科であったと考えられる。

第四節　国家経済学部への昇格

1826年11月15日のミュンヘン大学の開学式典
(Ludwig-Maxmilians-Universitat S. 51 より)

1　ミュンヘンへの移転

一八二六年一〇月三日、大学をミュンヘンへ再度、移転させる旨のデクレが発布された。そして、このデクレはすぐ実行に移された。一八二六年から一八二七年の冬学期からかつてジェスイット会の所有していた建て物を使用して、教授活動は開始された(25)。かくして、大学はバイエルンの首府ミュンヘンへ移されたのであった。

2　移転に伴う改革

この移転には大きな改革が含まれていた。というのは、一八〇四年の改革にさいして、大臣モンテゲラスが導入した「学科」の概念が事実上廃止されて、旧来の「学部」が復活したのである。講義目録の学科目も学部ごとに配列されるようになった。「学科の廃止＝学部の復権」は、形態だけに注目すれば、たしかに伝統的学部体制への逆行であるかのような印象を与えるが、内実は決してそうではない。その理由は、①学長と評議員の選挙は、教授会の自由な選出に委ねられたこと、②学部制が復活したといっても古典的な四学部に復帰したのではなく、テュービンゲンやヴュルツブルクと同じく、国家経済学部が開設されて、五学部制となったのである。

3 国家経済学部の性格

上に述べたように、国家経済学科は、ひとつの「学部」(Fakultät) として、再編成され、昇格した。この点において、移転に伴う大学改革の、学部編成史上の積極的な意味を看取しうるのである。しかしながら、国家経済学部は、他の古典的学部と併置されたとはいえ、他の学部が享受した地位と権利を同等に享受したかどうかという点に関しては疑問の余地がある。なぜなら以下のような事実があるからである。

① この学部は、評議会へ送る代表者を、他の学部は二人であったにもかかわらず、一人に制限されていた。他の学部と同数の代表者を送るようになったのは、一八七九年になってからのことである。

② 一八三三年に定められた、いわゆる「内的学部」(innere Fakultät) に関する規定によると、先任順序に従って交替で就任する学部長職につく資格、学部にはいってくる収益の分配を受けうる者は、最古参の正教授のうち神学部四人、法学部五人、医学部六人、哲学部七人であったが、新参の国家経済学部は最低の一人にすぎなかった(26)。

以上二つの事実は、国家経済学部が、まだ「半人前の学部」としか見なされていなかったことを示している。

この学部の大学内部における地位が、大学評議会や「内部学部」（innere Fakultät）の構成員の数に反映したものにほかならないのではないか。

こうして、半人前ではあるが、ともかく国家経済学部という、これまでになかった新しい学部が形成された。学部成立の三年後（一八三〇年）には、この学部の修了試験は、国家が行う官吏任用試験としての位置づけがなされた。すなわち国家が大学の試験を官吏の登用試験と認めたのである。言い換えると学部試験が国家試験の一環として組みこまれたのである。大学は、ますます「国家の機関」としての性格を強めていったのである[27]。

〔付記〕この論稿は、「大学史研究会」での討論によるところが大きい。とくに大阪市立大学の石部雅亮先生（当時）には多くのことを御教示いただいた。特に記して感謝の意を表したい。

（初出『明治大学人文科学研究所紀要』第一五冊、一九七六年、本書のために加筆・訂正）

（１）これまでに、「哲学部の歴史的変容――デュービンゲン大学の理学部の設置をめぐって」（『教育学研究』第四二巻第一号一九七五年三月）および『一九世紀ドイツ大学哲学部における研究教育体制の変容』（「歴史評論」一九七五年五月号）の二つの論文を公にしてきた。
（２）Born, Karl Erich: *Geschichte der Wirtschaftswissenschaften an der Universiät Tüibingen 1817–1967*.
（３）Wegele, F. X. von: *Geschichte der Universitat Wurzburg*. Bd. II, S. 518–519.
（４）Stieda, Wilhelm: *Die Nationalokonomie als Universitätswissenschaft*, 1906.
（５）Prantl. Carl: *Geschichte der Ludwig-Maximilians-Universitätin Ingolstadt, Landshut, München*. Bd. I. 1872. S. I の目次をみよ。
（６）Prantl. S. 584.

(7) Prantl, S. 592.
(8) Prantl, a. a. o., S. 592.
(9) Prantl, a. a. o., S. 667.
(10) 栗木寿夫「一八世紀ドイツ国法理論における二元主義的傾向」（九）（大阪市立大学『法学雑誌』第一七巻第一号所収）六九頁。
(11) Prantl, a. a. o., S. 667.
(12) Prantl, a. a. o., S. 671.
(13) Prantl, a. a. o., S. 669.
(14) Prantl, a. a. o., S. 670.
(15) Prantl, a. a. o., S. 689.
(16) Prantl, a. a. o., S. 675.
(17) Prantl, a. a. o., S. 692.
(18) Paulsen, F.; *Geschichte des gelehrten Unterrichts*. Bd. II. 1921. S. 117.
(19) Prantl, a. a. o., S. 702.
(20) Kaufmann, G.; *Die Lehrfreiheit an den deutschen Universitöten im19. Jahrhundert*. 1898. S. 17.
(21) Bleek, W.; *Von der Kameralausbildung, Zum Juristenprivileg*. 1972. S. 264.
(22) Prantl, a. a. o., S. 710-711.
(23) Bleek, a. a. o., S. 266.
(24) Prantl, a. a. o., S. 713.
(25) Prantl, a. a. o., S. 720.
(26) Prantl, a. a. o., S. 265.
(27) Bleek, a. a. o., S. 265.

第六章　ヴィッテンベルク大学における講座構成と教師の個人評価

はじめに――本章の主題と時代区分

本章は、一四世紀以来の約六五〇年に及ぶドイツの大学の歴史のなかで、一八世紀のもつ意味を考察しようとする研究の一環をなす(1)。本章では、ヴィッテンベルク大学を例として、大学教授（師）の個人評価の問題を中心にとりあげ、それとの関連で「大学の近代化」および「大学自治の実態」に光をあてて考察する。

Ｆ・パウルゼンは、ドイツ大学史の時代区分を試み、中世を大学発生の時期、ルネサンスと宗教改革、一六・一七世紀を領邦宗派主義時代の大学、一八世紀は「近代的大学の勃興」の時代、一九世紀を「科学的研究の優位」の時代と特徴づけている。一八世紀を「近代的大学の勃興」の時代と位置づけていることに、まず注目しておきたい(2)。

たしかに、一八世紀はハレ大学（一六九四年）やゲッティンゲン大学（一七三七年）の創設に象徴されるように、ベルリン大学（一八一〇年創立）につながる近代的大学ができてくる時代である。このばあい、「近代的」とは何を意味するのか、どういった意味において「近代的」なのかをつかんでおく必要がある。ハレ、ゲッティンゲン両大学以前に創設された大学は、どのような特徴をもっているのか、ということが解明され、対比されてはじめて、ハレ、ゲッティンゲン両大学の特徴も、したがって「近代大学」の特徴も明らかになってくるのである。本章においては、結果的に、「近代大学」についても考察することになろう。

では、大学史上一八世紀のもつ意味を把握するには、どうしたらよいか。それには、ごく大まかにでもドイツの大学史を概観し、一八世紀以前とそれ以後の典型的な特徴を摘出し、それらと比較してみるのが、最も有効な方法であろう。

こういう方法意識のもとで、一八世紀に生じた大学と国家の関係の変化および大学内部で生じた事象を、先行研究に学びつつ、「変化の相」の下に考察したばあい、いかなる変化が顕著に見えてくるのかを明らかにしていくことから始めたい[3]。

(1) 大学と国家の関係において生じた変化として、自治団体(ツンフト)から国家の施設へ、国家による任命権の優位、実用的な学問の優勢、教授の国家官僚化、聖職禄から俸給へ、大学に対する査察・監査の実施などが挙げられる。

(2) 大学内部における変化として、正教授支配の大学、大学学問の専門化・高度化、教授職と特定学問の結びつきの強化、ハビリタツィオンの導入、大学教師の官僚的位階制度の完成、法学部や哲学部の地位の向上、教授方法の変化、大学教師の世俗化と家族大学などにその特徴が見られる。

このように、大学が国家化(国家の機関化)していく歴史情況のなかで、「大学教師に対する評価」が行われている。とくに、後述する一七八九年のヴィッテンベルク大学の高等評議会(Oberkonsisitorium)監査報告書は、非常に興味深い。というのは、大学自治を担うと考えられる正教授や員外教授のみならず私講師を含む個々の教師についてさえも評価しているからである。

主に使用する文献は、Friedensburg, Walter: Geschichtsquellen der Provinz Sachsen und des Freistaates Anhalt, Urkundenbuch der Universität Wittenberg（Magdeburg 1927）と同じ著者の Geschichte der Universität Wittenberg（Halle 1917）が中心となるが、必要に応じて、その他の文献も参照することになるであろう。

本題に入る前に、ヴィッテンベルク大学の歴史を素描しておこう。一五〇二年ザクセン領主フリードリヒ賢公によって創設された。創設それ自体よりも、宗教改革者ルターや「ドイツ国民の教師」と尊称されたメランヒトンが在職したことで、ドイツ大学史上注目される大学となる。すなわち、宗教改革時代に、神学や教養学部の教授内容で、マールブルク（一五二七年創立）やケーニヒスベルク大学など新教系の大学のモデルとなり、一時代を画する大学となった。プロイセンによる一八一四年の征服および一八一五年のプロイセンへの併合の結果、ザクセン領からプロイセン領に移り、ヴィッテンベルク大学は一八一七年にハレ大学に統合されてしまった(4)。したがって、現在のハレ大学の正式名称は、「マルティン・ルター大学ハレ・ヴィッテンベルク」(Martin-Luther-Universität Halle-Wittenberg)となっている。

旧ヴィッテンベルク大学の入り口
（撮影筆者）

第一節　大学教師についての個人評価体制

大学教師についての個人評価の体制は、どのようにとられていたのだろうか。ヴィッテンベルク大学では、一八世紀の終わりから統合（一八一七年）に至るまで、フリーデンスブルクが収集した史料に依拠する限り、大学教師に対する個人評価は、一七八九年、一七九二年、一八一〇年の三回行われている。一七八九年と一八九二年の評価は、高等評議会（Oberkonsitorium）による監査（Revision）の一環として実施されている。一八一〇年のそれは、上級宮廷説教師であり、教会宗務局員（Oberhofprediger und Kirchenrat）であったラインハルト（Reinhard, Franz Volmar）による監査（Revision）の一環として行われているのである。まず、監査とは歴史的には、何を意味するか考えてみよう。

1　監査（Revision）について

監査（Revision）とは、法学の用語に由来している。『歴史家のための補助辞典』によれば、「かつては、ある機関（審級）が、ある事項について、裁判の場で、審査すること」の意味で使われていたが、「現代ドイツ法においては、判決の再審査、すなわち判決に誤りが有るか否か、上級の審級の場で再審査する目的で実施される法的手段」と定義されている。(5)

さらに、日本で発行されている『ドイツ法律用語辞典』によれば、「上告」という意味と「検査」という意味が掲載されている。(6)

したがって大学に限定して言えば、監査とは、「大学以外の機関が、大学に運営、教授科目、財政状態、教授の精勤度、学生の真面目さなどについて、審査すること」と定義して差し支えあるまい。

現に、後述するように、一七八九年の監査報告書における主な監査事項は、①大学についての全般的印象、②大学の組織、③資金運用、④共同食卓、⑤奨学金制度、⑥研究所、⑦教師の数、⑧学生の数であったし、一七九二年の新監査報告は、大学全般、とりわけ古参教授の熱心さ、新規に導入された変更、図書館の編成と活用、教師層と授業への学生の集まり具合、学科（学問領域）、教授方法、大学図書館の窮状について、掲載している[7]。

こうした監査に対して、ドイツの大学は、大きな違和感をもたなかったのではないかと考えてよい。というのは、一六世紀の領邦宗派主義の時代には、領主は大学に対して、査察（Visitaion）を行っていた実績があるからである。

査察とは、とりわけプロテスタント教会において宗教改革を遂行するために、査察委員会が大学や学校におもむき、情況を調査することを意味する。

一五七八年にザクセン領主は、四人の査察官を命じ、ヴィッテンベルク大学を査察させている。査察官は、学長選挙、カンツラー、大学の収入、各学部の教師数および担当科目、教授の選任の仕方、試験、講義と復習などといった大学運営から教育の実態にかかわる事まで、調査して報告している[8]。

また、ヘルムシュテット大学では、査察が一五九二年に実施されている。査察委員は、カンツラー、領主の任命した委員、等族（シュテンデ）の代表によって構成されている。どのような事項が査察されたのか。列記してみよう[9]。

大学のメンバーになってからどれくらいの期間がたっているか。講義の対象はどういう学問領域か。そしてその範囲はどこまでか。聴衆（学生）の数はどれくらいいるか。休講の数はどれくらいあるか。旅行に出かける頻度はどれくらいあるか。そしてその目的は何か。「討論」を行うという義務を果たしているか。教授に課せられたその他の義務を果たしているか。大学学則を遵守しているか。同僚との偶発的な衝突があるか。同僚の教授たちの素行をどう思っているか。教授の一人ひとりについてこのような詳細な調査がなされた。これは、教授の個

旧ヴィッテンベルク大学の中庭
（1644年の学籍登録簿より）

人評価のはしりであったと言って差し支えないであろう。

さらに、学生および学生の受け入れについても調査されていた。学生たちは規律を守っているか。学生の食事付き下宿人・間借り人について。地域社会や食堂における暴飲暴食について。学生たちとの密接な連絡について。大学に欠落しているものおよびそれを補うための方策について。領内の子どもたちを大学の仲間として受け入れる手段とその運用などについて。奨学生の数について。奨学生の態度・素行について、などである。

こうした査察項目を見てみると、教授の態度や職業倫理、学生のあり方などについて、大学の欠陥およびそれの改善策などについて査察が行われている。

こうした事実は、大学が領邦国家の機関となったことを示す証左といってよいだろう。

ハイデルベルク大学では、一五六九年に、領主フリードリヒ三世が、彼の書記に、各学部の教授が何を教えており、どれくらいの学生が教授たちの講義を聴いているのか、調査を命じている。この種の調査は前代未聞のことであった[10]。

こうした事例は、領主権力による一種の監査と考えて間違いない。

以上の歴史的事実を確認した上で、一八世紀後半のヴィッテンベルク大学に戻して、監査（Revision）についての具体的説明を続けよう。

一七八九年には高等評議会議長フォン・ブルグスドルフ（von Burgsdorf）は、ヴィッテンベルク大学の監査を実施し、大学の状態に関する監査報告書を、ザクセン領主フリードリヒ・アウグスト三世あてに提出している[11]。それによると、主な監査事項は、①大学についての全般的印象、②大学の組織、③資金運用、④共同食卓、⑤奨学金制度、⑥研究所、⑦教師の数、⑧学生の数であった。このなかには、一七八〇年九月三〇日、一七八一年一〇月一八日および一七八三年六月五日の布告（Reskript）に基づき、在任高等評議会議長に、毎年もしくは二年に一回は大学を監査させることという一項も含まれている。

一七九二年一二月二八日に高等評議会議長フォン・ブルグスドルフは、監査にさいして見いだされたヴィッテンベルク大学についての「新しい監査報告」を、ザクセン領主フリードリヒ・アウグスト三世に提出している。この新しい監査の主な項目は、大学全般、とりわけ古参教授の熱心さ、新規に導入された変更、図書館の編成と活用、教師層と授業への学生の集まり具合、学科（学問領域）、教授方法、大学図書館の窮状であった[12]。

大学についてのこのような調査は、この時代だけでなく、実施する主体や名称は時代ごとに異なっていても、一七・一八世紀を通じて、多くの大学で実施されていたのである。現に一九世紀の初頭においても、ヴィッテンベルク大学では、次節に見るように、高等評議会（Oberkonsitorium）によって、監査（Revision）が行われている。

大学教師に対する個人評価を行ったのは、実は高等評議会だけではなかった。一八一〇年には、上級宮廷説教者・教会宗務局員（Oberhofprediger und Kirchenrat）ラインハルトが、ヴィッテンベルク大学の監査を行い、その折りに気が付いた情況について、ザクセン国王フリードリヒ・アウグスト一世に報告している。そのさいの

1775年アウグスブルクの宗教和議を記念して行われた
ヴィッテンベルク大学の行進
（ヴィッテンベルク大学の年代記から）

項目は、経済状態、教師団と講義態度、教材の不足、大学建築物の修繕と活用、学生とパンのための学問、私講師、哲学部の教授の不十分な俸給の七点であった(13)。

2　高等評議会（Oberkonsitorium）について

高等評議会とはいかなる性格の会議体なのか、役割・機能はどのようなものだったのか、構成はどうなっていたのか、という問題を考えてみたい。構成は、史料やフリーデンスブルクの叙述からは分からない。高等評議会から大学や領主、また領主から高等評議会にあてた主な文書にあたってみると、その性格が分かってくる(14)。

一七八四年に高等評議会は、「二つの数学の教授職の廃止について」ザクセン領主（kurfürst）フリードリヒ・アウグスト三世あてに、文書を提出している。

一七八九年には高等評議会議長フォン・ブルグスドルフは、ヴィッテンベルク大学の監査を実施し、大学の状態に関する監査報告書を、ザクセン領主フリードリヒ・アウグスト三世あてに提出している。

一七八九年一二月二八日（ドレスデン）高等評議会議長フォン・ブルグスドルフは、監査にさいして見いだされたヴィッテンベルク大学についての新監査報告を、ザクセン領主フリードリヒ・アウグスト三世に提出している。

一七九六年六月一三日国家建築士（Landbaumeister）フランケから高等評議

会あてに文書が出されている。

一八〇七年一二月二二日にザクセン王（König）フリードリヒ・アウグスト一世は、高等評議会に、「ザクセンの大学における歴史研究の確保（Belegung）」について、書簡を送っている。

こう見てくると、高等評議会と大学との関係は、次のように言って、差し支えないであろう。

高等評議会は、学部教授会や大学評議会のような大学内部の委員会ではない。大学の外部にあって、大学の運営を監視する委員会である。しかしながら、単なる領主の委員会ではない。領主は大学に直接命令を出したり、指令を送ったりできたが、この委員会は基本的に大学と領主の間にあって、両者をつなぐ役割を果たした。

第二節　大学教師についての個人評価

１　一七八九年の高等評議会報告書における大学教師の個人評価

一七八九年の高等評議会（Oberkonsistorium）監査報告書は、どのような視点から監査をしているか、その構成を見てみよう[15]。監査項目は、次のようである。

(1)　職階、学位、役職
(2)　学生からの拍手喝采（Applausus）
(3)　担当学問領域（講座）
(4)　正講義および私講義の内容
(5)　収入

(6)　学者・大学教師としての資質や熱心さ

以上は監査報告の視点である。とりわけここで問題にしているのは、教師の個人的評価である。教師についての評価を理解するためには、大学史の概念、とりわけ教師に関わる歴史的概念について説明をしておく必要があろう。

(1) 職　階

当時の大学教師の職階（ヒエラルキー）は、正教授（Ordinarius）、員外教授（Extraordinarius）、私講師（Privatdozent）の三つの階層から成り立っていた。

正教授は、大学や学部の意思決定に参画する権能を持ち、担当するポストから定収入を得ており、その見かえりに、担当する教授科目を週四時間程度無料で講義する義務があった。

員外教授は、ふつう大学や学部の意思決定に参画する権能は認められていない。担当するポストから定収入があるばあいもあるが、ないケースもあった。私講師と正教授との中間にある職種である。[16]「正教授」とは、大学設置者である国家から俸給を受け、無料で講義をする義務のある教師であり、「私講師」とは、学部の許可を受けて、個人の資格で授業をすることが認められた教師である。通常、正教授や員外教授は、私講師層のなかから選ばれた。

(2) 学　位

学位は、ドクトル、マギステル、バカラリウスの三種類があった。神・法・医の上級三学部の正教授になるばあいは、ドクトル学位をもっていなければならない。哲学部にあっては、マギステル学位をもっていなければならなかった。バカラリウス学位保持者も教えることはできたが、正教授や員外教授にはなれなかった。法学部では、教会法博士や市民法博士のほか、両者より地位が高いと言われた両法博士（juris utriusqe doctor）があった。

（３）役　職

大学には全体の長老教授がおり、また各学部にも、役職と言えるかどうか疑問であるが、たいてい長老教授（Senior）がいた。長老教授は、筆頭教授（Primarius）と考えてよいであろう。

神学部には、監督教区長や判決人の役職についた教授がいた。

また、法学部の教授は、宮廷裁判所、宗務委員会、Schöppenstuhl および学部の Asessor、控訴委員会、学部の判決人、公証人（protontarius）、学部の員外判決人、財務官（Finanzprokurator）、市参事会員評議会の弁護士などの役職につく教授が多くいた。

このように、歴史的に見ても、大学教師は大学内部の役職はもちろんのこと、宮廷裁判所の判決人や宗務委員会の委員、控訴委員会の委員などを兼職するケースがおおくあった。

（４）学生からの拍手喝采（Applausus）

学生たちから、その教師の授業が拍手喝采をあびているかどうか、授業を見る上で重要な視点である。ドイツでは、すばらしい授業であれば、授業が終わったあと、学生たちが机を拳骨でたたいて拍手喝采する（applaudieren）慣行があり、現在でもこの慣習は生きている。本章では拍手喝采という表現では、すわりがよくないので、評判とか賞賛という言い方を採用する。

（５）担当学問領域（講座）

どういう学問が、一八世紀には正教授職が担当するに相応しい領域として、考えられていたのか。この問題は、大学でいかなる学問領域が教授されたかという問題と直結しており、大学の近代的性格と密接に関係している。

ヴィッテンベルクの神学部では、シンボル神学、教義学、ヨハネによる福音といった学問領域であり、法学部では、勅法集成、学説集成概説、学説集成、法学提要であった。医学部では、治療学、病理学・外科、解剖学・植物学であった。哲学部では、物理学、雄弁、論理学・形而上学、歴史、数学、東方語、詩学、道徳・国法、経済・官房学であった。

ちなみに、他の大学では、どうなっていたか。ハイデルベルク大学の一七七四年の規定では、次のように定められていた[17]。神学部はカトリック部門（fakcultas theologica ex parte catholicorum）とプロテスタント部門（fakcultas theologica ex parte reformatorum）に分かれており、学部長も二人いた。前者には、教義学二講座（一七〇六以来）、道徳神学（一七〇九年以来）、教会史、聖書、東方語が、後者には、一七〇六年以来二つの講座があったが、教えるべき分野は特に決められてはいなかった。教会史の員外教授職が一七七四年におかれた。

法学部には七箇の講座がおかれていた。公法・封建法（ius piblicum et feudale）、教会法（ius canonicum）、パンデクテン（ius pandectarum、ローマ法大全 Corpus iuris civilis の第二部）、自然法・国際法（ius naturale et gentium）、法学提要（ius institutionum、ローマ法大全の第一部）、訴訟法（ius praxeos commne et immperiale）、ドイツ法（ius Germanicum）の講座があった。

医学部には五箇の教授職があった。Praxis materia medica と植物学、institutones physiologicae・病理学と ars obstetricium、forensische Medizin、解剖学と外科、化学と薬学、以上であるが、一人は領主の侍医としての務めをもっていたので、実際は四人しか教えていなかった。

哲学部には四つの教授職があった。論理学・形而上学、物理学・倫理学、実験物理学・数学、天文学である。

以上がハイデルベルク大学の講座構成である。ヴィッテンベルクに話しをもどそう。

（６）講義について

講義には、正講義（publice）、私講義（privatim）、最も私的な講義（privatisimma）という三種類があった。正講義とは、講座に付いている俸給をうけている正教授や員外教授が、義務として行わなければならない講義である。当然無料（gratis）で行われる。その学問領域のオーソドックスな講義内容は、教材が、講義内容となる。私講義とは、大学教師なら誰でも、学部の同意のもとで実施することのできる講義であり、聴講料をとって行われる。私講義は、正教授や員外教授も行うことができた。私講師の収入源は、基本的には、この私講義の聴講料しかなかった。最も私的な講義では、特殊な内容や演習などが行われた。原則的に有料であるが、無料で行われることもあった。これら講義の区別と有料・無料は、講義目録に、科目名とともに、明記されている。

（７）収入源

収入源としては、まず教授職（ポスト）についてくる俸給（年俸）がある。正教授や有給の員外教授にはこの俸給が保証された。その他に、ペンジオン（Pension）やベネフィキュウム（beneficum）が付くことがあった。ベネフィキュウムは、もともと教会聖職録のことである。中世大学においては、とくに神学教授は聖職と見なされており、教会自身が特定の個人や教授に教会領を借地権の形で与え、そこからの収入を私できたのである。宗教改革（とりわけアウグスブルグの宗教和議）以降は、教会権よりも領主権が強力になり、大学が領邦大学の性格を強く帯びるようになってくると、領主は、教授や私講師に、勤務と誠実に対する代償として、期限付きで財貨を与えた[18]。ペンジオンは、年金とか恩給とかいう意味であるが、ここでは退職した教授が支給される年金という意味ではなく、やはり領主が教師個人に与える給付金という意味である。ヴィッテンベルク大学でも、ペンジオンやベネフィキュウムをうけている教授や私講師がいた。ペンジオンやベネフィキュウムが与えられる基準は、史料やフリーデンスブルクの叙述からは分からない。

表1　1789年のヴィッテンベルク大学教師の地位構成

職　階	神学部	法学部	医学部	哲学	合計
正教授	3	4	3	9	19
員外教授	—	1	1	1	3
私講師	—	10	1	3	14
学部合計	3	15	5	13	36

2　地位構成

まず、この年のヴィッテンベルク大学教師の地位構成がどうなっているか、学部ごとに見てみよう（表1参照）。

一七八九年の時点で、ヴィッテンベルク大学には、正教授、員外教授、私講師合わせて三六名の教師が在職していたことになる。

このなかには、哲学部では正教授であるが、法学部では私講師であるという教師の実例も含まれている。彼は、哲学部では法学的領域の講義を行っている。その他、神学部には三人の神学バカラリウスがいた。三人とも哲学の教師であり、一人は哲学部の正教授、他の二人は助手(adjunctus)であった。このように、哲学部では正教授であるが、上級の学部では私講師であるというような錯綜した例は、他の大学でも散見される。

この報告書は、当時の大学教師に求められていた資質、評価の視点を知る手がかりを与えてくれよう。とりわけ、各教授（師）個人の評価にかかわる箇所は、重要事項を摘出して訳出・紹介することにしよう。

3　神学部の教師たちについての評価

（1）　正教授であり、神学部の長老教授（Senior）である。

正講義では、シンボル神学（これは、奨学生の試験と結びついた科目である）とヨブ記を教えている。私講義では、ヘブライ語演習、キリストの預言を含んでいる詩編の箇所、ヘブライの古代文書、討論的・説教学的演習を担当している。

ペンジオンはない。目下のところ、（経済的）援助を必要としていない。

学生からはよい評判をえている。

尊敬すべきよい神学者である。彼の講義は繊細さと優雅さを欠いてはいるが、真実性と根本性は、現実を追求するすべての学生に推奨しうる。当大学の最も尊敬すべき教授の一人である。

（2）　正教授であり、監督教区長および神学部の判決人を務めている。

正講義では、教義学を講じていた。私講義では、哲学通論、神学道徳、説教学・言語学についての演習を持っていた。

職務の収入以外のベネフィキュウムはない。

非常に多くの聴衆がいる。

多大な才能と、とくに哲学について多様な知識をもつ天才的学者である。人を引きつける講義をする能力と道徳の講義において、とくに尊敬すべきである。講義は、全般的に分かりやすいがゆえに、非常に簡潔で、印象に残るものである。熱心な繰り返しにより、学生を援助し、あらゆる方法を駆使して、授業が学生のために役立つように努力している。彼は全般的な尊敬と敬愛を獲得しており、論文は多くの賞賛（拍手喝采）をえている。

（3）　正教授であり、神学部の判決人でもある。
正講義では、ヨハネによる福音を、私講義では、ヘブライ人への書簡とパウロの他の書簡、教義総論（topica dogumatica）、教理問答と説教学的・討論的演習をもっている。

彼の職に属する収入。

よい評判をえている。

徹底した神学者であり、有用な大学教師である。実践的な場面において激高する性格であること、また判断力不足であるという評判である。しかし、善意と熱心さは疑うべくもない。彼の教理問答は、講義に参加している学生たちと一緒に教理を教えられている子どもをしっかりさせるうえで、特別に有効であることを示している。

その他、神学部には三人の神学のバカラリウスがいる。三人とも哲学の教師であり、一人は哲学部の正教授、他の二人は助手（adjunctus）である。

4　法学部の教師たちについての評価

（1）　勅法集成（コデクス）の正教授は、宮廷裁判所、宗務委員会、シュッペンストール（Schöppenstuhl）および法学部の判決人（Asessor）でもある。
正講義で、ピュットマン（Püttmann）のテキストにしたがって、手形法を教えている。

教授職からの収入があり、これ以上は必要としていない。

高齢ではあるが、相当の賞賛をえている。

かねてより学者の誉れがたかい。とくに訓練を積んだ法学者・熱心な教師という名声をえている。これまで慣れしたしんできた活動によって、役に立とうとしているのを、高齢が今や妨げになっている。しかし、かれは、年齢相応の公衆の尊敬をえている。

（2）　学説集成概説の正教授。かれは、控訴委員会、宮廷裁判所、宗務委員会、シュッペンストールおよび法学部の判決人でもある。

正講義では、アイゼンハルト（Eisenhardt）の教科書にしたがってゲルマン法を、私講義ではシャウムブルク（Schaumburg）のテキストに従って、訴訟を教えている。また、要望に応じて、復習（relatorium）を担当している。

一〇〇ターールのペンジオンがあり、これ以上は必要としていない。

法学部のなかで最も良い評判をとっている。

学識、勤勉さ、職務に誠実という点から判断して、真に優秀な大学教師であることに議論の余地はない。法学的知識、法律実務をめぐる功績は、様々な職務や文書によって実証済みである。しかし、彼の言語学的知識、討論における流暢なラテン語文体、学生を指導する実り豊かな才能は、余り知られていない。彼の誠実な性質には定評があり、教師からも学生からも、敬愛されている。

（3）　学説集成（パンデクテン）担当の正教授。宮廷裁判所、学部、シェッペンストールの判決人である。

正講義では学説集成を、私講義ではザクセン法（jus saxonicum）を教えている。最も私的な講義では、討論（disputatorio）と復習（relatorio）を申し出ている。

ベネフィキュウムはない。収入は多くはない。

多くの聴講学生がいる。

基本的で経験を積んだ法学者。勤勉で能力ある人物であり、教壇に必要な敬愛すべき、有用な教師である。

（4） 法学提要（インスティテューション）の正教授。宮廷裁判所、シュッペンストールおよび法学部の判決人（Assesor）。

正講義では法学提要を、私講義では学説集成を講じている。最も私的な講義では試験準備を申し出ている。教授職からの収入だけである。

よい評判をとっている。

法学についての学識があり、誠実な人物である。学部仲間から、勤勉さと能力は賞賛されている。彼の講義を喜んでかつ有益に聞いている学生から、尊敬されている。

（5） 封建法の員外教授。法学部の員外判決人であり、大学の第一公証人（protontarius）である。

正講義では、ジーゲル（Siegel）のテキストにそって封建法を講じている。私講義では、セルコウ（Selchow）のテキストを使って、ドイツ法制史を教えている。さらに、要望に応じて復習（relatorium）を担当している。一〇〇ターールのペンジオンがある。員外教授としての法学部からの収入はない。第一公証人としての特別の収入もない。

非常な賞賛を得ている。

学識や有能さに関して、ヴィッテンベルク大学の優れた教師の一人である。学部においても、教壇においても、大学の書記長としても勤勉かつ有能である。さらに、良心的であり、かつ謙虚であり、大学の組織構造にも通じている。したがって、功績を挙げれば、次の機会には、信頼して正教授に就任させることができる。

（6） 私講師。法学博士。哲学部では正教授である。学部の判決人、都市裁判官、Gotteskasten の長である。

ザクセンの訴訟法（processum）を、ホフマン（Hofmann）の教科書を使って、正規（ordinarium）と要約（summarium）を教えている。さらに、深化講義と復習（relatio）を担当すると申し出ている。

ペンジオンはない。

特別の賞賛はない。

学部では、才能豊かな働き手と言われているが、長い期間にわたって、その才能を大学のために示していない。にもかかわらず、新たにペンジオンを申し込んでいる。それについての説明は、かれがそれを入手できれば、実際的講義をもつということである。
（7）私講師。法学博士。
ヘルフェルト（Helfeld）の教科書にしたがって法学提要、フッフナー（Hpfner）の教科書を使って自然法・国際法を、試験準備と深化講義（いわゆる小 Struv にて）。

一〇〇ターールのペンジオン。

講義はあまり聴かれていない（学生はあまり集まっていない）。才能があるとか勤勉であるという評判はない。むしろ、ラテン語とギリシア語についてよい知識をもっており、大学のために働こうする意思を示している。しかし、教壇では非常に不愉快な、訳のわからない講義をする。彼の度重なる申請にもかかわらず、学部におけるポストを手に入れることには成功しないであろう。
（8）私講師。法学博士。無料で植物学を、私講義で純粋数学（mathesin puram）を教えている。
ペンジオンはなく、援助を必要としている。

聴講学生はすくない。

才能めぐまれ、哲学的に深く考えることになれている。しかし法学的知識に欠けているのみならず、この学問を全く放棄し、それだけ何ものにも妨げられずに数学・代数学に没頭している。

(9) 私講師。両法博士。学部の員外判決人である。少ない講義しかしていない。ただ訴訟についての講義を一つ告知しているだけである。ペンジオンはない。

大学における功績から判断して、功績をあげうる才能があるようには思えない。腕のよい実務家であるが、多の仕事をかかえて、教師としての仕事に特別の配慮を払っているようにはみえない。

(10) 私講師。両法博士

ショルフ(Schorch)のテキストにしたがって法制史を、またハイネキウス(Heineccius)のテキストにしたがって手形法を、その他教会法討論と試験準備を担当している。

ペンジオンはない。

賞賛はなくはない。

将来教授になる才能をもった若い教師の一人である。法学的学識とよい講義をするための多大な素質に恵まれていると言われているので、目的に沿った有能な人材になるために、これまでの勤勉さと修業を続行することを薦める。

(11) 私講師。両法博士。学部の判決人、財政プロクラトール(Finanzprokurator)、市参事会員評議会の弁護士である。

ベーマー(Böhmer)の教科書にしたがって教会法を、ピュッター(Pütter)の教科書にしたがって公法を教えている。そのほか、法学文献やシュミット（Schmidt）の教科書にしたがって行動論（Lehre de actionibus）、また討論（disputatorio）と試験準備を担当している。

一〇〇タールのペンジオンがあるが、それ以上の援助を必要としている。

多くの賞賛はない。

法学における十分な知識をもっていないと判断されている。講義における多くの賞賛（拍手喝采）もない。継続的な努力をさせ、講義や論文作成に専念させるために、彼には、様々な職業上の業務をさせていない。

（12）私講師。法学バカラリウス。法学提要の手引きによる法学入門、法制史を教えている。

ペンジオンはない。

短い期間しか講義していないにもかかわらず、賞賛をあびている。

天性の素質、学問、熱心さから判断して、それだけ期待がもてる若い教師である。大学の仕事に打ち込んでいる。

以上一二名のほかに、報告書には両法博士候補者が三人いると記されている。

5　医学部の教師たちに対する評価

（1）治療学の正教授。大学の長老教授（Senior）である。

正講義では、ルードヴィッヒ（Ludwig）の教科書にしたがって特殊治療学を教えている。

ペンジオンはない。特別の援助を必要としていない。

非常にすぐれた評判をえている。

理論においては学識ある医者、臨床においては練達の医者である。彼の功績は、学外においては有益な論文により、学内においては実践的な講義により、つとに名声を博している。彼が時折余りにも熱情的に行動するというのは、おそらく全く根拠のない非難ではないであろう。しかし、この欠点を、この年齢になってもなお非常に活発かつ業務にとって有益な活動によって補っている。最も影響力のある教師であると評価されている。

（2）　病理学・外科の正教授。

正講義では病理症候学を、私講義では実験化学、特殊治療学、解剖学的・生理学的教材ついての討論と examinatoroium を教えている。

一〇〇ターールのペンジオンがある。

彼を尊敬している非常に多くの聴衆がいる。

まことに好ましい学者である。天性の判断力、理論医学と臨床の能力、化学に優れて強いこと、また教師として、文筆家として、臨床医としての筆舌につくし難い熱心さは、正当かつ全面的に評価されている。彼の化学のレキシコンは、古典的なものとして、最も気むずかしい専門知識のある評論家によって推奨されている。改訂版と初版とを、たとえばガス、空気、プラチナという項目について比較してみると、改訂版は初版に勝っており、多くの追記がなされている。このことは専門家も保証している。

（3）　解剖学・植物学の正教授。

二〇〇ターールのペンジオンをもっている。

よい賞賛をえている。

学識、分別を備えた医者として賞賛されている。教師としても、熱心な分かりやすい講義により、学生を有能な人材として育成している。

（４）　員外教授（D. August Langguth）。

一〇〇ターールのペンジオンをもっているが、優れた評判をえている。

確かな証明書によれば、有能な教師であり、練達の医者である。主要な研究主題は産科学のほか物理学である。彼は、一部は父親から、他の一部は後に集めた、自然物の収集を持っていた。次の機会には正教授としてまず第一に挙げられるべき人物である。

一八一一年には高等評議会から、ザクセン王フリードリヒ・アウグスト一世あてに、このランググート教授の自然物収集品を、大学が買い取ることについて、意見が提出されている(19)。

（５）　私講師。ペンジオンも他の経済的援助もない。

聴衆は少ない。

彼は、臨床医として、課せられた理学的業務において不器用でないことを証明すべきである。彼の論文は、目的に適合した説明を含んでいると言われている。ただ、彼には、講義をすることによって有用となる、教師に特徴的に必要なものが欠けている。

6　哲学部の教師に対する評価

（１）　物理学正教授。

正講義では、ザクセン自然史、私講義では物理学と一般自然史を教えた。

四〇〇ターールの収入がある。

非常に優れた良い評判をとっている。

尊敬すべき大学教師、真の学者としての名声をもつ。勤勉である。
（2）雄弁正教授、選定侯国学寮の最高監督官（alumnorumelectoralium ephores）。
正講義では「哲学の全コース」を、私講義では論理学、ギリシア・ラテン作家、ラテン語文体練習、ゼミナリウムを担当した。
三〇〇タールの収入。
常に良い評判
尊敬するにふさわしい人物。論文は常に評価されている。言語学的基礎知識の保持と教育方法を身につけている。
（3）論理学・形而上学正教授。
正講義では自然神学を担当することになってはいるが、評判がよくないので、正講義は持っていない。私講義では、論理学を教えると告示を出している。

職務からの収入のみである。

評判不足である。

ここ二・三年の間大学のために何もしようとしていない。学問において欠けるところはないが、教壇における講義は、全員がよいと保証する程度においては全く行われておらず、あらゆる所で勤勉さと活動を欠いている。
（4）歴史正教授。
正講義ではモーゼル（Meusel）の教科書にしたがって、ヨーロッパ政治史を教えている。私講義では教会史や、ピュターの教科書を使ってドイツ帝国史を教えている。

三〇〇タールと図書館長として、図書館より一七タール、合計三一七タールの収入。

有用な授業として、よく聴かれている。

歴史の知識と叙述の才能は学者仲間でも知られている。学生を有用な人材に育て上げるのに熱心である。

（５）数学正教授。

正講義では純粋数学（mathesin puram）、私講義では応用数学、最も私的な講義では哲学・数学について教えている。

三八七タール一二グロッシェンのペンジオン。

非常に多くの学生が聴いている。

天性の才能、習慣、人間についての知識、勤勉さ、学問を同時に身につけている学者。最も優れた大学成員の一人である。

（６）東方語正教授（神学バカラリウス）。

正講義では、歴代誌とエズラ書、私講義では、ヘブライ・アラブ言語学、ホラティウスの頌歌、ラテン語文体の実践的演習講義をもっている。

二〇〇タールの収入。

よい評判をえている。

能力ある東方学者であり、よい神学者である。大学教師が学生に対して果たすべき義務を遂行しようと努力している勤勉な教師である。

（7）　詩学正教授。

正講義では、オヴィディウスの変身物語についての講義を、私講義では、近代史についての講義をもっている。

一〇〇ターﾙの収入がある。

学生は多くはない。

言語学における博識とよい授業をしうる才能をもっていると言われている。この才能を実際に活用すべきである。数年来、全く働いていず、ぼんやりしているという批判がなされている。そのことに、一部の学生が関心をもち、一部の学生は悪い手本としてしまう。

（8）　道徳・国法の正教授。彼は、法学部では私講師として、授業をもっている。

正講義では、ヘプナー（Höpner）の教科書に沿って万国公法を、私講義では、Selchow の教科書を使ってドイツ法制史をもっている。

多額の相続財産をもっているので、ペンジオンはない。

多くのよい評判をえている。

よい性格と品行ゆえに愛され、可能な限り有用な人材になるべく努力はしている。天性の才能と学識が欠落しているようにみえるので、この努力は期待されたほどには成功していない。

（9）　経済・官房学原理の正教授。

正講義では、官房学通論と方法論を、私講義では採掘法、市民・軍事建築、ヴァロ（Varro）について de rustica、経済学的題目についての討論と試験準備を申告している。

一〇〇ターﾙのペンジオンがある。

よい評判をえている。

彼にこのポストを担当させるという判断が正しかったことを証明すべきである。多くの経験と活動により、大学にとって本当に有用な人材になりうること疑いをいれない。

(10) 古代学員外教授、lycei conrector。

正講義では、ホラティウスの頌歌、私講義ではアナクレオンとプラトンのパイドロス、最も私的な講義(Privatissima)では、ドイツ語・ラテン語文体についての深化講義を教えている。

五〇タールの収入がある。

よい評判をえている。

とくに古典古代について才能豊かな言語学者。講義には多くの学生がつめかける。この分野において注目すべき人物。

(11) 私講師であり、都市学校の校長でもある。神学のバカラリウス(sacrelinga baccal.)の学位をもっており、哲学部正規の助手である。

ヴァルフ(Walch)の教科書に則って福音史家の調和、使徒行伝、キケロ、de natura dearum を教えた。

校長の収入以外に、収入はない。

評判はよくない。

年輩であり、知識がないことはない。しかし、都市学校の仕事その他で多忙であり、大学教師としてふさわしくない。

(12) 私講師(哲学部の助手)であり、神学バカラリウスの学位をもっている。図書館員でもある。

論理学や教義学、メシアの詩編、ホメロスのイリアス、ラテン語文体練習を教えている。

一〇〇ターールのペンジオンがある。

よい評判をえている。

神学と哲学の学識は疑うべくもない。論文や哲学の知識もそれを証明する有効な証拠である。彼の講義は気取っており、不自然なので、その有用性を減じている。そのほか、彼は説教者の地位を望んでおり、大学に長く居るかどうか、自分自身でまだ決断していない。
(13) 私講師(哲学部の助手)。
教義史と宗教改革史という二つの討論を告知している。

ペンジオンはない。

講義をもちはじめたばかりである。

教師および文筆家としての資質が伸びるように期待されている。


以上が一七八九年のヴィッテンベルク大学の教師に関する個人評価である。この評価報告書から、大学教師個人を評価する視点として、次のことが言えよう。どの学部の教師であるかによって、視点は微妙に異なっているが、それらの共通点を挙げよう。

学者としてどうか、専門の知識を持っているかどうか、講義の性格と内容はどうか(簡潔か、印象に残るか)、研究者として論文はどうか、学生の能力をのばす工夫をしているか、学生に推奨しうるか否か、出版した著作の評判はどうか、大学にとって有用な大学教師であるか、個人的性格はどうか(激高するか、情熱的か)、学識・勤勉さ・職務に誠実という点でどうか、学生を指導する才能はどうか、評判はどうか、尊敬されているか、将来性はあるか、教師としての資質があるか。

実に教師個人の細かいところまで評価されていることが見てとれる。

結　語

以上述べてきたことは、大学史の大きな流れからみて、どのような意味をもっているのだろうか。一八世紀に起こった変化を、「大学の国家の機関化」、「新しい学問の勃興」、「大学の教育目標の変容」、「法学部の隆盛」、「大学を取り巻く社会情況の変化」、「大学の自治」という六つの視点から、まとめておこう。

１　「大学は国家の機関である」

オーストリアではヨーゼフ二世治下の一七八三年に急進的な国家改造が行われ、その一環として、大学が伝統的に保持してきた団体的特権は廃止された。とりわけ、大学裁判権は、ギルド的遺物として、廃止された。教授のガウンや大学の公印も廃止された。さらに重要なことは、大学教授の地位は、国家の官吏と同じとされたことである。

プロイセンでは、一七九四年に「一般国法」が施行され、「自治団体」と「国家の機関」という大学の二重性格が法律に明文化された。その第七三条は「大学のすべての正教授、員外教授、教師そして職員は、裁判籍に関することを除き、帝国官吏の権利を享受する」と規定している(20)。

バイエルンでは一七九九年に、大学教授は国家の官吏であると定められた。

この三つの領邦でみたように、大学は、領邦国家の一つの機関という性格を強くもたされるようになった。それに伴い、大学教授は領邦国家の官僚として位置づけられた。

2 「新しい学問が大学に入ってくる」

神学部では、ハイデルベルクで見られたように、カトリック部門（fakcultas theologica ex parte catholicorum）とプロテスタント部門（fakcultas theologica ex parte reformatorum）に分けられるようになった。神学部が二つに分裂することは、大学が宗派主義から脱しようとすることを示すシンボルである。近代化ということに一つに、宗派主義からの脱却が挙げられよう。

ヴィッテンベルク大学法学部では、勅法集成（コデクス）や学説集成（パンデクテン）、法学提要（インスティテューション）、学説彙纂（ディゲスタ）などの伝統的学問も教授職になっているが、その他、ザクセン法（jus saxonicum）、封建法、ピュッター（Pütter）の教科書にしたがって公法などが教えられている。ハイデルベルクでは、公法や封建法（ius piblicum et feudale）、自然法や国際法（ius naturale et gentium）など、新しい法学の教材が教えられている。

医学部では、治療学、病理学や外科、臨床、解剖学や植物学などの新しい学問領域が教えられている。

哲学部では、「経済・官房学原理」という学問領域が新しく正教授になっている。新しさ（伝統的大学にはみられないという意味において）という点では、やはりハレ大学哲学部のいくつかの学問領域はきわだっている。一六九四年に創設されたハレ大学では、科学史に名前をとどめているフリードリヒ・ホフマン（一六六〇～一七四二）

が「自然哲学・実験哲学」の講座を担当し、実験物理学を教授している。また、当初物理学および数学の教授として招聘されたスペルレッテ（J. Sperlette）は、のちに「新哲学の教授」（Prof. Philos. novae）と自称し、彼自身の哲学体系、デカルト哲学、地理学そしてフランス語を教えている。[21]

このように、新しく勃興してきた学問は、過去の大学学問の伝統にとらわれず、知識の伝達よりも知識の創造を目指した、自由な合理的精神に支えられ、実用的・実践的性格をもっていた。この精神は、同時代の哲学者トマジウスの表現を借用すれば、「思考の自由」（libertas philosophandi）と表現することができよう。

3　「大学教育の目標が哲学の自由と変わる」

学問を支える精神が、トマジウス、ヴォルフやカントの哲学に象徴されるように、「思考の自由」が主流になったことにともなって、大学の教育の目標にも変化が生じた。これまでの大学教育の目標は、メランヒトンやシュトゥルムといったプロテスタントの思想家のみならず、カトリックの大学も、「雄弁かつ知恵に満ちた敬虔さ」（eloquens et sapiens pietas）であった。[22]したがって、一八世紀において、大学教育の目標は、「雄弁かつ知恵に満ちた敬虔さ」（eloquens et sapiens pietas）から「思考の自由」（libertas philosohani）へと特徴づけられる。

4　「法学部が盛んになってくる」

大学内部においても一八世紀には変化が生じた。中世から領邦宗派主義の時代には、神学部が有力な学部であった。しかし、大学が領邦国家に取り入れられ、国家の機関となるにしたがって、法学部が強力になってきた。ゲーテがファウストに「いやはや、これまで哲学も、法律学も、医学も、無駄とは知りつつ神学まで、営々辛苦、究めつくした。」と言わせているのは、この時代の神学に対する評価を表している。[23]
ヴィッテンベルク大学においても、一七八九年の各学部ごとの人数は、神学部三名（正教授のみ三）、法学部一五名（正教授四、員外教授一、私講師一〇）、医学部五名（正教授三、員外教授一、私講師一）、哲学部一三名（正教授九、員外教授一、私講師三）、また一八一〇年には、神学部六名（正教授四、バカラリウス二）、法学部一一名（正教授五、員外教授・私的教師六）、医学部六名（正教授二、員外教授一、私講師三）、哲学部一四名（正教授九、員外教授一、私講師四）というようになっているが、明らかに上級三学部のうち法学部が一番数の多い学部になっている。[24]

5 「大学を取り巻く社会情勢がかわってくる」

一八世紀には、官僚や中等教育を担った教師たちのみならず、一般の人々による知的社会が形成されてきた。すなわち、「小さいが、批判的に討議をおこなう公共圏」が形成されるようになった。すなわち、ユルゲン・ハーバーマスが言っているように、「ごくわずかの標準的な作品だけを繰り返し熱心に読むのではなく、つぎつぎと新たに出版されるものを読む習慣を身につけた人びとが、とりわけ都市部やその他の地域の市民層のなかから、また学者の共同体の枠を越えてそれを包み込むようにして、普遍的な読書する公衆」が形成されたのである。それに対応して、公共的なコミュニケーションも出現した。
また一方では、「啓蒙的な団体、教養クラブ、フリーメイソンなどの秘密結社や啓明結社」が作られ、その内部では対等な交流、自由な論議、多数決などが実践されていた。[25]
このように、大学を取り巻く知的世界と社会が大きく変化した時代が、一八世紀であった。まさに、「普遍的な読書する公衆」や「対等な交流、自由な論議、多数決など」を実践する公衆の出現は、啓蒙の時代の象徴と言えるかも知れない。

６ 「大学の自治の実態」

ドイツの諸大学は、国（領邦）立であり、歴史的に団体（ギルド）権をもつものと考えられてきた。もちろん、とりわけ教授は大学自治の主体的な担い手（トレーガー）と考えられてきた。しかし、観念的にではなく、あるがままを見つめれば、先に見てきたように、「思考の自由」が叫ばれていた時代に、私講師や員外教授は言うに及ばず個々の教授さえも、個人評価をうけていたのである。

それだけではない。確かに大学は、中世におけるその成立以来、学位授与権、教授仲間推薦権（自己補充の権利をもっていたのは下級学部の哲学部だけで、上級学部は推薦権だけをもち、決定したのは領主である）、学長職および学部長の選挙権および被選挙権、学位取得者の納入金の配分権、教授の自由、検閲からの自由、大学裁判権、免税特権、大学財産運用権（ヴィーンでは、一七八〇年代に廃止）、教授資格授与権（誰を大学の教壇にあがらせるかを決定する権利）などを享受してきたが、大学財政や教授の給与、大学財産などは重要な事柄は、国家に依存せざるをえなかった。しかも、この時代の大学は、正教授が中心となって運営する「正教授大学」（Ordinarien-universität）であったから、国家は正教授人事をしっかりと握っておれば、大学全体を把握しているのと同じであった。国家は、大学内部の自由は認めていたのであるが、大学が「国家のなかの国家」であることは、認めなかった。

したがって、「思考の自由」が大きな思潮となってはいたとしても、この時代の「大学の自由」や「大学の自治」を語るとき、それは、精神的自由、大学内部での自由であったことを忘れてはなるまい。観念的にではなく、歴史的実態に即して「大学の自治」、「大学の自由」を考察するとき、この事実をぬきにしては考えられない。

（初出『明治大学人文科学研究所紀要』第五三冊、二〇〇三年、本書のために加筆・訂正）

（1）筆者は、これまで、一八世紀におけるドイツ大学の歴史実態を明らかにすることを目的として、以下の論考を公にしてきた。

「ドイツにおける大学の移転・統合・廃止――ナポレオン戦争期の事例より」、喜多村和之編『学校淘汰の研究』所収、一九八九年、東信堂

「一八世紀絶対主義体制下の大学危機と改革」『大学史研究』一九八九年、大学史研究会

「ドイツ大学 Professor 考」『大学論集』一九九四年度、広島大学大学教育研究センター

「ドイツ大学史における一八世紀の位置」『教職課程年報』一九九四年度、明治大学教職課程

本論は、一八世紀ドイツ大学史研究の一環をなすものである。残された課題として、できるだけ原典史料（と言っても Handschrift は入手がむつかしいので、印刷された原典史料が中心になるが）を使って、「学部間の争いの実態」、「ハレ大学創設期の講座構成と教授内容」、「ゲッティンゲン大学創設期の講座構成と教授内容」といったテーマで勉強を続けたいと思う。

ヴィッテンベルクについて作業している時点では以上のように書いたが、とくにハレとゲッティンゲンについては、第二部第一章と第二章として、本書に収めた。

（2）Paulsen, F., *Die Deutschen Universitäten und das Universitätsstudium, 1902*, Neudruck, 1966. S. v-vi.

（3）別府昭郎「ドイツ大学史における一八世紀の位置」、『明治大学教職課程年報第一七集』（一九九四年度）所収。Moraw, Peter, *Aspekte und Dimensionen älterer deutscher Universitätsgeschichte*, in: ACADEMIA GESSENSIS, 1982. Müller, Rainer A., Vortrag: *Die deutsche "Vorklassische" Universität in der frühmoderne - Von der humanistischen Gelehrtenrepublik zur aufgeklärten Staatsdienerschule-*, 1990. 別府昭郎訳『近代初期におけるドイツの「前古典的大学」』明治大学国際交流センター、一九九一年を参照。

（4） Boehm, Laetitia und Müller, Rainer A., herausgegeben: *Hermes Handlexikon, Universitäten und Hochschulen*. 1983.

（5） Haberkern/Wallach: *Hilfswörterbuch für Historiker*.

（6） 山田晟『ドイツ法律用語辞典』大学書林、一九八一年。

（7） Freidenburg, Walter,: *Geschichtsquellen der Provinz Sachsen und des Freistaates Anhalt. Urkundenbuch der Universität Wittenberg*, Magdeburg, 1927, Teil II, S. 481–495. Freidensb, Walter: *Geschichte der Universität Wittenberg*, Halle, 1917.

（8） Friedensburg, W., a. a. O., Teil I, S. 530–549.

（9） Baumgart, P., *Zur wirtschaftlichen Situation der deutschen Universitätsprofessoren am Ausgang des 16. Jahrhunderts: Das Beispiel Helmstedt*, in: Jahrbuch für fränkische Landesforschung. 34/35. 1975 S. 958. また、別府昭郎『ドイツにおける大学教授の誕生』創文社、一九九八年、二七二～二七三頁。

（10） Hautz, Joh. F., a. a. O. *Geschichte der Universität Heidelberg*, Bd. 1 (1862), S. 422–423, S. 423 Anmerkung 337.

（11） Freidenburg: Geschichtsquellen, Teil II, S. 476.

（12） Freidenburg: Geschichtsquellen, Teil II, S. 507.

（13） Freidenburg: Geschichtsquellen, Teil II, S. 559–583.

（14） Freidenburg: Geschichtsquellen, Teil II, S. 459, 466, 475, 476, 481, 507, 511, 526, 557, 587, 589.

（15） Freidenburg: Geschichtsquellen, Teil II, S. 481 以下。

（16） 別府昭郎、前掲書、二八五頁以下の「第五章　大学教師の職階制の歴史的展開とその影響」を参照。

（17） Weisert, H., *Verfassung der Universität Heidelberg*, 1974, S. 77–78.

（18） ミッタイス＝リーベリッヒ著『ドイツ法制史概説』改訂版、世良晃志郎訳、創文社、一九七一年、二二四～二二九頁。

（19） Kink, R., *Geschichte der kaiserlichen Universität zu Wien*, Bd. 2, 1854, S. 559–567. また別府昭郎、前掲書、三一一頁。

（20） *Allgemeines Landrecht für die preußischen Staaten*, Artikel 73.

（21） Schrader, Wilhelm, *Geschichts-Universität zu Halle, Zweiter* Teil, 1894, S. 372–376.

(22) Müller, Rainer A., a. a. O. および別府昭郎前掲訳を参照。

(23) ゲーテ著『ファウスト』相良守峰訳、第一部、岩波文庫、三三頁。

(24) Freidenburg.: *Geschichtsquellen*, Teil II, S. 573 以下より作成。

(25) ユルゲン・ハーバーマス著『公共性の構造転換』細谷貞雄・山田正行訳、未来社、一九九四年、iii〜iv頁。Habermas, Jürgen, *Strukturwandel der Öffentlichkeit. Untersuchungen zu einer Kategorie der bürgerlichen Gesellschaft*. Mit einem Vorwort zur Neuauflage 1990, S. 12-13.

第七章　ケーニヒスベルク大学における講座構成と国家との関係

問題の設定

周知のように、一八世紀は、ベルリン大学創設（一八一〇）に携わったフィヒテ、シュライエルマッハー、シェリング、ヘーゲルといった一九世紀古典期大学を象徴する代表的な思想的担い手たちが、学問的に自己形成した時代であった。

さらに、ユルゲン・ハーバーマスが言うように、一八世紀の後半は、「小さいが、批判的に討議をおこなう公共圏」が形成されていた。すなわち、「ごくわずかの標準的な作品だけを繰り返し熱心に読むのではなく、つぎつぎと新たに出版されるものを読む習慣を身につけた人びとが、（中略）、普遍的な読書する公衆をかたちづくった」時代でもある(1)。

ドイツの大学史における一八世紀は、モーラフの分類にしたがえば、「古典期以前」の時期に属する。歴史上のある時代は、当然のことながら、それ以前とそれ以後の時代ときりはなされて、孤立してあるのではない。それ以前の時期とそれ以後の時期との架橋の役割をはたしていると考えられる。

ドイツ大学史における古典期大学の時期は、ベルリン大学の創立（一八一〇年）から、一九六〇年代後半の大学紛争を経て、一九七〇年前後の大学改革が始まるまでの約一六〇年間という短い時期である。この時期の特徴として、一六・一七世紀に見られた「家族大学」（Familienuniversität、教授職が土地や家具のように、血縁者のなかで相続される大学）とは反対の競争原理（ハビリタツィオンや私講師制）の導入、「同一学内招聘の禁止」（Hausberufungsverbot、同一の大学内部で昇格することの禁止）、研究の大規模経営化（ゼミナールやインスティトゥート）、学問的訓練の精神貴族的性格、思考の自由に根ざした哲学および哲学部の重視、「研究と教育との統一」（Einheit von Forschung und Lehre）の強調、科学的研究の急速な発達、哲学部の分裂などを挙げることができる。

では、古典期以前の時代における前半期（すなわち中世から一七世紀末まで）の時代と古典期の時代にはさまれた一八世紀の特徴は何か。大学史上、一八世紀に生じた変化は、大学と国家の関係を示す指標としては、伝統的自治団体から国家の施設への性格転換、国家による教授任命権の優位、教授の国家官僚化、国家に奉仕する実用的な学問の優勢、聖職禄から俸給への転換、大学に対する査察・監査の実施などを挙げることができる。さらに、大学内部における変化としては、正教授支配の大学、学問の専門化・高度化および教授職（講座）と特定学問領域との結びつき、ハビリタツィオン・私講師制の導入、大学教師の官僚的位階制度の確立、法学部や哲学部の地位の向上、教授方法の変容、大学教師の世俗化と家族大学、合理的思考に支えられた新しい学問の隆盛などが挙げられよう(2)。

このように、大学史上から言っても、学問史上から見ても、社会史的観点からも、一八世紀を研究することは、一九世紀や一六・一七世紀とは異なった意義をもつと言って間違いはない。

本章は、こうした先行研究の成果に学びつつ、ケーニヒスベルク大学の学部や講座構成はどうなっていたか、教師にはいかなる種類があったのか、大学内部の運営機関はどのようになっていたか、大学と国家との関係はどうなっていたのかという問題に絞って、具体的に解明しようとするものである。なぜケーニヒスベルク大学を取り上げるのか。その理由として、ハレ大学（一六九四）が創設されるまではプロイセンの指導的大学の一つであり、強力な官僚組織の担い手の養成大学であったこと、ハレ大学が創設されてからもその地位はプロイセン内部において高かったこと、カントが在職していた大学であり、哲学的・学術的・思想的に見て、それ以前の大学との相違が明確でありかつ古典期の大学との連続性がおおきいことなどを挙げておきたい。

本論に入るまえに、ごく簡単に、ケーニヒスベルク大学の略史を見ておこう。ケーニヒスベルクはドイツ騎士団領であり、大学は、ホーエンツォレルン家のブランデンブルク辺境伯アルブレヒトが、一五四一年に当地にギムナジウムを創設したことに端を発する。そこでは、ラテン語、ギリシア語、ヘブライ語のほか、神学、法学、医学、自由学芸が教えられた。これが大学になる胚珠細胞となり、一五四四年には創設文書を得て大学となった。初代の学長は、オーデル川河畔のフランクフルト大学教授であったゲオルグ・サビヌスであり、一五五七年には特許状（Privilegium）を獲得した。大学の組織上のモデルは、ヴィッテンベルクやマールブルクといった新教の大学であった。地理的位置により、ドイツ人の他、ポメラニア人、ポーランド人、リトアニア人などの学生が多く学んだ。一七五六年から六三年までの七年戦争の一時期ロシアに占領（一七五八〜一七六二）されたこともある。

その間、大学は創設以来絶えることなく存続し、第二次世界大戦のあと大学都市ケーニヒスベルクはロシア領に編入され、現在の都市名はカーリニングラードと呼ばれている。

第一節　大学教師の種類

当時のケーニヒスベルク大学では、大学の教師たちにどのような種類があったのだろうか。この問題は、実は、当時の大学を性格づけるばあい、教授された学問領域、学部教授会の構成、評議会の構成、学長や学部長のポストに就く資格にかかわり、決定的な意味をもっている。この時代の大学教師たちは、国王任命の教授（Königlicher Professor）と大学の私講師（Akademischer Privatlehrer, Privatdozent）との二種に大きく分けられる。さらに、教授たちは「俸給付きの正教授」か「俸給なしの正教授」、あるいは「固定給なしの員外教授」に分けることができる[3]。

このことは何を意味しているのか。それは、大学が、国王から任命された教授層と大学内部の意思決定によって教育することを許可された私講師層とによって構成されていることを意味している。すなわち、ドイツの大学は、その成立期から、国王的（königlich）・国家的原理（公の原理）とアカデミックな（akademisch）自治団体・ギルド的原理（私の原理）との結合（統合）によって、成り立っているのである。したがって、〝königlich〟という言葉と〝akademisch〟という言葉は、国王的・国家的原理（公）とアカデミックな自治団体（私）を象徴的に表す対概念として使われていると言えよう。

（1）　正教授

現実には、ケーニヒスベルク大学には、俸給なしの正教授は存在していなかった。正教授は全員が俸給を受けていたのである。正教授は、定められた時間に、定められた教授内容を、無料（正講義）で教える義務があった。

したがって、正教授のポストは、通常俸給と結びついていたと考えてよい。すなわち、正教授の地位につくということは固定給を受けることを意味していたのである。

（２）　員外教授

員外教授（professoribus extraordinarius）については、ケーニヒスベルク大学は特別な歴史的意義を持っている。というのは、T・ムッターによれば、一五五四年のケーニヒスベルクの法学部の学則は、員外教授について特に記したドイツ最初の学部学則なのである。[4] それによると、員外教授とは、正教授が授業をもっていない時間（この意味において非正規の時間ということになる）に講義をし、正教授が授業をもっていない日（非正規の日）に討論を行う教授のことであると定められている。したがって、員外教授とは、非正規に教える、すなわち、学則に定められた正規の教授の他に、俸給なしかあるいは定員外の俸給を受けて教える教師のことである。

非正規に教えるばあいは、学部長と学部の許可をとらなければならなかった。しかし、誰にでも無原則に許可が与えられ、自由かつ非正規に教えられたわけではない。神・法・医の上級学部にあっては、ドクトル学位を取得し宣誓をしていない者には、一人の例外もなく非正規の講義を許してはならなかった。哲学部では、員外教授になるにしても正教授になるにしても、あらかじめマギステル学位を取得していることが前提条件であった。大学の教壇で教えるということは、これほど重いことと考えられていたのである。これは大学がギルドとして発生したことと無関係ではない。すなわち、開講する営業許可権は学部がもっていた。員外教授は、講義許可権を持っている学部教授会の成員とは認められてはいなかったのである。

（３）　私講師（Akademischer Privatlehrer, Privatdozent）

私講師として学部で教えるばあい、あらかじめ「学部加入」（inceptio）しておかなければならなかった。その学部加入（学部への採用）にさいしては、哲学部の講堂で、論文発表をしなければならなかった。私講師として学部に採用されるばあい、私講師希望者は、学部の規則や制限を守ること、教授が講義しているのと同じテーマの講義を同じ時間に開講しないこと、また、学部長およびその学問領域を担当している教授にあらかじめ知らせることなく、いかなる講義も開かないことなどを、かたく約束しなければならなかった。このように、私講師は学部長や教授の強い規制のもとに置かれていたのである。[5]

実際によくありえたケースであるが、哲学部の教授が同時に神学博士であるばあい、神学部で私講師として、教えることは自由であった。[6]

一七四九年になると、ケーニヒスベルク大学で講義をもつ者について、次のような規則が作られた。それは、学位取得を前提条件として、討論において司会の役をこなしているかにかかわっている。[7]

① ドクトル論文を執筆し、学部に提出し、合格しているほかに、討論（Disputation）で司会者を務めていない者は、何人といえども、大学で正講義を担当する自由を持つべきではない。

② ドクトルかマギステルである期間内に、少なくとも三つの討論で司会を行っていない者は、何人といえども、員外教授になるべきではない。

③ 員外教授として、討論で最低三回は司会の役をこなしていない者は、何人といえども正教授には任命されない。

④ この規定は、すでに任命されている教授たちにも適用される。

この規則は、大学で自由に正講義を担当するにはドクトル学位をもっているだけでは不十分であり、討論で司会者を務めていなければならないこと、員外教授になるにはドクトルかマギステルである期間内に少なくとも三つの討論で司会を行っていなければならないこと、正教授に任命されるためには、員外教授として、討論で三回は司会の役をこなしていなければならないこと、この決まりは任命されている現在の教授たちにも適用されることを定めている。すなわち、私講師や員外教授という各階層ごとに、討論において三回は司会の役を果たしていることが昇進の条件とされたのである。これだけ重視されていた討論は、年間四〇～五〇回行われていたという記録が残っている(8)。

第二節　ケーニヒスベルク大学の学部構成と教授科目

では、具体的に、四つの学部にどのような教授がおり、何を教えていたかを個別の教授ごとに検討してみよう。なお生年および没年が確認できた者については記入しておいた。

一八世紀におけるドイツ大学の学部構成は、ケーニヒスベルク大学に限らず、神学、法学、医学、哲学の四学部から構成されていた。大学（Universität）という名称で呼ばれている限り例外はない。教師は、いずれかの学部に所属していなければならなかった。

1　神学部の正教授・私講師の氏名と役職・教授科目

神学部から述べていこう。この学部には三人の正教授と二人の私講師がいた(9)。神学部の正教授は週四時間、正講義をする義務があった。この講義義務は、一六世紀の諸大学と全く変っていない(10)。

（1）神学部の正教授

① テオドール・クリフトフ・リリエンタール　哲学・神学博士。神学部首席教授。教会の牧師。大学の説教者。神学の全分野、とくに、教義学、教会史、旧約・新約聖書批判などの講義を担当した。神学部では、とりわけ一七三五年の規定により、学生たちは毎年神学の全分野を学習しなければならないと定められていたため、神学の全分野を教えなければならなかった。

興味深いことに、リリエンタールは神学部の正教授であったにもかかわらず、同時に哲学部の私講師として哲学についての講義を行っている。哲学部の正教授が神学部の私講師として授業を担当する事例はめずらしくなかったが、神学部の正教授が、当時下級学部と見なされていた哲学部で、私講師として授業をもっている例は、そう多くはない。

② ゴットヒルフ・クリスティアン・レッカールト（一七三五〜一七九八）　博士。神学部次席教授。東プロイセンの教会長老会員、ザックハイマー教会の牧師、フリードリヒ学寮長。ハイルマンの教科書を使って教義学、バウムガルテンについての解釈術、モルデンハマーの教科書に則って批判（Kritik）、教会史、アーノルドについての説教学、牧会学と聖書釈義学などを理論的・実践的に教えた。とりわけ、学部の外で、天文学についての理論的・実践的講義をもっていた[11]。

③ ヨハン・エルンスト・シュルツ（一七四二〜一八〇六）　神学部第三の教授の地位を占めていた。王城教会の最高宮廷牧師、東プロイセンの総括教区監督（Generalsuperintendent）であり、長老会会員であった。

(2) 神学部の私講師（私教師）

この時代の私講師の呼び方は一九世紀のように一定ではなく、D・H・アーノルドの著作においても、巻によって、Privatdozent、Akademischer Privatlehrer と叙述されている。表示は異なっていても、意味している教師層は同じである。

①　神学部の私講師の一人はフリードリヒ・ザムエル・ボックで、長老会会員である。神学・哲学の博士であった。哲学部のギリシア文学教授でもあった。彼は長い間神学部で無料でやってきた教授職を廃止した。というのは、何人も二つの異なった学部で同時に教授であってはならないという皇帝の命令が出たからである。したがって、一七五三年以来保持してきた彼の神学部の教授職の代りに、哲学部で神学全分野の講義をもっている（哲学部の正教授の項を参照）。

②　ゲオルゲ・クリフトフ・ピザンスキー（一七二五～一七九〇）　神学・哲学博士。クナイプホフエン・トゥム学校の校長[12]。彼は、哲学部でも私講師であった。

このように、神学部の私講師は、神学の博士号をもっており、哲学部の教授や学校の校長の職を持つ者であった事実を確認しておきたい。

2　法学部の正教授・私講師の氏名と役職・教授科目

(1) 正教授と教授分野

この時代に法学部には三人の正教授が在職していた[13]。

①　ヴィルヘルム・ベルンハルド・イエスター　博士号保持者であり、主席教授。大学のカンツラーかつ

ディレクターであり、プロイセン邦の刑事院（Kriminalrat）議員。「勅法集成」（Kodex）を教えた。

② スリスティアン・レナトゥス・ブラウン　博士。次席教授。プロイセン邦の刑事院議員。「学説集成」（Pandekten）を教えた。

③ ゲオルグ・フリードリヒ・ホルツハウワー　博士。第三の教授。しかし、特別に俸給は第一教授と同額であった。「法学提要」（Institutonen）を教えた。

この時代の法学部には員外教授や私講師はいなかった。

3　医学部の正教授・私講師の氏名と役職・教授科目

(1)　正教授の教授分野

医学部には、三人の正教授がいた[14]。担当は、解剖学、植物学、化学であった。

① ヨハン・クリフトフ・ボリウス　博士。首席教授。医学寮および衛生寮の運営委員（Aßessor）。

② アンドレアス・ヨハン・オロヴィウス　博士。次席教授。

③ ヨハン・ダニエル・メッツガー（一七三九～一八〇五）　博士。医学部職務仲間のなかの第三の教授。解剖学教授。医学寮の運営委員、東プロイセン地方の分娩法の教師。王国ヴァイゼンハウスおよびケーニヒスベルクにある王国大病院の医師。

どの教授がどの学問領域を担当していたかについては、アーノルドは解剖学教授以外は明記していない。解剖学の教授（メッツガー）は、医学のこの分野の理論的な講義の他に、実践的な講義ももたねばならなかった。植物学の教授は、学則にのっとり、夏学期は毎月一度学生を植物園につれていかねばならない。また夏学期を通じて少なくとも二回、学生を地方の植物観察につれていった。もちろん、医学部で教えるには、ドクトル学位をもっていなければならなかったし、学部加入を認められた者は、医学のあらゆる分野を私講義で教えることができた。

(2)　員外教授

医学部には、カール・ゴットフリード・ハーゲンという員外教授が一人いたにすぎない。宮廷薬剤師であった。私講師は、医学部にはいなかった。

4　哲学部の正教授・私講師の氏名と役職・教授科目

一七三五年に拡大された新しい規則がつくられた[15]。その規則によれば、哲学部には八人の正教授が居ることになっている。それらの学問領域を示せば、①ヘブライ語、②数学、③ギリシア語、④論理学・形而上学、⑤実践哲学、⑥自然学（論）、⑦詩学、⑧雄弁・歴史である。

歴史学の講座を特別に設置していない大学では、創設期のハレ大学においてもそうであったように、歴史に関する講義は雄弁の教授が担当していたのである。ケーニヒスベルク大学では「雄弁・歴史」というように、歴史が表にでてきている。

(1)　正教授の教授分野

哲学部には八人の正教授が在職していて、全員同じ額の俸給を受けていた。一七五〇年から一七八〇年ごろのケーニヒスベルク大学哲学部で教えられた領域は、①哲学、②数学、③物理学、④言語学などであった[16]。これらの諸学問は、哲学部の教授の教えるべき領域であって、上級学部で教えてはならなかったのである。このように、各学部で教授すべき学問領域は明確に規定されているのが通例であった。相互の領域を越えて教えると、学問領域をめぐる「学部の争い」(Der Streit der Fakultäten) が生ずることになる。

① フリードリヒ・ザムエル・ボック　一七五三年来ギリシア文学の正教授であり哲学部の長老教授 (Senior) である。同時に神学部の正教授という地位も持っていたが、それは正規のポストではなく、私講師という資格で教えていた。ギリシア語担当の教授として、毎年正講義で新約聖書をすべて教えなければならなかった。

② ヤコブ・フリードリヒ・ヴェルナー　一七五五年以来雄弁・歴史の教授。冬学期を通じて正講義で表現様式を講義した。すなわち、週二時間ある作家を翻訳させ、一時間は雄弁の基礎を教え、残り一時間は一部はラテン語の、一部はドイツ語の論説（論文）を吟味した。夏学期には、彼は、一般世界史（言うまでもなく、この時代の世界史とはヨーロッパ史のことを意味する）を、すなわちある時は紀元前の歴史を、ある時は紀元後の歴史を講じた。彼は、神学に属さないすべての演説、碑文、祝辞などを検閲した。

③ フリードリヒ・ヨハン・ブック（一七二二〜一七八六）　法学・哲学博士。一七五九年以来論理学・形而上学の教授を務めてきたが、一七七〇年に数学担当の教授に移った。正講義において、年間を通じて、算数、幾何、天文学を教えた。論理学・形而上学の正教授職にはカントが就任した。

④ イマヌエール・カント（一七二四〜一八〇四）　一七五五年六月『火に関する若干の考察の略述』でマギステル学位を取得し、同年九月『形而上学的認識の第一原理の新解明』という論文が哲学部の討議を通過して、自身の出たケーニヒスベルク大学哲学部の私講師となった。フリードリヒ二世の勅令により、一七七〇年以来論理学・形而上学の正教授に就任した。正教授就任論文は『感性界と知性界の形式と原理』

（De mundi sensibilis atque intelligibilis forma et principiis）であった。前述のように、それまではブックがその地位にあった。カントは一七三五年の規定に則り、正講義においては半年は論理学を、残りの半年は形而上学を教える義務を果たした。

⑤カール・ダーニエル・ロイシュ（一七三五〜一八〇六）　一七三六年来当学部の私講師となる。一七七二年以来物理学の正教授に就任した。正講義で、理論および実験物理学を教える。哲学部の正教授であると同時に、大学の各寮、王国神学校、神学生寄宿学校の上級査察官（Oberinspector）、であり、王城図書館の筆頭監督者でもあった。

⑥ヨハン・ゴットリープ・クロイツフェルト　一七七六年から詩学の正教授である。一七三五年の規定に則り、二時間はラテン詩人の一人を講じ、残りの一時間はラテン詩の規則と神話学を講じ、もう一時間は学生たちが作った詩を添削した。ドイツ詩については、二年に一度半年間だけ正講義で、その他は私講義で教えることになっていた。さらに、詩学の教授には、ケーニヒスベルクで印刷されるすべての詩と碑文（Inskription）について検閲する権利があり、義務があった。

⑦クリスティアン・ヤコブ・クラウス（一七三五〜一八〇七）　カントの弟子であり、かつ食事仲間である。一七八一年来実践哲学の正教授となった。彼は、半年間道徳を、他の半年間は自然法を教えた。

⑧ヨハン・ベルンハルト・ケーラー（一七四二〜一八〇二）　法学・哲学博士。一七八一年以来オリエンタル文学の正教授。キールやゲッティンゲンで哲学の教授であった。一七三五年の規定に則り、オリエンタル語の教授は、夏学期には旧約聖書の歴史書を、冬学期にはモーセ五書すなわち創世記（Genesis）、出エジプト記（Exodus）、レビ記（Levitikus）、民数記（Numeri）、そして申命記（Deuteronomium）を概略

通読して、学生自身に翻訳させる。

以前はオリエンタル文学の教授は、ケーニヒスベルクにあるユダヤ教会堂の監視も行い、そのために一〇〇ターレルの報酬を受けていたが、キュプケ教授（Georg David Kypke 一七二四～一七七九）が死亡したあとは、この監視はとりやめになった。

以上、八人の哲学部の正教授について述べてきた。さらに、重要なことを四点にわたって補足しておこう。まず、第一に、当時の哲学部の教授は、現在では文科系と考えられている論理学や形而上学も教えれば、自然科学系である数学も教えることができなければならなかったことを指摘しておきたい。そうでなければ哲学部の教授になれなかったのである。

学問は、一八世紀には専門化の過程にはいっていたが、現代ほど学問の専門化が進行していたわけではない。文科系の学問知識と理科系の学問知識とは、どちらかと言えばまだ融合の度合いが強く、完全に分離していたわけではない。担当講座と学問領域は結びつけられてはいたが、理科系、文科系に関わりなく講座の間を移動している教授がいることからも明らかである。担当講座は、教授すべき学問領域の責任を明確にするものであって、その学問領域しか教授できないことを示すものではない。

第二に、哲学部の正教授は、半年間交替で週二時間教育学についての講義を無料で行わなければならなかった。教職に就く学生のためであるとともに、教育について勉強したい学生のためにであった。これは、八人の哲学部の正教授が半年ごとに交替で担当した。カントに、教育学の講義録が残っているのは、こうした慣行があったためであると考えられる。教育学については（カントも含めて）、ギムナジウムや学校のための教師養成、プロイセン政府もしくは東プロイセン地方政府の指令、カント哲学の教育方面での展開という三つの側面から、検討してみる必要があろう。

さらに、第三点は、学生が聴講料を払わなければならない私講義をするかどうかは、これらの教授の個人的な判断にゆだねられていた。哲学部の教授は定期的に「試験および討論のための講義」（collegium examinatorium und disputatorium）を持たねばならなかった。[17]

第四に、必ずしも哲学部の教授だけには限らないが、当時の教授たちの幾人かには、検閲（監視）の権利もしくは義務があったことを挙げなければならない。

前に述べたように、雄弁・歴史の正教授ヴェルナーは、神学に属さないすべての演説、碑文、祝辞などを検閲した。詩学の正教授クロイツフェルトには、ケーニヒスベルクで印刷されるすべての詩と碑文について検閲する権利（義務）があった。さらに、オリエンタル文学の教授は、一七七九年までケーニヒスベルクにあるユダヤ教会堂の監視を行わなければならなかった。これらの権利もしくは義務は、形式的なものではなく、実質的なものであったと考えてよい。その根拠として、ユダヤ教会堂の監視を担当していたキュプケ教授に、一〇〇ターールの報酬が支払われていたこと、また「学問的関心を等閑に付したり、また哲学部のような諸学部の一つに対して、他の学部のいわゆる利益を図るために学問的関心を局限すべきではなく、むしろいかなる学部にも自己を拡張する権利と義務がある」と考えていたカントが、『単なる理性の限界内における宗教』の出版にさいして、ケーニヒスベルク大学神学部やイェナ大学哲学部に印刷許可を求めていることなどが、挙げられよう。印刷許可を与えたのは、イェナ大学哲学部であった。しかし、この論文は国王フリードリヒ・ヴィルヘルム二世の不興をかい、勅令により、カントは宗教や神学についての講述を禁止されてしまった。[18]

こうした事例を素材にして考えてみると、後述するように如何に「思考の自由」（libertas philosophandi）が声高に叫ばれていたとしても、そして「思考の自由」が強調されること自体がそれ以前の時代とは違う特徴として挙げられるとしても、しかし、この時代の人々（大学教授も含めて）が、国家や教会、社会のシステムを壊すことなく、絶対主義国家が規定した範囲内で宗教や神学、国家制度に関する自分の言動を確保し、自由に展開していくことに腐心したかが分かってくる。

(2) 私講師

この時期、ケーニヒスベルク大学哲学部には、九人の私講師がいたことが分かっている[19]。

① ヨハン・ベルンハルド・ハーン　一七四四年マギステル学位を取得し、一七四九年雄弁・歴史の員外教授となったが、一七七八年には員外教授職をやめている。

② アンドレアス・ハルター　聖ゲオルグ・ホスピタル（St. Georgen Hospital）の牧師。一七四四年マギステル学位を取得し、私講師となる。

③ ヨハン・ティゼン　医学および哲学のドクトル。一七五八年哲学のマギステルとなり、同年医学のドクトルを取得し、私講師となる。しかし長い間講義をもっていない。

④ ゲオルグ・クリスト・ピザンスキー（一七二五〜一七九〇）神学・哲学のドクトル。クナイプホフェン・トゥム学校の校長であり、一七五九年以来哲学部の私講師である。前述のように、彼は、神学部でも私講師であった。哲学のみならず、神学のドクトル学位を持っていたから、両学部で教えることができたのである。

⑤ ダニエル・ヴァイマン　旧市学校の副校長。一七五九年からマギステル、私講師となる。しかし、一七七五年以来講義をしていない。というのは、彼が講義で教えていたクルジウスの哲学について教えること

が禁じられたからである。

クルジウス（Christian August Crusius　一七一二〜一七七五）は、ライプツィッヒ大学の哲学および神学教授で、敬虔主義者であった。ヴォルフ哲学の反対者として有名である。一七五三年に執筆した論文『必然的理性真理の構想』においてオプティミズムに反論を加えた。しかし、カントは『オプティミズム試論』（一七五九）ではクルジウスの説に反対を唱えたが、カントをはじめとして同時代の学者はその学説の発展過程において、クルジウスの影響を受けていたと言われている。[20] こうした意味において、一八世紀の思想や学問を語るとき、クルジウスは無視できない。

⑥　ミカエル・イエスケ　旧市学校の校長。一七六五年にマギステル学位を取得し、私講師となる。しかし、一七八〇年前後の数年彼は講義をしていない。

⑦　アウグスト・ヴィルヘルム・ヴォルチァティウス　大学各寮および王国神学校の次席査察官である。上級査察官は正教授のロイシュである（前述）。一七六九年にマギステル学位を取り、私講師となる。彼は、次席査察官として、哲学部の員外教授のあとの第一席次を占めていた。[21]

⑧　マギステル、マルティン・クリスティアン・ヨースヴィヒ　一七六九年来哲学部のマギステル、私講師となったが、一七八〇年ごろには講義をもっていなかった。

⑨　マギステル、ヨハン・シュルツ　市教会の副皇帝宮廷説教師。一七七五年にマギステルを取り、私講師となった。

この時代に私講師となり、大学の教壇に立つには、一九世紀の古典的大学のように、ハビリタツィオン（大学教授資格試験）が確立していたわけではない。ハビリタツィオンとは、学位の保持を前提条件として、ハビリタツィオン論文を書き、学部に提出し、コロキウムと呼ばれる学部成員による口述試験をうける。そして、全学に公開して試験講義を行う。合否は学部教授会が判定する。合格した者が大学教授資格（venia legendi）保持者となる。これが一九世紀に確立した手続きである。

一八世紀には、まず、私講師として教えたい学部（上級学部であればドクトル学位、哲学部であればマギステル学位）で学位を取得しなければならなかった。もちろん、そのためには、学位論文を書かなければならない。学位の取得を前提として、私講師になるための論文を執筆する。それを学部に提出して審査をうける。合格すれば、私講師として教えることができたのである。一九世紀に確立したハビリタツィオンの萌芽形態がこの時代にできあがっていることが看取できよう。

関連して、私講師時代のカントにも少し触れておこう。一七四〇年（一六歳）で故郷のケーニヒスベルク大学に入学した。その年は奇しくもこの大哲学者が「無双の君主」と仰いだフリードリヒ大王が即位した年でもあった。学位を取得した後、リトアニアのユッチェ村のダニエル・アンデルシュ家の家庭教師を勤めたが、一七五五年（三一歳）の時『形而上学的認識の第一原理の新解明』というラテン語の論文を書き、哲学部の私講師となった。前述のように、一七七〇年に論理学と形而上学の正教授となるまで私講師として教えていた。

では実際にはカントはどのような学問分野を教えていたのか[22]。カントは一七六〇年に次のような科目を教えていた。午前八時から一二時までは論理学、力学・流体静力学（静水学）その他、理論物理学、形而上学の四つの講義を行っている。午後は二時から四時まで、自然地理学、算術・幾何学・三角法、の二つの講義を行った。そのほかに二時間にわたる「討論」（Disputatorium）と「復習および談話の時間」を持っていた。これらすべてを行わなかったとしても、一七六六年から六七年にかけての冬学期には明らかに二六ないし二八時間を受け持っていたのである。彼は普通四ないし五の講義を持っており、もちろん後年になるとその数は減少し、二ないし三の講義と一つの試験（Examinatorium）を持つだけとなった。

若いころの彼の時間数が多かったのは、私講師という収入不安定な地位にあったことに起因すると考えられる。現にカントは、プロイセン国王フリードリヒ二世あてに、ケーニヒスベルクにある王城図書館における副司書官の地位に任じてくれるように、依頼している。理由は、大学におけるカントの生計の窮乏を軽減するためであった。[23] それだけ、私講師の生活は楽ではなかったのだろう。このカントの請願は聴許され、カントは王城図書館副司書官の地位につき、年俸六二ターラーを受けることになった。

以上正教授と私講師の身分や教授内容について述べてきたが、その他重要なこととして忘れてならないのは、フランス語、イタリア語、ポーランド語、英語、乗馬、フェンシング、ダンス、食事作法（Mahlen）、音楽などの教師がいたという事実である。[24] これらの教師たちは、学部の正規の教師とは認められず、ヒエラルキーから言えば、私講師より格が下であった。講義目録にも、私講師より後に掲載されるのがふつうであった。

第三節　大学内部の運営機関と大学についての監督

1　大学内部の運営機関

(1)　大学評議会（Senat）

大学評議会は、大学を代表する会議体である。それは通常一〇人によって構成されていた。すなわち、上級三学部の二名ずつの教授（計六名）と哲学部の古参教授四名によって構成されていた。[25] 大学はその監督下にあった。

評議会の成員は、正教授たちだけであり、他の者は排除した、閉鎖的な会議体にほかならなかった。

大学評議会の任務は、大学のあらゆる業務についての監督を行うことであった。主な業務は、大学の権利（特権）や自由の保持、大学の収入・支出の計算、大学の奨学金の運営、争い事の決裁などである。

（2） 学長（Rektor Magnificus）

学長は、大学を代表する者である。大学評議会の成員のなかから半年に一度選出された。大学評議会の議長をつとめた。三つの上級学部の評議員は四年に一度、哲学部の評議員は八年に一度、学長に選ばれる栄誉に浴した。当時の学長は、このように少ないメンバーのなかから一種の輪番制で選出されたので、「同じ権利をもつ仲間の筆頭者」（primus inter pares）の性格が強かったのである。だから学長（古い日本の哲学者は総長と訳しているが、帝国大学の総長とこの時代のドイツの大学の学長は違うので、Rektor は総長と訳すべきではない）に選ばれても、他の教授たちより多くの特権を持っていたわけではない。

（3） 学部長（Decanus）

学部長は学部の代表者である。この時代の学部長も、学長と同じく半年に一度選出された。したがって、学部長も学長と同じく、「同じ権利をもつ仲間の筆頭者」であった。たとえば、法学部の学部長の主な仕事が法律文書の検閲であったように、各学部に学部長独自の任務があった。通常、学位授与の収入やその他の収入があったばあい、その中から、二〇分の一が学部長の取り分であり、二〇分の一は学部会計に組み入れられ、残りは学部の成員に均等に分けられた(26)。このように、わずかとはいえ、俸給の他に経済的役得もあったのである。

2　大学と国家との関係

大学は、プロイセン邦の意思により、上から創設された。領邦教会と同じく領邦大学であった。創設当初は、ザムランドの司教が大学の管理責任者（Conservator）となり、学生の勉学や大学の規律に関する事項について監督を行った。時代が降ると、ケーニヒスベルクの地方政府の監視下におかれた。一七三六年以来、ケーニヒスベルクに、プロイセン王国特別宗務局が設けられたので、大学の特別監督官はそのメンバーになった[27]。一七四七年になってはじめて、上級大学監督局（Oberkuratorium）にプロイセンの全大学は統括されることになった。その最高責任者と年代はハレ大学と全く同じである[28]。

歴史上名を残している人々が、最終的には国王の裁可が必要であったとしても、プロイセンの諸大学行政の最高責任者として大学運営に携わったのである。

大学教授の任命権は最終的には国王にあった。たとえば、カントがケーニヒスベルク大学哲学部の論理学・形而上学の教授となったのは、プロイセン国王フリートリヒ二世の勅令によってであった[29]。

一八世紀における絶対主義国家の大学に対する監督は、伝統的手法と時代を反映した新しいやり方とが混在していて、一概に性格づけをすることは難しい。A・クルーゲによれば、この時代の大学監督のやり方には、（1）フリードリヒ二世やフリードリヒ・ヴィルヘルムが採用したように、大学に対して直接査察を実施する機械的監督の方法、（2）バイエルンやオーストリアのようなカトリックの領邦で採用された、上から大学改革を急激に行う急進啓蒙主義的監督の方法、（3）プロイセンの大臣マッゾオが採用した方法のように、官僚システムを活用して大学を動かしていく官僚的監督の方法、（4）ダンケルマン、ミュンヒハウゼンやシュペルヴィレがハレやゲッティンゲン、エルランゲンでとったように、伝統的な自治団体の特性を活かしつつ、領邦政府主導で大学

を運営していく伝統的監督の方法、この大まかな四つの類型があった。(30)

ケーニヒスベルクに関して言えば、これまでの叙述からもわかるように、伝統的大学監督の手法を基礎にしつつも、機械的監督や官僚的監督という一八世紀的やり方が採用されていると言ってよいだろう。

では、国家の側に立つ官僚たちは、大学を含む団体をどのようにとらえていたのだろうか。これは、カントの言う「理性の公的使用」と「理性の私的使用」やハーバーマスの言う「市民的公共圏の生成」という興味深い問題とかかわり(31)、大学・市民社会・国家の相互関係をつぶさに検討しなければならないが、ここでは、プロイセン一般ラント法の起草者スヴァーレッツの考え方を紹介することで満足しよう。(32)

スヴァーレッツは皇太子のために一七九一～九二年にかけて進講を行った。そのなかに、団体に対する国家的規制の考え方が、端的に表明されている。すでに述べたように、この時代に、学術協会、教団、商事会社、フリーメーソンなどの結社やクラブ、読書協会などが雨後の筍のように発生してきた。これらの団体は、それぞれ特性があるとしても、市民的公共圏の担い手と見てよいだろう。国家は、これら「諸個人、および政治社会（bürgerliche Gesellschaft）を構成する諸団体に対して監督権をもつ」というのが、スヴァーレッツの考え方である。

とりわけ、国家自身が設置者であるアカデミーや大学に対しては、より多くの、より強力な権利をもつことができる。国家の権利は、国家の高権から生ずるものではなく、設置者の権利から生ずるのである。これらの団体に対する監督権は、団体結成契約（Gesellschaftsvertrag）の提出を求める権利、査察（Visitation）の権利、改革権（ius reformandi）、解散権を含み、強力である。

これらの監督権は例外を認めることなくすべての団体に及ぶと考えられた。国家とその法律から独立し、国家の法律に服そうとしない団体は、国家内国家（status in statu）をなすものと見なされる。国家は、国家のなかの国家の存在は許さない。これは、近代国民国家が形成されるときの鉄則にほかならない。大学とて例外ではない。

当時のプロイセンの大学統治の仕方に一言しておこう。オーデル川河畔のフランクフルト大学とハレ大学は直接「上級監督局」(Oberkuratorium　一七四七年設置）の下に置かれていたのに対して、ケーニヒスベルク大学とデュイスブルク大学は「管区局」(Provinzialbehörde）の下に置かれていたのである。[33] ところで、一七七〇年は国王からカントが教授に任命された年であるが、それとは別に、ベルリン当局から四学部の教育内容に関する直接の布告を受けた。この布告は直接ベルリンから出された。そしてそれには、それを印刷して学生に配布すべきことが附言されていた。[34] このように、大学教育の内容にまで領邦国家が介入してくるのが、当時の常態にほかならなかった。

したがって、教授人事、大学運営、大学財政を含む「大学の自治」、教育内容など大学の重要問題を、観念的にではなく歴史的実態にそくして考えるばあい、この事実を忘れてはならない。実態を無視した単なる観念論に陥って、空論を展開する可能性があるからにほかならない。

結　語

以上、啓蒙期のケーニヒスベルク大学をひとつの事例として、一八世紀に教授された学問領域や教師の種類、大学内部の運営機関、大学と国家との関係という問題に絞って考察してきた。やや繰り返しになるが、主要な事柄を以下に要約しておきたい。

当時の大学は神・法・医・哲学の四学部構成であったこと、それぞれの学部は専門とする学問領域を包括しており、主要学問には正教授が充てられていたこと、しかし正教授個人と講座（学問領域のポスト）との結びつきは比較的流動的であり、講座間の移動が行われ得たこと、特に哲学部にあっては理科的知識と文科的知識とは融合しており、双方の学問ができなければ教授になれなかったこと、学問領域のなかには中世以来の伝統を持つものもあれば、時代の要請に対応する新しい学問もあったこと、教師のなかに正教授・員外教授・私講師というヒエラルキーができていて、権限や教授する学問が異なっていたこと、しかも次第に大学で講義を持つ者を絞っていく傾向（ハビリタツィオンの萌芽と言ってもよい）が見られること、講義許可権は学部教授会が持っていたこと、大学全体の業務は大学評議会が担当したこと、大学を外にむかって代表するのは学長であったこと、国家は、発生してきた様々な団体（市民的公共性を担う団体も含まれる）を国家的規制に取り込もうとしたこと、大学教授の人事権・任命権は基本的に領邦政府や国王の側にあり、このこととの関連において大学自治は考えられねばならないことなどである。

この時代に生じたその他の重要事項をいくつかを書き記して、本章を締めくくりたい。

1　ゼメスター　この時期は、通年制とゼメスター制とが混在していたが、次第にゼメスター制が有力になってきた。このばあい、冬学期はミカエル祭から翌年の復活祭まで、夏学期は復活祭からミカエル祭までと定めるのが通例となった[35]。

2　教授用語　一八世紀は大学の教授用語にも変化がみられた。中世以来大学の教授用語は、ラテン語ときまっていた。基本的には教授も私講師もすべての講義をラテン語でしなければならないと定められていた。しかし、一八世紀の後半になると、教授も私講師も実際にはドイツ語で行うようになってきた。討論講義（collegia disputatoria）のようなものは、ラテン語で行うか否かは個々の教授の自由な裁量にゆだねられていたが、様々な科目の復習講義（collegia repetitoria）と試験講義（collegia examinatoria）はラテン語で行われることになっていた。(36)

しかし、一七七九年プロイセン国王は、「ラテン語は若い人々にとって、絶対的に学ばなければならない。この点については、朕の考えを変えるつもりはない。それは最も容易で、最良の方法で、若い人々に易しく教えられなければならない。」という布告を出している。(37)これくらい重視されていたラテン語であるが、この時代には、教授用語としてのラテン語と教育内容としてのラテン語が分離される傾向が顕著であり、この国王の布告は教育内容としてのラテン語の重要性を語っていると考えられる。

3　思考の自由（libertas philosophandi）　思考の自由が叫ばれるようになったのも、この時代の特徴と言えよう。カントが、「啓蒙とは、人間が自分の未成年状態から抜けでることである。（中略）ところでこのような啓蒙を成就するに必要なものは、実に自由にほかならない。しかも、およそ自由と称される限りのもののうちで最も無害な自由――すなわち、自分の理性をあらゆる点で公的に使用する自由である。」と言っているのは、思考の自由の象徴的表現である。(38)

4　新しい学問の勃興　思考の自由（libertas philosophandi）に対応して、近代自然科学を基礎づけたデカルトやライプニッツ、ヴォルフ、カントたちの学問が普遍的に認知され、新しい哲学、学問が堂々と大学でも教えられるようになった。ケーニヒスベルクでも、ロイシュが正講義で理論および実験物理学を教えたり、クラウスが自然法を教えたりすることに表れている。

なお、当時の学問体系の全体像はどのように考えられていたのか、大学と社会の関係（教師や学生の社会的地位や出自、大学出身者の職業、物価なども含む）、あるいは知識を媒介とした大学と社会との関係（読者層の創成）はどうなっていたのか、ケーニヒスベルク以外の他の大学の講座構成や教育内容はどうなっていたのか、「大学史における近代とは何か」など検討すべき重要課題は残されたままであることは、十分承知している。

（初出『大学史研究』第一七号、二〇〇一年、本書のために加筆・訂正）

引用・参考文献

ケーニヒスベルク大学史に関する最も基本的な文献として、まず以下の四つを挙げねばなるまい。

Arnoldt, Daniel Heinrich, *Ausführliche und mit Urkunden versehene Historie der Königsbergischen Universität.* Band A 1746, Band B 1746, Band C 1756, Band D 1782. Nd. 1994.

Koch, Johann Friedrich Wilhelm, *Die Preussischen Universitäten. Eine Sammlung der Verordnungen.* 1839.

Selle, Götz von, *Geschichte der Albertus-Universität zu Königsberg in Preußen.* 1956.

Oberhausen, Michael und Pozzo, Riccardo (Hrsg.), *Vorlesungsverzeichnisse der Universität Königsberg (1720-1804).* 1996.

さらに、ケーニヒスベルク大学に限らず、通史的なものとして、Paulsen, Friedrich, *Geschichte des gelehrten Unterrichts*, Bd. I (1919), II (1921) を挙げておこう。

また、邦語で読める一八世紀のケーニヒスベルク市史や大学史に関する入手しやすい文献として、エンゲルハルト・ヴァイグル著『啓蒙の都市周辺』三島憲一・宮田敦子訳（岩波書店、一九九七年）一九一〜二四八頁、『カント事典』（弘文堂、一九九八年）に収められた「一八世紀ケーニヒスベルク大学史」（R・ポッツォ／御子柴善之訳）、「一八世紀ケーニヒスベルク大学の講義要項」（R・ポッツォ／御子柴善之訳）などがある。大学史そのものに興味をお持ちの方は、ステファン・ディルセー著『大学史――その起源から現代まで』上、池端次郎訳（東洋館出版社、一九八八年）を参照。ただし、『啓蒙の都市周辺』は大学史の専門家の手になるものではない。

（1）ユルゲン・ハーバーマス著『公共性の構造転換』細谷貞雄・山田正行訳、未来社、一九九四年。iii‐iv頁。Habermas, Jürgen. *Strukturwandel der Öffentlichkeit. Untersuchungen zu einer Kategorie der bürgerlichen Gesellschaft. Mit einem Vorwort zur Neuauflage* 1990, S. 12-13.

（2）これらの時代区分や概念については、以下を参照。別府昭郎「ドイツ大学史における一八世紀の位置」『明治大学教職課程報』所収、一七号、一九九四年。Moraw, Peter, *Aspekte und Dimensionen älterer deutscher Universitätsgeschichte*, in: ACADEMIA GESSENSIS, 1982. Müller, Rainer A., *Vortrag: Die deutsche "Vorklassische" Universität in der Frühmoderne-Von der humanistischen Gelehrtenrepublik zur aufgeklärten Staatsdienerschule*, 1990. 別府昭郎訳『近代初期におけるドイツの「前古典的大学」』明治大学国際交流センター、一九九一年。ただし、本章では"Vorklassische Universität"という言葉を、「古典期以前の大学」という訳語に訂正して使用した。さらに、別府昭郎『ドイツにおける大学教授の誕生』創文社、一九九八年、七九～八〇頁を参照。

（3）Arnoldt, Band D, S. 36-37. また、一八世紀ハイデルベルクにおける私講師と員外教授については、Petra Emundts-Trill, *Die Privatdozenten und Extraordinarien der Universität Heiderberg 1808-1860*, 1997, S. 19-24 を参照。

（4）Muther, Theodor, *Aus dem Universitäts=und Gelehrtenleben*,1866, S. 51.

（5）Arnoldt, Band D, S. 87.

（6）Arnoldt, Band D, S. 35.

（7）Arnoldt, Band C, S. 223, D, S. 38.

（8）Arnoldt, Band D, S. 39.

（9）Arnoldt, Band D, S. 67-68. 以下、各学部の教授、員外教授、私講師についての叙述は、アーノルドの記述をもとに、筆者が補って記入した箇所があることを断っておく。

（10）別府昭郎『ドイツにおける大学教授の誕生』一六四頁。Arnoldt, Band A, S. 337.

（11）『カント全集』第一七巻、理想社、一九七七年、五四、五九、六四、一五一、二〇〇頁をも参照。

（12）Arnoldt, Band D, S. 68.『カント全集』第一七巻、二九～三〇頁をも参照。

（13） Arnoldt, Band D, S. 69-71.
（14） Arnoldt, Band D, S. 73-77.
（15） Arnoldt, Band A, S. 314-393. Beil. 54, *Erneuerte und erweiterte Verordnung*. Band B, S. 346., D, S. 28.
（16） Arnoldt, Band D, S. 82-87.
（17） Arnoldt, Band D, S. 33-34.
（18） 『カント全集』第一八巻、二〇二頁および三〇二頁を参照。
（19） Arnoldt, Band D, S. 87-89.
（20） 『カント全集』第一七巻、三三、一〇四頁などを参照。『カント事典』（弘文堂、一九九八年）の「クルジーウス」の項を参照。
（21） Arnoldt, Band D, S. 88.
（22） Paulsen, Friedrich, *Geschichte des gelehrten Unterrichts*, Bd. II, S. 144.
（23） 『カント全集』第一七巻、五二、五四頁。
（24） Arnoldt, Band D, S. 98.
（25） Arnoldt, Band D, S. 43-44.
（26） Arnoldt, Band D, S. 69.
（27） Arnoldt, Band D, S. 99.
（28） Oberhausen, Michael und Pozzo, Riccardo (Hrsg.) *Vorlesungsverzeichnisse der Universität Königsberg (1720-1804)*, XLIV, XLIV. Brümmer, Manfred, *Staat konta Universität*, 1991. S. 21-25. Bornhak, Conrad, *Geschicte der preussischen Universitäts-verwaltung bis 1810*, 1900, S. 180.
（29） 『カント全集』第一七巻、九一～九二頁。
（30） Kluge, Alexander, *Die Universitäts-Selbstverwaltung*, 1977. S. 227-229.
ヴィーン大学の急進啓蒙主義的大学改革については、別府昭郎「一八世紀絶対主義　体制下の大学危機と改革――マリア・テレジアおよびヨーゼフ二世による急進啓蒙主義的大学改革」『大学史研究』第五号所収（大学史研究会、一九八九年）、八～

一四頁参照。さらに、ヨーゼフ二世期の検閲や印刷物（パンフレット）については、山之内克子「ヨーゼフ二世期のパンフレット」『創文』（四三三号、二〇〇一年七月、創文社）を参照。

(31) ハーバーマス、前掲書、iii～iv頁。Habermas, Jürgen, a. a. O., S. 12–13.

(32) 村上淳一著『ドイツ市民法史』東京大学出版会、一九八五年、一一一～一一六頁。

(33) Bornhak, a. a. O., S. 180.

(34) Paulsen, a. a. O., S. 146. Oberhausen, Michael und Pozzo, Riccardo (Hrsg.), a. a. O., S. XXIX-XXXV. *Methodologischen Anweisungen für die Studirende in allen 4 Facultaeten*, 1770.

(35) Arnoldt, Band D, S. 89.

(36) Arnoldt, Band D, S. 39.

(37) Oberhausen, Michael und Pozzo, Riccardo (Hrsg.) a. a. O., S. XXXVI.

(38) カント著『啓蒙とは何か』篠田英雄訳、岩波文庫、一九七四年、七頁、一〇～一一頁。Kant, Immanuel, *Was ist Aufklärung?*, Philosophische Bibliothek, 1999, S. 20–22.

第Ⅲ部　総括的考察

第一章　ドイツにおける大学統廃合
――ナポレオン戦争期の事例より――

はじめに

本章においては、ドイツの大学が唯一集中的に淘汰された時代であるフランス革命・ナポレオン戦争期を取り扱う。この時期以前に大学の廃止がなかったわけではない。にもかかわらず、この時代をとりあげるのはなぜか。この時代は、いかなる理由で大学は統廃合されるに至るのか、大学が危機に直面したとき、どのようにその危機に対処するのか、大学が統廃合されるとき、具体的にどのような事柄が問題となるのか、といった問題を考えるとき、じつに豊富な材料を提供してくれるからである。

具体的な考察をはじめる前に、①ドイツにはなぜ多くの大学が創設されたのか、②ドイツにおける「大学」概念はどうなっているのか、という二つの問題をあらかじめ述べておかなければならない。

1　ドイツにはなぜ多くの大学が創設されたのか。

われわれが、ドイツにおける大学の創設と廃止の歴史を概観して、まず気づくことは、一三四八年のプラハ

（Prag）大学創設以来、実に多くの大学が創設されている事実である。ドイツにはなぜかくも多数の大学が創設されたのだろうか。

周知のように、ドイツは、大小様々な独立した領邦に分割されており、それぞれが独自の教育・文化政策をとっていた。宗教改革以後、アウグスブルクの宗教和議（一五五五年）により、住民はその領主の信ずる宗派に従わねばならなくなった。このことにより、領主の支配権は教会と強く結びつき、教会は領邦教会となった。それと同時に、大学とも従来以上に強く結び付くことになり、大学は領邦大学となった。教会と大学の領邦化は、じつは、同じ歴史過程の異なった発現形態にほかならなかった。かくして、大学創設者の大学への介入は一段と強まり、大学は、領主の支配の道具（instrumentum dominatiois）となってしまったのである。

こうした歴史的状況の下で、これまで大学を持っていなかった比較的小さな領邦も、きそって大学を創設する事態となった。三〇年戦争の期間中も大学が作られ続けたのは、「他の領邦の大学に学んだ者は、官吏として採用しない」という原則が確立されたからである。その結果、実際に必要であった以上に多くの大学が創設され、「大学の過剰供給」とよばれる現象が出現した。フランス革命当時、ドイツには——オーストリアも含めて——四二の大学があった。これは、イギリス七、フランス二〇と比較しても多すぎると言わざるをえない。

2　ドイツにおける「大学」概念はどうか

ドイツで「大学」（Universität）と言えば歴史的には、伝統的な総合大学のことのみをさす。すなわち、神学・法学・医学・哲学の四学部から成る大学である。工業大学（Techinische Hochschule）や教育大学（Pädadagogische Hochschule）は、伝統的には大学の範疇にはいらない。したがって、本書では考察の対象外となる。

ドイツでは「総合大学」もその他の大学も、領邦（領邦が国家であった）立であったし、現代でも、二・三の例外を除けば、そうである。したがって、大学は、一方では「国家の機関」としての性格を持ちながら、他方では、伝統的「自治団体」であるという特殊性が、ドイツの大学を根本から規定していることを忘れてなるまい。

以上の予備的考察によって、大学淘汰問題を展開する前提条件ができた。以下、第一節において、大学が多数統廃合される約三〇年以前に「沈滞しきった大学は廃止されるべきか」「大学を廃止するとき、どのような問題を考えなければならないか」を考察したミヒャエリスの大学論を検討し、第二節では、ナポレオン戦争期における大学統廃合の典型的な事例を具体的に観察し、第三節では、大学の沈滞・統廃合の原因を追求してみたい。

第一節　ミヒャエリスの大学論

ナポレオン戦争期に多くの大学が廃止や統合される以前に、沈滞した大学を廃止すべきか否か、大学を廃止したり、解体したりするときに、どのような問題が発生するのか、いかなる問題を考えなければならないのかを、すでに考えていた大学研究者がいた。J・D・ミヒャエリス（一七一七〜一七九一、プロテスタント神学者、ゲッティンゲン大学教授）である。かれは、一七六八年に出版した著書『ドイツにおけるプロテスタント大学についての理性的論断』において、上記の問題についての考察を展開している[1]。ドイツにおける大学研究がいかに歴史的蓄積を持っているかを物語っている。ミヒャエリスの考察を追ってみることは、大学の統廃合問題を考えようとするわれわれにとって、十分意義あることと言わなければならない。

ミヒャエリス
（ドイツのヴィキペディアより）

Raiſonnement
über die
proteſtantiſchen
Univerſitäten
in
Deutſchland.

Erſter Theil.

Frankfurt und Leipzig
1768.

ミヒャエリスの著作の第Ⅰ巻
（復刻版筆者蔵）

1　沈滞した大学は淘汰されるべきか

ミヒャエリスは、「沈滞した大学は廃止されるべきか」という問題を設定し、次のように論じている。要約しつつ、紹介しよう。

彼は「人間が作った施設は、常に完全な状態にあるとは限らない」という一般論を述べたうえで、「大学はとくに没落していく傾向を持っている」と言う。「沈滞しきった大学を、改革によって蘇生させようとしても無駄なことなのであって、「むしろ、新しい大学を創設する方が容易であり、可能である」と、大学の組織改造よりも、新設を推奨する。ミヒャエリスは「悪い大学」や「質の良くない教師」の端的な定義をしていないが、「悪い大学は、一・二の例外を除けば、一部は質の良くない教師によって、一部は凡庸な教師によって、占められている。そのような悪い大学は、ただ単に役に立たないだけでなく、有害な人物を大学教師の職につけていて、十分に訓練をつんだ教師を引きつける魅力がない」と断定的に言っている。

したがって、「すぐれた学者たちを、ひとたび沈滞した大学に無理矢理任命することは、非常にむつかしい。すぐれた学者が悪い大学に来れば、彼らは収入を失ってしまう。というのは、沈滞した大学には少しの学生しかいないからである。また悪い大学であればあるほど、給与の支払いが不規則になるのが常であるからである。その上、彼らは名誉をも失ってしまう」ことになるからである。

このように、ひとたび沈滞し、活力を失い、歯車の狂った大学を、活力のある大学にすることは不可能に近いというのが、ミヒャエリスの判断にほかならなかった。このような考察を展開した上で、ミヒャエリスは、「沈滞しきった大学は廃止する方が得策である」と結論づける。「科学（学問）にとって有害なものを、費用をかけて維持すべき理由がどこにあるのか」というのがその主要な論拠である。そうすると、事の順序として、廃止するさいに発生する様々な問題についての考察がなされなければならない。ミヒャエリスは、大学を廃止するばあいに生じる主要問題には、次の三つがあると言う。

① 解体される大学に在職している教授を、いかに処遇するか。

② 廃止される大学のために計上されている資金をどのように使用するか。

③ これまで大学のあった都市がこうむる損害をいかに補償するか。

① 教授の処遇について

彼によれば、活力を失った大学に在職している教授は、大学が廃止されるさいに、損害を被らないように配慮されなければならない。教授が損害をこうむらないように配慮することは、領主の公正さと賢明さを示す原理なのである。無慈悲な処遇をすることは、人事政策全体にとって、信頼の失墜を意味するからである。「おそらく二・三年のうちには、二分の一あるいは三分の一の教授たちがどこかに職を見つけるであろう」と、彼は楽観的に述べている。

もちろん、「ほかの大学に職をみつけることができず、神学教授が教区監督官の職につくというように、他の適当な官職の職務を執行できない教師は、非常に困難な状況に追いこまれることになる」のは、当然である。しかも、現実に大学には、「説教のできない神学者、司法団の役に立たない法学者がいる」のも事実である。領主は、「医学部に、彼の生命を危険にさらすことなしには、医学部を待医にすることはできない」という実態があるのも否定できない。

とすれば、このような無能な教師たちを、どのように処遇すればよいのか。ミヒャエリスは、「該当者を身分上の地位と俸給をそのまま維持することを条件に、退職させる以外に方法はない」と提言している。

このように大学教師の学問的力量と再就職を論ずるミヒャエリスの筆致は、彼自身が大学教授であったにもかかわらず、いや彼自身が大学教授であったからこそ、かなりアイロニーに満ちている。同業者として、大学教授の実態を知悉していたからであろう。

② 資金の処理について

ミヒャエリスは、大学のために計上されていた資金をどう使ったら良いかという問題について、学校、実科学校、商業学校、ギムナジウムといった大学の予備教育機関のために使うことを提案している。とりわけ、質の良いラテン語学校は資金をつぎ込むに値すると推奨している。しかし、このような学校で、退職した大学教授を教師としてやとってはならないとも忠告している。なぜか。彼らは、大学の講義に余りにもなれきってしまっているので、学校の授業には全く役に立たないからである。その上、悪い大学は、そこの教師のすべてを冒す病気に感染しているので、こうした大学教師の残りかすを教師としてやとった学校やギムナジウムは腐敗してしまうからである。

沈滞した大学を廃止することによって、作りだされた資金は、このように学校の新設や充実に使うほか、領民の子弟の奨学金（stipendia）として使うことも、ミヒャエリスは推奨している。

結論的に言えば、廃止される大学のために計上されていた資金は、大学以外の学校や学問的団体、領民の子弟のための奨学金というように、教育にかかわる事業で有効に使うのがよい、というのが彼の提案である。このような目的に使うほうが、腐敗した大学の維持のために使うよりもはるかに効果があるという独自の判断がミヒャエリスにはある。

③　都市への補償について

繁栄している大学が廃止されたり、他の町に移転するばあいには、大学があった都市が被る損害は非常に大きい。というのは、学生からの家賃収入を期待して投資した市民は損害を受けることになるからである。しかし、没落し、沈滞しきった大学が消滅したとしても、市民が失うものはたいして多くはない。そういう大学には、著名な教授もいないし、学生も多く集まってきていないからである。このような大学のかわりに、先に述べた学校を開設した方が、都市に補償することができる。そして、最終的には、新しい産業を起こすようにしなければならない。これが、都市への補償の方法である。

ここに紹介したミヒャエリスの「沈滞した大学は廃止さるべきか」という議論、大学を廃止するさいに問題になる教授の処遇、資金の運用、都市への補償といった主要事項は、ナポレオン戦争期の大学の統廃合問題を考察するさいに、問題を分析する視点を、われわれに提供してくれる。そして、必要な変更を加えれば、現代日本にも妥当しよう。

第二節　ナポレオン戦争時代の大学の移転と統廃合

1　時代背景

一七八九年にフランス革命が勃発して以降の時期は、大小の分裂した領邦国家体制という現実と統一国家の実現という理念に悩んでいたドイツにとっても、歴史上まれにみる激動の時代となった。プロイセン、オーストリア、ザクセン、バイエルンをはじめとするドイツ諸邦はナポレオンの率いるフランス革命政府軍との戦争、同盟や対応に忙殺された。

フランス革命軍の外圧の下に、帝国の代表者たちは、一八〇三年にレーゲンスブルクに集まり、「帝国代表者主要決議」(Reichsdeputatonshauptschluss) を決定した。これはドイツの領邦国家の再編成をもたらしたという政治的意味においても、財政的見地から見ても、重要な意味を持ったものであった。通常「世俗化」(Sekularisation) と呼ばれるこの歴史的事件は、次の主要な内容を含んでいた。(2)

① 聖界諸侯（司教、修道院長その他の教会権力者）を世俗的な支配機構から排除して、支配の世俗化をはかったこと。

② 聖界諸侯の領土を接収し、また、修道院を閉鎖し、資源の世俗化をはかったこと。

③ かつて、神聖ローマ帝国の直轄支配にあった都市や帝国諸身分を、新しい領邦国家の支配下においたこと（陪臣化）。「帝国代表者主要決議」によって、プロイセン、バイエルン、ヴュルテンブルク、バーデン、ヘッセンなどの大きな領邦は、多くの比較的小さな諸侯領や伯爵領や帝国都市を獲得した。再編成された

小さな領邦の大学は、領主（大学所有者）が変ることによって、存立の基盤をおびやかされる事態に直面したのである。いくつかの領邦は、一八〇一年のリネヴィル条約でフランスにライン左岸を割譲した以上のものを、世俗化によって獲得したと言われている。事実、世俗化によって生じた巨額の資金や土地は、新しく編成された領邦国家の財政再建の財源となったのである。

一八〇六年には、ハプスブルク家皇帝による「神聖ローマ帝国帝冠」の放棄、プロイセンを除くドイツ諸邦とナポレオンとの「ライン同盟」の結成のあと、バイエルン邦の王国への昇格といったドイツ史を画する重要な出来事が、集中的に起きている。

フランス革命の勃発からヴィーン会議（一八一五）に至るまでの時期は、ドイツの諸領邦のみならず、ヨーロッパの諸国は、大きな思想上・国制上の変化を経験した。政治史上の変化は、啓蒙主義的絶対王政から立憲君主的国家体制へと特徴づけられる。思想的には、合理主義的・機械論的世界像から新人文主義や理想主義哲学そしてロマン主義へと大きく思潮が流れていく時代であった。大学の廃止や統合は、このようにドイツが大きく変る激動期の出来事であったことをとくに留意しておく必要がある。

２　危機に対する対応の型

外国の軍隊が侵入してくる、戦争に敗ける、領土が再編成ないし統合されるというような政治的危機を迎えたばあい、大学を有する領邦は、大学をどのように取り扱ったのか。次の五つのパターンに分類することができよう。①大学の組織や教科内容を改革しつつ、存続させる。激動期を生き抜いたほとんどの大学はこの類型にはいると言ってよい。②移転することによって、存続させる。ドイツの大学史上、移転によってサバイバルした大学はただ一つミュンヘン大学あるのみである。③沈滞し、活力を失ってしまった大学を、繁栄している有力な大学に統合する。このパターンとしては、一八一七年ヴィッテンベルクがハレに、一八一〇年フランクフルト・アン・デア・オーデルがブレスラウに統合されている例を挙げることができる。④大学を廃止してしまう。一七八九年から一八一五年の間に、実に多くのドイツ大学が淘汰・廃止された。廃止された大学を、創設年の古いものから順に列挙していくと、ケルン、エルフルト、トリアー、マインツ、ディリンゲン、ヘルムシュテット、オルミュツ、ヘルボルン、パーデルボルン、リンテルン、アルトドルフ、バンベルク、デュイスブルク、フルダ、ビュツロフ、シュツットガルト、ボン、アンシャヘッンブルクの一八の大学にのぼる。廃止された大学について共通の特徴は、大部分の大学が、領邦宗派主義時代に創設されたものであり、比較的小規模の大学であるということである。以上四つの対応のほかに、大学を新設・再建する型を挙げることができよう。たとえば、ナポレオンとの戦争に敗れたプロイセン王フリードリヒ・ヴィルヘルム三世は、「国家は物質的に失ったものを、精神力によって、補完しなければならない」というモットーの下に、新人文主義的学問理念に基づくベルリン大学を開設した。さらに、ボン大学を総合大学として再建し、ブレスラウを改組した。いわゆるプロイセン三B大学の新設・再建・改組である。この時代のプロイセンは、大学の新設、再建、統合、廃止を一度にやってのけたのであった。

本章に課された課題から言えば改革しつつサバイバルしてきた大学、新設や再建された大学よりも、むしろ移転・存続、統合、廃止の実例を具体的に検討しなければならない。

3　移転して存続した大学

①　移転までの改革努力

ドイツの大学史を紐解くとき、統合や廃止はまれではない。しかし、一つの大学が移転することによって存続（サバイバル）してた実例は、ただミュンヘン大学のみである。したがって、この大学は大学の統廃合やサバイバルというアスペクトからみたばあい、ドイツ大学史上、特異な地位を占めていると言えよう。ミュンヘン大学の前身は、一四七二年にインゴルシュタットに創設された。宗教改革期には、ルターの論敵ヨハン・エックが神学部教授の職にあった。

一八〇〇年にランズフートに移転する。移転に至るまで、改革努力がなされなかったわけではない。むしろ活発に行われたといってよい。インゴルシュタット大学はジェスイット会の拠点の一つであった。したがって、一七七三年のジェスイット会廃止令以後の改革努力は、とくに活発であった。一七七四年には、教授ヨハン・アダム・イックシュタット（一七〇二〜一七七六）によって改革努力がなされている(3)。

一七八四年には財政基盤の強化と教授科目を大はばにふやす改訂が行われた。さらに移転前年の一七九九年には、再び教授科目の大はばな改訂を行うとともに、私講師制の導入、教授は国家官吏であること、各教授は一日に二時間講義しなければならないことなどが明確に定められた。

②　移転理由

このような改革努力にもかかわらず、一八〇〇年には、大学をランズフートに移さざるを得なかった。その理由は何か。

領主マックス・ヨーゼフと大臣モンテゲラスは、大学を根本的に改革するには、大学の所在地を変更する以外にないと考えていた。その結果として、ランズフートへの移転が浮かび上がってきた。一七九九年、大学評議会の大多数は移転に反対であった。にもかかわらず、四人の教授は、ランズフート移転案を支持した。

この案に対して、インゴルシュタット市長は、大学の移転によって、市は年間二〇〇、〇〇〇フロリンの貨幣流通の損失をこうむり、軍隊の増員によっても、それを補うことはできないであろうという旨の陳情書を領主に送った。他方、領邦政府の役人であった、フォン・ツェントナーは、大学所在地として、インゴルシュタットは、すべての点において不適当であるとバイエルン領主に報告している。その理由として、町が小さすぎること、不健康な状態（これについての説明はない）、町の軍事要塞的性格、マルス（軍神）とミネルヴァ（学芸の女神）との争い（軍人と学生や教師たちとの闘争があること）、生活物資の高騰、教養ある市民層の不足があげられている。要するに、あらゆる点において、インゴルシュタットは大学所在地としては不適当であると主張している。これとは全く反対に、ランズフートは多くの利点を持っているというのである。

ツェントナーが挙げた理由のほかに、インゴルシュタットはジェスイット会の精神的雰囲気が強く、当時の時代思潮である啓蒙主義が常に圧迫されていたことも思想的理由として、指摘されよう。インゴルシュタットが大学所在地として不適当な理由は、町の小規模さ、不健康な状態、町の軍事要塞的性格、軍人と大学人の争い、生活物資の高騰、教養市民層の不足、ジェスイット会の雰囲気というように、七点に要約できる。これらの点を検討して気づかされることは、大学立地に関わるほとんどすべての条件が含まれていることである。町が小さいことは、大学の組織的拡充にも、学生を多く受け入れるにも不都合である。軍事基地は戦争があれば攻撃される。戦争がなくとも、軍人と大学人との争いは、町を不穏にする。生活物資が高いことは、生活する上で困る。教養階層が少ないことは、大学を精神的・知的に支える人々が少ないことを意味する。大学を新しい時代思潮で満たすことは、伝統的な旧来の精神的雰囲気の強い所では不可能に近い。

一七九九年一一月二五日、バイエルンの領主は、ついに大学をランズフートへ移すことに同意した。この決定は、当初秘密にされていたが、露見してしまった。反対者たちは、大学の移転費用が二四〇、〇〇〇フロリンになると予想されること、さらにアイッヒシテット大聖堂の聖職禄を失うこと、インゴルシュタット市民は三〇〇、〇〇〇フロリン（先述の市長の反対理由では二〇〇、〇〇〇となっている）の損害をこうむることなどを理由として反対した。

一八〇〇年五月、戦火がインゴルシュタットに迫ったとき、ランズフートに大学を移すプランが実行されることになった。このランズフートへの移転は、暫定的な措置であり、いずれ、バイエルンの首都ミュンヘンに移ることを前提としていた(4)。

インゴルシュタット大学のばあいは、ミヒャエリスのいう沈滞しきった大学ではなかったので、反対理由にあったように、移転によってインゴルシュタット市が被った経済的損失は、大きかったと言えよう。

③　ランズフートにおける改革

ランズフートに移って二年目に、暫定的とされていた移転を正式なものにする領主の最終決定がなされ、大学の正式名称も「ルードヴィッヒ・マクシミリアン大学」とすることが決まった(5)。

一八〇四年には、大はばな組織改革を行った。同様の改革は、ハイデルベルク、ヴュルツブルクでも行われている。この画期的な組織改革は、第Ⅱ部第五章で表示しておいたので、そちらをご覧いただきたい。

この組織改革は、ギルド的制度のなかで硬直した学問や大学組織を、啓蒙主義の精神に立脚して、変革しようとするもので、その推進者は、宰相グラーフ・モンテゲラスであった。その特徴は、フランスの専門学校型の組織形態をモデルとしたものであった。この組織改革において、最も特徴的なことは、「学部」（Fakultät）という伝統的な概念が廃止されていることにほかならない。伝統的な「学部」は、フランス革命の精神に合致せず、封建的な等族制の遺物として、廃止されたのである。学部に代って、「一般的学問」と「専門的学問」の二つの学科が置かれてた。「一般的学問の学科」は、従来の哲学部が包括してきた学問領域から成り立っている。「専門的学問の学科」は、伝統的な神学・法学・医学の各学部と官房学的な性格の強い国家経済学の四学科から構成されている。

二つの課程および八つの学科（Section）をつらぬく根本的な原則は、「国家の順要に応ずる全教科の整備」であった。

同じ時期にプロイセンでも、文部大臣ユリウス・フォン・マッゾーは、伝統的大学を解体し、それを法律家や医者といった専門的な職業人を養成するための専門学校へと改称する計画を持っていた。しかし、実現はしなかった。

④　ミュンヘンへの移転

一八二六年、大学はバイエルンの領主居住都市であるミュンヘンに移された。移転にさいして、特に注目しておかなければならないことは、モンテゲラスによって導入された「学科」（Section）が廃止されて、「学部」制が復活していることである。いわゆる「伝統への回帰」と特徴づけてもよいであろう。しかし、「学部」組織が復活したと言っても、伝統的な四学部制にもどったのではなく、専門的学問の課程の一つであった「国家経済学科」が学部として改組され、五学部制となっている。[6] 四学部制はここに崩壊したのである。

このように、移転することによってサバイバルしてきた大学の例を見てくると、移転の直後に必ず組織構造上の改革を行っていることが明らかとなってくる。逆に言えば、移転しなければ、改革が不可能であったり、できたとしても障害が多く、成果があがらなかった。したがって、改革するために移転した歴史的実例として、ミュンヘン大学を挙げてよいであろう。

考えてみると、オーストリアのヴィーンやバーデンのハイデルベルクなどいくつかの有力な領邦を除いて一九世紀の初頭まで、バイエルン、プロイセン、ザクセンといった有力領邦の首都（Residenzstadt）には大学がなかった。なぜか。その理由の一つとして、領主が、首都に革命や紛争の火種となる学生が集まってくるのを恐れていたことが挙げられる(7)。為政者のこの不安は、大学都市が歴史上経験した騒擾を考えれば、十分に納得できよう。

しかし、首都に大学を開設したバイエルンのミュンヘン大学やプロイセンのベルリン大学の実例を見てみると、大学周辺に、アカデミー、図書館、博物館や美術館、劇場といった学術機関があり、一種の「カルチェ・ラタン」が形成されている。大学で満たされない知的・芸術的欲求は、近くにある他の機関が満たしてくれる仕組になっている。このようにして、ミュンヘン、ベルリンの両大学は、一九世紀のドイツにおいて、最も学生を集めうる大学となったのであった。

⑤　登録学生数の変化

では、インゴルシュタットの登録学生数はどのように変化してきたのか、移転することによって、増加したか否かを一瞥しておこう(8)。周知のように、ドイツの大学には入試はなかったし、今もない。大学入学資格を有する学生は、自分の学びたい大学に行って、一定の登録料を支払い、名簿に名前を書きさえすれば良い（イマクラツィオン）。したがって、学生数の多寡は、その大学の繁栄や人気を端的に示す指標の一つと考えてよい。

一七四六年から一七七三年に至る新規の登録学生数の平均は、一四八人、最低は一七七一年の一〇五人、最高は一七五五年と六五年の一八〇人であった。一七七三年から一八〇〇年に至るまでの平均は一二五人であり、一七四六年から一七七三年までの時期よりも約一五パーセント少なくなっている。しかし、移転の前年の一七九九年だけは二四〇人にふえている。改革された大学に対する期待がいかに大きかったかがわかる。

ランズフート時代の新規登録学生数は、平均二二〇人、最高は一八一〇年の三六九人、最低は一八一四年の六八人であった。登録学生数は、移転する前に比較して、確実にふえている。

ミュンヘンに移ってからの学生数の増加はめざましい。一八二六年から一八四〇年までの全学生数の年間平均は一五六六人となっている。このように、学生数からみても、領主の居住都市ミュンヘンに大学を移したことは成功であったことが納得できよう。

4　ヴィッテンベルク大学のハレ大学への統合

一五〇二年ザクセン賢明侯フリードリヒによって創設されたヴィッテンベルク大学は、宗教改革者のマルティン・ルターや「ドイツ国民の教師」(Praeceptor Germaniae) と尊称されたフィリップ・メランヒトンが教授として活動したことにより、領邦宗派主義時代の模範的大学、とりわけプロテスタント領内の大学のモデルとなった。しかし、この栄えある大学も、沈滞と隆盛とをくりかえし、一九世紀の初頭には、非常に少数の学生しか在学していないほどに没落してしまっていた(9)。ついに、一八一七年にはハレ大学(一六九四年創設)に統合されてしまったのである。以下、ヴィッテンベルグを一つの事例として、統合に至る経緯および大学が統合されるばあいに問題になる事項を考察してみよう。

（1）経緯

一八一三年五月五日に、ザクセン王フリードリッヒ・アウグスト一世は、教師と学生を一時的にライプツィヒもしくは他の都市に移ることを大学に要請した。また、皇帝ナポレオンは、「大学はもはやこれ以上この町に留まることはできない」と大学の代表に明言している。

これに対する大学側の回答は一八一三年七月一三日に出されている。それによれば、ヴィッテンベルク大学は、教授の大多数は、ザクセン領内の適当な都市に移転したいという希望を持っていることを、ザクセンに表明している。具体的に挙げられている都市は、ドレスデン（ザクセン領主の居住都市）、マイセン、フライブルクである。これらの都市への移転が不可能であれば、ライプツィヒとの統合を提案している。[10]

大学から国王にあてた文書を見てみると、検討されている事柄は、ヴィッテンベルクの占める軍事上の位置と、政治的、地理的、国民経済的観点からみたライプツィヒの位置である。さらに、どの都市に移転したばあいでも、大学の独立性を保持するという条件を付けた上で、移転希望地であるドレスデン、マイセン、フライブルクのそれぞれについて、大学独自の分析を展開している。

大学は大学なりの見解と判断をもって、国王に、上記の申し入れをしたのであった。しかし、ヴィッテンベルク大学のライプツィヒへの統合も他の都市への移転も、実際には行われなかった。ドイツ解放戦争の最中だったからである。解放戦争後のヴィーン会議において、ナポレオンと同盟を結んでいたザクセンは、プロイセンに、領土の割譲を余儀なくされ、ヴィッテンベルクを含む地域はプロイセン領となった。このことが事態を変えることになった。同年、大学は代表をベルリンに送り、ザクセン内の適当な都市に移転させて、大学を存続させるか、もしそれが不可能であれば、ハレ大学と統合されることを希望する旨を申し入れた。[11] 大学の基本的な意図は、領主が代っても、変っていない。統合相手が、ライプツィヒからハレに変っただけである。こうしてヴィッテンベルク大学は一八一七年にハレ大学に統合されることになった。

(2) ヴィッテンベルク大学のハレ大学への統合

両大学を統合するばあいに、どのような事項が問題となったのか。一八一七年四月一二日の「ヴィッテンベルク大学をハレ大学に統合するための規定」が、この疑問に答えてくれる。これを要約して、紹介しよう[12]。

① ハレおよびヴィッテンベルク両大学は、教師および学術的施設を考慮に入れて、「ハレ・ヴィッテンベルク統合大学」という名称の下に、一つの全体として結合される〔統合して成立した大学の名称をどうするか〕(〔 〕は著者の説明。以下同じ)。

② ヴィッテンベルクからハレに移ったすべての正教授は、すでにハレに任命されている正教授とともに「大学団」(Corpus academicum)あるいは大学評議会を構成する〔転任してきた教授たちの大学団のなかで占める地位をどうするか〕。

③ 各学部において、彼らは、ハレ大学の教授たちとともに、ヴィッテンベルクで正教授として任命された日付にしたがって、配列される〔転任してきた教授の序列をどうするか〕。

④ 正教授の権利と義務に関して、そしてまた、学長への被選挙権、学部長職への就任、学部の仕事およびとくにそれらの仕事と結びついている収入に関して言えば、以前からハレに任命されている正教授とヴィッテンベルクから転任してきた正教授とは何らの相違もない〔転任してきた教授と、すでに在職していた教授の権利の取り扱い〕。

⑤ 統合された大学は、教師諸個人、学術的施設、大学基金の運用、学生への援助および大学の規律という

点については、すべて内務省第二局の下に置かれる。内務省は、地方の業務を執行するために、ハレに特別委員を任命する〔大学を管轄する官庁〕。

第六節以下は、図書館やヴィッテンベルク大学の財産、ヴィッテンベルクに置かれる牧師ゼミナールやリセウム、基金のとりあつかいなどが定められている。この文書において、全く言及されていないことは、学生と事務職員に関することである。

この「規定」では、先に検討したミヒャエリスによる考察よりも一層具体的に、大学を統合するさいに発生する問題があらわれていると言ってよい。すなわち、①大学の名称をどうするか、②統合された大学の収入や基金、財産をいかに処理し、運用するか、③統合した大学を、どの官庁のどの部局の下に置くか。④転任してきた教授の権利や義務、地位をどうするか。⑤大学がなくなったあとの教育機関をどうするか。⑥都市が具体的にこうむる行政的、財政的損失を、どう補償するか、⑦図書館やその蔵書をどうするか。といった諸問題である。これらの諸問題は、大学が統合されようと廃止されようと、これまであった大学が消滅するときには、必ず共通に発生する問題であると言えよう。

(3)　統合の理由

ではなぜ、統合されねばならなかったのか。①学生数が、最後の一〇年間は非常に少なくなっていた。前にも述べたように、ドイツの大学には現在ではヌメルス・クルスス（Numerus clausus）という大学入学者制限が、とくに自然科学系で採用されている。しかし、ドイツでは伝統的に学生定員という考え方はなく、学生たちは、自分の判断で、自由に大学を選ぶことができた。また、転学も自由にできた。すなわち、学習の自由が保証されていたのである。したがって、前述のように、学生数の減少は、大学の魅力と栄枯盛衰を示すバロメーターと言ってよい。長期間にわたって、学生数が少なかったことは、ヴィテンベルグ大学がすでに活力を失い、学生にとって魅力のない存在になっていたことを物語っている。②ザクセン領時代にも、大学の移転案と統合案があった。プロイセンの大学になっても、移転あるいは統合を望む大学の基本的雰囲気は変らなかった。ただ統合先がライプツィヒからハレに変っただけのことである。③プロイセン領になったことが、統合の実施を速めるとともに、統合先をかえた。当時、プロイセンは、新進気鋭のベルリン大学、ハレ大学、フランクフルト・アン・デァ・オーデル大学を統合したブレスラウ大学といった有力大学をはじめとして、五つの大学を持っており、これ以上の大学を必要としていなかった。事実、新たにプロイセンの大学となったデュイスブルクとエルフルトの両大学は、廃止されている。④ヴィッテンベルクが軍事的に見て、重要な位置を占めていたことも、大学の存続には不都合であった。軍事的に占めている位置が大学に不利益をもたらしたのは、先にみたインゴルシュタットも同じであった。ヴィッテンベルク大学は、ザクセン領主フリードリヒ・アウグスト三世への請願書において、ヴィッテンベルクの軍事上の性格について、長々と検討を加えている。

以上、学生数の減少、移転もしくは統合を望む大学教師の精神的雰囲気、プロイセン領となった政治的背景、ヴィッテンベルクの持っている軍事的性格といった要因が相互に作用し合って、ヴィッテンベルクはハレに統合されたのであった。

5　廃止された大学

廃止された大学の実例として、リンテルンのばあいを検討してみよう。

（1）　地理的位置

リンテルン大学は、シュアムブルグ伯爵領に属していた。このような小さな領邦にとって、大学は、財政的に荷の重い施設であったことは間違いない。しかし、一七世紀初頭のこの大学を取りまく地理的状況は、必ずしも不利だった訳ではない。というのは、近くに大学がなかったからである。

（2）　教師数

一八〇三年の時点で、この大学の教師数と、他の大学のそれとを比較してみよう。ハレ四三人、ゲッティンゲン四〇人、マールブルク二九人、ヘルムシュテット二〇人そしてリンテルン一二人である。このことからも明らかなように、リンテルンは一八〇九年に閉鎖されたヘルムシュテットよりも小さい、最小規模の大学であった(13)。

（3）　廃止に至る過程

一八世紀の終りには領邦にとって、この大学は重荷になってきた。それは、一八〇一年に、「リンテルン大学をマールブルクに移すことの国家的必要についてのC・ヴィーダーホルトの意見書」が出されていることからも明らかである(14)。

一八〇六年ナポレオンの弟ジェロームがヴェストファーレン王となった。当時ヴェストファーレンは前述の五大学を持っていたが、財源は五つの大学を維持しうるほど豊かではなかった。ついにジェロームは一八〇九年一二月一〇日、ヘルムシュテットおよびリンテルンの両大学をゲッティンゲン、ハレおよびマールブルクに統合する旨のデクレを発布した。リンテルン市と大学は存続努力を熱心に行ったが、ついに一八一〇年三月、冬学期の終了をまって、大学は閉鎖された。リンテルン市には、大学に代る施設として、ギムナジウムが一八一七年に開設された。

（4） 教師たちはどうなったのであろうか

一二人の教師のうち、九人は新しいポストを手に入れることはできないという散々たる有様であった。二、三年のうちに、全教師の二分の一あるいは三分の一は、再就職できるであろうというミヒャエリスの予測は、この大学については、全くあたらなかった。

6 消滅した大学の特徴

リンテルンをはじめとして淘汰された大学には、いくつか共通の特徴がみられる。

① ケルン、エルフルト、トリアー、マインツという中世に創設された大学を除けば、廃止された大学の大部分は、領邦宗派主義時代に創設されたものが多い。言い換えれば、「大学の供給過剰」現象を作り出した大学であった。このことは象徴的である。

② リンテルンやヘルムシュテットにみられるように、比較的小規模で、教師数も学生数も少ない大学が、大部分であった。

③ そのことと密接に関連しているが、比較的小さな領邦の大学か、再編成されて大きな領邦に統合された領邦の大学である。このことは、一般的に言えば、大学の財政的基盤の弱さと関係している。したがって、領邦が政治的・財政的危機に直面すると、直ちに大学に反映してくることの証左である。

④ 比較的大きな領邦でも、戦争に敗れ、他国に占領されて、大学の所有者（領主）が変ると、デュイスブルクやエルフルトのように、廃止される傾向が強くなる。したがって、領主の変更は、大学が淘汰されやすい危機的状況を作り出すと言えよう。

第三節　大学沈滞の原因と存続策

1　沈滞の原因

フランス革命の勃発からヴィーン会議に至る約二五年間に、かくも多くの大学が、移転・統合・廃止された原因は何か。ナポレオン戦争期の混乱と危機が、唯一の原因ではなく、フランス革命以前の時期から、ドイツの諸大学は、構造的な弱さを持っていたのではないか、という疑問をぬぐいきれない。一八世紀には、ライプツィヒのように多くの学生を集めうる大学は少なかった。多部分の大学は、学生を集める魅力をもたず、全体的に沈滞していた。このように繁栄している大学と沈滞している大学との著しい対照は、大学に対するきびしい批判を呼び起こさずにはいなかった。先に紹介したミヒャエリスの議論もその一つと言ってよい。

現代ドイツの先行研究を参考にして、筆者なりに整理すれば、一七・一八世紀に、多くの大学が衰微した理由として、次の五つが挙げられる[15]。

①　大学の財政的基盤が脆弱であったこと
②　大学の数が多すぎたこと（大学の供給過剰）
③　大学引きしめ政策（領邦による大学入学制限政策）がとられていたこと
④　大学を改革する可能性がなかったこと
⑤　伝統的な大学教育や学問に対する批判があったこと

①大学の財政的基盤が弱かったことは、すでに述べたようにとりわけ、小さな領邦について言える。したがっ

て、廃止された大学は小規模領邦のそれか、より大きな領邦に編入された領邦のものが多い。②大学の供給過剰と呼ばれる現象を作りだしたのは、言うまでもなく、領邦主義と宗派主義にほかならなかった。領邦・宗派主義は小さな領邦でさえも、大学創設へとかりたてた。その結果、一七九〇年の時点で四二の大学を数えるまでになったのである。

③第三の領邦による大学入学者制限は、下層階級の子弟が大学に進学することを抑え込む政策に対応していた。彼らは、農業、手工業や軍隊への人的供給源であったからである。特権階級の子弟は、誰でも大学で学べたが、下層階級の子弟の大学入学は制限されていた。

④多くの大学は、改革の可能性がなかった。このことは、ついに、ハレ・ゲッティンゲンおよびエルランゲンといったこの時代の新設大学を産み出す契機となった。両大学は、新しい学問理念で満たされており、他の大学のモデルとなる力があった。この事実は、ミヒャエリスの主張にもあったように、大学を改組・改革するよりも、新しい大学を作った方が成功することを歴史的に証明している。

⑤大学学問や教育に対して、実際の職業実践に役立つ知識を求める実学主義の立場から、批判が強くなされた(16)。シェルスキーは「およそ大学史上、一八世紀ほど、制度としての大学を解体してしまう要因と危険の大きかった時代は他のどこにも見出せない」とかいている(17)。ランズフート、ヴュルツブルグ、ハイデルベルグの各大学が、「学部」(Fakultät)を廃止して、「学科」(Section)を置く改革を断行したのも、この批判に対する制度的対応であったと言えよう。

このように、一八世紀のドイツの大学が沈滞していた原因を見てくると、ナポレオン戦争期の混乱だけが直接の原因となって、大学の統廃合が行われたと考えるのは正しくないであろう。上記のように、戦争以外にも大学が廃止・統合される必要条件は出そろっていたのである。これに、一つのインパクトを与えればよかった。そのインパクトが、神聖ローマ帝国の滅亡（一八〇六）、世俗化、領邦国家の再編成、ライン同盟結成、ナポレオンの敗北といったナポレオン戦争期の出来事にほかならなかった。

大学の内部的脆弱性を規定したいくつかの要因をあげたが、こうした諸要因を規定した根本原因は、何といっても、大学は、領邦政府の「支配の道具」であったことに求めなければならない。財政的基盤の脆弱さも、大学設立領邦の経済力に起因していた。多くの大学が創設されたことも、大学入学制限策をとったことも、各領邦の政策であった。したがって、大学が改革可能性を持たなかったことを、すべて、大学の責任にしては事実に反するであろう。大学が領邦政府の「支配の道具」であり、その強力な指導力の下に置かれていたことは、プロイセンのユリウス・ウォン・マッゾーやウィルヘルム・フォン・フンボルト、バイエルンのグラーフ・モンテゲラスといった開明的大臣や官僚によって、大学の改革や新設が強力におし進められたことからも明らかである。この時代の大学は、「私的自治団体」としての性格よりも「国家の機関」としての刻印を、すでに強く押されていた。

2　存続のための方策

では、ドイツの大学の歴史を通観してみるとき、どのような存続（サバイバル）の手だてが講じられてきたのか。

① ルネサンス・宗教改革期や啓蒙主義時代、ナポレオン戦争期といったように、大きく時代思潮や学問思想が変化する転換期には、時代の要請に対応する科目や講座を導入する。

② 大学の組織構造の改革を断行する。具体的には、学部の新設、教師の地位構成の改革、学部教授会や大

学評議会の構成員の改革などである。改革は、学則や定款といった学内規則の改訂に、シンボリックにあらわれる。

③ 大学財産や大学への国家予算を増額して、財政的基盤を強化する。教会財産の世俗化のようなドラスティックな手段による財政基盤の強化は例外的な事例である。大学は、財政的には領邦国家に依存せざるを得ないから、「大学の自主的運営」（自治）も当然規定されることになる。

④ 新しい科目や講座の導入と関連するが、有能な教師、著名人を招聘し、新しい血を入れることによって、大学を活性化する。

このように、学問、制度・組織、財政そして人間という大学の基本的要素について改革をしなければ、大学はサバイバルできない。しかも、これらの要素は個々バラバラに作用していたのではなく、相互に不可分に結びついている。したがって、大学改革は、一つの要素の改革にとどまらず、大学全体にかかわる複合現象となる。このことを、歴史は証明している。

本章で考察したように、領邦立（国立）であるドイツの大学が多く淘汰されたという歴史的事実は、国立・公立・私立を含めて、「供給過剰」とでも形容すべき情況にあるわが国の大学が直面している危機に対して、なにを示唆しているのか、そこからいかなる教訓を引き出すのか、それは現代に生きるわれわれの重要問題である。

（初出　喜多村和之編『学校淘汰の研究』所収、東信堂、一九八九年。本書のために加筆・訂正）

（1）Michaelis, J. D., *Raisonnement uber die protestantischen Universitäten*, 4 Teile, Frankfurt und Leipzig 1768-1775.

第一巻において、ミヒャエリスは、１　大学が領邦にもたらす利益、２　学問（科学）が大学について持っている利益、３　ドイツ大学の数およびそのたえざる量的拡大について、考察を展開している。ミヒャエリスについての記述は、前掲書第一巻 S. 283-294. に依っている。

（2）ミッタイス＝リーベリッヒ著『ドイツ法制史概説』世良晃志郎訳、創文社、一九七〇年、五〇八頁を参照。本書では、Sekularisation に還俗という訳語があてられている。

（3）Pantl, k.: *Geschichte der Ludewig-Maximilians-Universität in Ingolstadt, Landshut, Mnchen*, Bd. 1872. Neudruck 1968. 一七七四年の改革については S. 624、一七八四年のそれについては S. 636 をみよ。また、一七九九年の改革については、S. 645-647 を参照のこと。

（4）ランズフートへの移転案、その理由、反対理由についての記述は Prantl の前掲書 S. 648-650 によった。また、Paulsen, F. *Geschichte des gelehrten Unterrichts* Bd. I. 1921. S. 117 を参照のこと。

（5）ランズフート時代については、Prantl 前掲書 S. 697-720 を参照のこと。また、Paulsen 前掲書 S. 117 も参照のこと。

（6）ミュンヘンへの移転およびその後のことについては、Prantl 前掲書 S. 720-733 を見よ。

（7）L・ベーム著「ヴィルヘルム・フォン・フンボルトの時代におけるドイツ大学の改革」別府昭郎訳（「ドイツ大学の勃興と改革」一九八七年、明治大学国際交流センター所収）二四頁。

（8）Prantl, a. a. O., S. 549, 652, 708, 724 の各頁をみよ。

（9）Dieterici. W., *Geschichtliche und statistische Nachrichten über die Universitäten im preußischen Staate*. 1836. Neudruck 1982. S. 54 を参照。

（10）統合に至る過程で、大学と国王との間でかわされた文書は、Friedensburg, W., *Urkundenbuch der Universitat Wittenberg*. Teil II, 1927. に収められている。ここの叙述はとくに S. 611-634 に収められている文書「大学からザクセン王フリードリヒ・アウグスト三世へ。教授の大多数が王国内の適当な所への移転を望んでいることについての請願書」（一八一三年七月一三日）に依っている。

（11）Friedensburg, W., *Geschichte der Universität Wittenberg* 1917. S. 624 をみよ。

（12）Koch, J. F. W., *Die pressisische Universitaten. Ein Sammlung der Verordnungen* 1839, S. 528-531.

(13) Schormann, G., *Academia Ernestina. Die schaumburgische Universität zu Rinteln an der Weser (1610/21～1810)* 1982, S. 298.
また、Hermerlink, H., und kaehler, S. A.: *Die Philips-Universität zu Marburg 1527～1927*, S. 487, 註16を参照。さらに、リンテルン大学については、*Universität Rinteln 1621-1810 Eine Archivalienausstellung* を参照。

(14) Schormann, a. a. O., S. 358.

(15) Schormann, a. a. O., S. 1.303.

(16) Knig, Rene, *Vom Vesen der deutschen Universität* 1970. s. 22-29.

(17) ヘルムート・シェルスキー著『大学の孤独と自由』田中・阿部・中川訳、未来社、一九七〇年、三八頁。

第二章　一八世紀の大学教師

はじめに

一八世紀におけるドイツの大学教授はいかなる歴史的性格をもっていたのか。これが本章の主題である。なお、「教授」という名称で、大学で教鞭を執っている人すべてを表していると思っていただきたい。

パリ大学をモデルとして中世に創設されたドイツの大学は漸次ドイツ化され、特殊ドイツ的な大学教師の職階制・ヒエラルキーを発達させてきた。ドイツ化のプロセスをシンボリックに示しているのは「教授」（Professor）のあり方にほかならなかった。大学教師は、中世においては、基本的に平等原理のもとにあったが、一五世紀の終わりから一六世紀のなかばにかけて、正教授職（ordinarius）が確立され、それに対応して員外教授職（extraordinarius）もできあがった。両者の間には、職務権限上、経済上の格差がつけられた。

歴史的にみれば、ドイツの正教授層は、大学成員のうち最も重要な位置を占めてきたし、現在でもかつてほどの権限はないとはいえ、中核的な構成員であることに変りはない。すなわち、教授は一定の期間勤務し、大学評議会や学部教授会において意思決定するさいに、中心的な役割を果たしてきた。

1725年ごろの法学教授
（R. A. Muller, Geschichte der Universitat 1990, S. 148 より）

一八世紀のドイツの大学について、伝統的なギルドのなかで硬直していたという批判がなされてきた。しかし、ヴォルフ、カントが哲学的思惟を転換させ、学問的に豊饒な時代であった。また、一九世紀の大学や学問を支えたチャンピオンたち、フンボルト、フィヒテ、シュライエルマッハー、シェリングらが自己形成した時代でもあった。こうした事実を考慮にいれれば、一八世紀は、ドイツの大学史のなかで最も隆盛を誇った古典期の準備期間として、無視できない位置を占めているというべきであろう。

ところで、大学教授について考察するばあい、様々な視点から問題を設定できよう。ここでは、主に、次のアスペクトから迫ってみたい。

① 教授になるには、いかなる資質が求められていたのか。
② 教授はどのような方式で選任されたのか。そして、任命権者といかなる関係にあったのか。
③ 教授はいかなる権利と義務をもっていたのか。
④ 大学教師にはいかなる種類があったのか。
⑤ 教授たちは個人として評価されることがあったのか。もしあったとすれば、誰が、いかなる点について、評価したのか。

このようなアスペクトからの問いに答えていくことによってはじめて、一八世紀の大学教授は、一六・一七世紀や一九世紀のそれと比較して、いかなる特徴があるというべきかという問題に解答を得ることができよう。

第一節　一八世紀の百科事典にみるProfessorの内容と教授に求められる資質

1　多様なProfessorの概念

上記の問題を考えていく糸口として、一八世紀に出版されたツェドラー（J. H. Zedler 一七〇六～一七六三）のGrosses Vollständiges Universal-Lexikon（全六四巻、補遺四巻、初刊一七三二）のなかのProfessor（教授）の項目をとりあげる。事典に書かれた内容は、その事項についての、その時代の最大公約数を反映していると考えられるからである。

この事典において、Professorはどのように定義されているか。このことから、この時代の「教授」概念について総括的に知ることができよう[1]。

さっそく、Professorという項目をひいてみると、そのもとに実に多くのProfessorにかかわる事項が掲載されている。それが、当時のProfessor概念の最大公約数であると考えられる。「教授」概念がいかに多様であったかを示すために、Professorにかかわるすべての見出しを挙げておくことも無駄ではあるまい。

Professor; Professores; Professoribus et medicis (de); Professoribus,qui in urbe constantinopolitana docentes ex lege comitivam habere meruerunt (de); Professor Juris; Professor der Kauffmanschaft; Professor Mercature; Professor Oeconomiae; Professor Organi Aristotelici; Professor Philosophiae; Professor Publicus; Pro-fessor der Rechte.

このように、当時においてすでに多様なProfessor概念があったことが判明する。このなかに、「法学教授」

1725年ごろの数学教授
（R. A. Muller, Geschichte der Universitat 1990, S. 148より）

や「哲学教授」は含まれているのは当然としても、そして、さらに大学（Universität）の学部としては存在していない「経済（家政）の教授」や「商業の教授」も掲載されているのは理解できるが、しかし、「神学教授」や「医学教授」は掲載されていない。当時は、大学は神・法・医・哲の四つの学部から構成されていたという事実を考えると、気になる項目の選択ではある。現に、神学正教授（professor theologiae ordinarius）という名称や治療学教授（therapie professor ordinarius）とか病理学・外科教授（pathologie et chirurgiae professor ordinarius）という言い方が、当時の大学の文書に見られるからである(2)。

当面の問題を考察するにあたって不可欠なのは、「教授」（Professor）という項目にほかならない。本稿の問題設定に密接に関連する重要な箇所を訳出してみよう。

《アカデミーにおける公的教師。Professor, Professor Publicus, Professeur は、もともと、大学に任命され、高等な学術を教える、学識ある、能力にみちた人物である。教授には次の資質が要求される。

① 彼の学問において、根本的な経験をもっていること。

② 巧みな、ここちよい演説、明瞭な方法で快適な話しをするすばらしい天分をもっている。

③ 非のうちどころのない生活を送ること。

④ 礼儀正しいこと（教養があること）。

（中略）

教授はもともと正教授（ordinarius）と員外教授（extraordinarius）とに分類される。前者はそのポストに付いている一定のサラリーをうけとる。後者は、一般的にいって、正教授に空席が生じたさいに、それに昇進すべき後継者以外の何者でもない。――》[3]。

ここに訳出した部分には、教授の資質にかかわる事柄と制度的な属性についての説明である。これを手がかりに、一八世紀において「教授」に求められた資質から検討してみよう。

2　大学教授に求められる資質

ツェドラーの事典では、「高等な学術を教える、学識ある、能力にみちた人物」（大学教授）が身につけていなければならない資質として、①学問にかかわる能力と経験、②話し方・演説の仕方についての才能、③生活態度、④礼儀正しさ・教養が挙げられている。

①は学問研究についての資質、②は授業を分かりやすく行う教授能力にかかわっており、③と④は教授の学問的能力以外の習慣や道徳、要するに日常生活の送り方や生き方に関係しているといえる。

では、同時代の大学研究者たちは、この問題をどのように考えていたのだろうか。

ゲッティンゲン大学教授であったJ・D・ミヒャエリス（一七一七〜一七九一、プロテスタント神学者）は、「教授はやはり学ぼうと欲している初学者に、学問の理論を教える教師であるべきだ。その限りにおいて、彼らは、公的職務のために有能であると言えるのだ」と、学問理論を教授する能力を、公的職務において有能か否かを判定するメルクマールとして挙げている[4]。

さらに、「教授は学生とのつき合いによって、学生を有用な人材に育成すべきか」と問かけ、彼は、「それを強く望む」と言っている。教授は「学生からの敬愛・信用・学生への影響を、授業で学生に接触する以上のものを獲得する」からにほかならない。しかし、ミヒャエリスは、「規則で義務として規定されえないこの学生へ親切（世話）を、教授本来の義務の中に算入しよう」とは考えていなかった(5)。

さらに、「教授は徹頭徹尾作家、有名な作家でなければならないか。私は、良い教授であるための不可欠の資質であるとは思わない(6)」。

マイナーズ（Meiners）は、「公的教師に不可欠の最初の属性は、精神の普通の天分ではなくして、専門についての完全な知識なのである」と書き、専門学問についての知識が重要であることを強調している(7)。

ライプツィヒで学んだゲーテは、「教授タチヨリモモット輝カシク、堂々トシテ、名誉アルモノハアリマセン。ソノ威望ト名声ハワガ目ト精神ヲクラマセタタメニ、ボクハ教授職ノ名誉以外ノ名誉ヲ望マヌホドデス」と父親に書き送っている(8)。

ここには、大学教授職がいかに名誉なものであるかが語られている。これは、若いゲーテの「教授」に対する憧憬をあますところなく示しているように思える。

しかし、当時の大学教授は、そのような資質を具備した人たちやゲーテにこう書かしめた名誉ある人物だけによって、満たされていたのであろうか。

この問いに対する解答は、ミヒャエリスの次の一文を読めば明かであろう。「悪い大学は、一・二の例外を除けば、一部は質の良くない教師によって、一部は凡庸な教師によって、占められている。そのような悪い大学は、ただ単に役に立たないだけでなく、有害な人物を大学教師の職につけていて、十分に訓練をつんだ教師を引きつける魅力がない(9)」。

こうした叙述を読むと、ツェドラーの百科事典で規定された、優れた資質を具備した者だけが教授になっていたのではないことは間違いない。とすれば、ツェドラーの百科事典は、大学教授はこういう能力を備えた人がなって欲しい、こう生活して欲しいという願望、もっといえば当為（Sollen）を示したものとみてよいだろう。教授の資質をめぐる問題は、第Ⅱ部第六章において、教授の個人評価とのかかわりにおいて、具体的事例をとりあげて検討した。ここでは教授の選び方や身分といった事柄に話しを転じることにしよう。

第二節　教授の選任方法、身分および社会的出自

1　選任方法の歴史的諸形態

教授をいかに選び任命するかという問題は、教育や研究の質に直接かかわってくる。それだけではなく、団体としての大学のあり方そのものにかかわる重要事項である。歴史的に見れば、ドイツの大学は一方では自治団体としての自己補充権（Selbstergänzungsrecht）をもっていると主張し、他方、大学創設者（領主）は教授の任命権（Ernenungsrecht）をもっていると主張してきた。極限形態として、大学が完全な自己補充権を獲得すれば、大学は国家のなかの小国家（imperium in imperio）となる。逆に、国家が絶対的な任命権を発動すれば、大学は完全な単一支配のなかに組み込まれ、自治団体・ツンフトではなくなってしまう。両者の関係は、この極限形態の間を揺れ動くというのが、ドイツの大学の態様にほかならなかった。

では、歴史的に見たばあい、どのような選任の形態があったのか。クルーゲの説を手がかりに考えてみよう。[10]

中世から、大学は「学部から成る不可分の団体である」という認識はあった[11]が、こと教授人事となると、学部と

大学とは別ものであるという考えが前面に出でくる傾向があり、ここではそれに基づいて類型化されている。この点に留意して、以下を読んでいただきたい。

① 学部、大学評議会そして領主や都市などの大学設置者の三者が協議したり、暗黙の了解をもって任命する方式。このやり方は、最終的な決定権が誰にあるのか不明確である。そうであるがゆえに問題のおきにくい方法であり、多くの大学で採用された。

② 大学あるいは学部が、もしくは両者が共同で一人の候補者を選出し、領主に推薦する方式。

③ 大学側が適任者を推薦し、その人物を領主が任命する方式。一六世紀の後半にさかんに行われた。しかし、ハイデルベルクのばあい、領主は、大学の推薦にとらわれることなく任命した。[12]

④ 領主が、自分の意中の人物を推薦するように大学に勧告する方式。

⑤ 領主は大学側の推薦・提案を原則的に尊重するが、特別なばあいは、例外的に領主が別人を任命する可能性を留保しておく方式。

⑥ 大学の自己補充権や推薦権を全く認めずに、領主の側が、絶対権力をもって教授の任命を行う方式。

ドイツの大学において行われてきた教授の選任形態は、これらのうちのいずれかの範疇に属する。①の三者協議方式や②の大学または学部あるいは両者共同で一人の候補者を選出し、領主に推薦する方式が、大学・学部の意向を最も尊重したやり方であり、⑥の領主が絶対権力をもって任命するのは、大学の力が極小になる形態であることはいうまでもない。

これからも明らかなように、大学や学部による完全な自己補充権は、大学や学部の願望・要求としてはありえても、現実にはありえなかった。大学は設置者との調和・妥協をはからざるをえなかった。

現行大学大綱法にも規定され、実行されている方式、すなわち学部が三人の候補者を推薦し、文部大臣が任命するというベルリン大学の学則において確立されたスタイルは、上記⑤の形態にほかならない。歴史的形態は上述の如くであったとして、一八世紀はどうであったのか。

2　一八世紀における具体的事例

バイエルンのインゴルシュタット大学では、すでに述べたように、一七九九年に改革が行われ、大学評議会と大学監督庁（Curatel-Behörde）が教授候補者の能力を吟味したあとでなければ、誰も教授に任命されなかった。[13]正規の学部の成員ではない私講師でさえも、この方法で任命された。バイエルンでは、教授の任命のみならず、プロイセンの大学においては学部がもっていた私講師の採用についてさえも、国家が強く関与したのである。同年、教師がある講座から他の講座へ昇進することも禁止された。この規定は、後述するように一七七五年の改革においてもみられ、再確認したものといえよう。こうした措置は、教授職と特定の学問分野との結びつきが固定し、教授が特定の学問を専門的に教えるようになっていく傾向を示している。

ヴィーンでは、一七四九～五〇年のヴァン・スヴェーテン（van Sweiten）の改革により、医学部では、教授は大学評議会で選ばれるのではなく、女帝マリア・テレジアによって直接任命されるようになった。[14]

テュービンゲンでは、一七二五年以来領主の影響力が強くなってきた。[15]

このような事実から、一七・一八世紀の大きなトレンドは⑤や⑥の形態であったといってよいだろう。

選任の過程において、領主（国家）の意向が強く反映するようになった事実は、教授の身分にも影響を与えずにはおかなかった。

3 教授の身分

インゴルシュタットでは、上記の任命システムと関連して、教授は国家に奉仕する官吏と位置づけられた。教授職を辞そうと考えている者は、半年前にその旨通告しなければならなかった。

ヴィーンでも、すでに述べたように、一七八〇年に大学は教会と分離され、一七八三年に至り大学の団体的特権は廃止され、大学基金（Fundus Universitatis）は「官房」に移され、教授の俸給もほかの官吏と同じ形で支払われることとなった[16]。

プロイセンでは、教授の身分は、裁判籍を除いて、国家の官吏と同じであることが「一般国法」（ALR）に明記された。

こうして、大学教授は、国家から任命され、他の官吏と同じ形態で俸給をもらうようになり、国家官僚制のなかに取り込まれていった。それだけではない。後で述べるように、何を教えているか、受講学生は多いか少ないか、評判はどうかというように、個人的評価を受けた。講義の開始日と終了日も報告しなければならなかった[17]。ただ、一般の官吏と異なっていたのは裁判籍だけであった。大学は、まだ独自の裁判権（Akademische Gerichtbarkeit）を保持していたからである。

こうした事例をみると、一八世紀の後半期は、教授層にとって大きな転換期であったといってよい。教授層にとって大きな転換期であったことは、とりもなおさず、中世以来の団体的性格を保ってきたドイツの大学にとっても、転換期であったことを意味する。

4　大学教授の社会的出自

どのような社会層の出身者が教授になっていたのであろうか。当時の教授の社会的出自を見てみると、カント、フィヒテ、ヘーゲルといった著名な教授たちもそうであったように、大部分の者は、富裕な階層の出身ではなかった。

同時代人マイナーズによれば、そうであるがゆえに、彼らは学校や大学において奨学金などの恩恵をこうむっており、教育において立身した者たちであった(18)。

他方、一部には、大学教授である父親の職業を継いだ息子たちもいた。小規模の大学、たとえばテュービンゲン、マールブルクなどでは、教授職が一つの家財のように一家で相続されていく例がみられる。このような大学は「家族大学」(Familienuniversitöt)と呼ばれる(19)。バーゼルのベルヌーイ一家はその例とみてよいであろう。

第三節　教師の種類および職階制

1　階層秩序の確立、多様な教師層の発生

一八世紀には、一六世紀以降顕著になってきた大学教師の階層化がよりいっそう進行した。すなわち、ハレ大学およびゲッティンゲン大学の教師の序列からも明らかなように、大学内部においては、正教授、員外教授、教授ではないドクトル学位やマギステル学位保持者(私講師のこと)という教師の階層秩序が明確に打ち出されてきている。職階制の成立は、一六世紀以降ドイツの大学において顕著になってきた、大学教師を正教授、員外教授、私講師という位階制度によって秩序づけていく流れの到達点とみてよいであろう。この流れは、時期的なず

れはあるにしても、カトリック領邦、プロテスタント領邦の相違に関係なく浸透していった。

大学内部における階層秩序の確立は、教育をめぐる役割が多様化し、正教授や員外教授のほかに、名誉教授や私講師、語学教師、体操教師、フェンシングの教師など多様な教師層が生まれるという現象と表裏一体をなしていた。階層秩序の確立と多様な教師層の発生は、同じ現象の異なった発現形態とみてよいであろう。

2　階層秩序における正教授の位置

教授は他の都市官職や大学内部の職員や教師と比較してどのような序列にあったのか。

領主フリードリッヒがハレ大学に与えた特許状は、このような階層秩序について明記している。それによれば、①四つの学部の正教授（Professor Ordinarius）、②市長（Ratsmeister）、③Assessores scabinatus、④大学・市の法律顧問（Syndicus universitatis et civitas）、⑤ドクトル学位をもっている員外教授（Professor extraordinarius）、⑥その他のドクトル学位やマギステル学位保持者、という序列になっている。[20]

ゲッティンゲン大学における階層秩序も、ハレと同じ考えで構成されている。教師のそれは、四つの学部の正教授、裁判所のシュールタイス、大学の法律顧問、市長、Secundum senium、市の法律顧問、大学の書記、員外教授、教授ではないドクトルやリケンティアート、顧問官の血縁者、市の書記という順位になっている。[21]

このように、正教授は大学内部においては最高位に位置しているのはもちろんのこと、市長や市の主要役職よりも上位にランクされていた。法律顧問官や大学の書記が、員外教授の上位に置かれていることは、員外教授の地位が相対的に低かったことの証左といえよう。

３　正教授間のランク

正教授の間でさえもランクがあった。たとえば、ハイデルベルクでは、首席教授（Professor primarius）、次席教授（Professor secundus）、第三の教授（Professor tertius）とか年輩教授（Professor senior）などの呼び名があった。[22]

こうした教授間のランクを廃止した例もある。インゴルシュタットでは、首席教授（Professor primarius）、次席教授（Professor secundus）、午前中に講義する教授（Professor antemeridianus）とか、午後に講義する教授（Professor promeridianus）というランクがあったが、一七七五年に廃止された。そして、個々の教師はほかの教授職に昇進できていたのができなくなった。教師は、天分と能力によって、一定の分野を専門的に教えるべきだと定められたからである。[23]

４　名誉教授の出現

そう多くあるわけではないが、名誉教授（Honorarprofessor）は、すでに一七世紀にプロイセンのいくつかの大学で任命されている。名誉教授の地位は、同じプロイセンの大学であっても異なっていた。たとえば、フランクフルト・アン・デア・オーデルとケーニヒスベルクとでは違う。大選挙侯のもとで、一六六六年にMartinus Schookiusという人物が参事会員と史料編纂員職のほかに、フランクフルト・アン・デア・オーデル大学の名誉教授に任命された。彼は名誉教授として彼の望む学部で講義することができた。彼の俸給の出所は大学財産ではなかった。彼は他のすべての教授に対して、優先権を持っていたということである。

これに対して、ケーニヒスベルクにあっては、名誉教授は完全な権利を持たない学部構成員であり、員外教授と同じ扱いをうけた。一六七四年にDr. Witscherは法学の名誉教授に任命されている。[24]
ハレ大学では一七六二年に最初の名誉教授がおかれている。講義目録では、員外教授の後に掲載されている。[25]

5　私講師になる資格・条件

大学で教える資格という観点から見ても、大学教師の職階制という視点から見ても、見落とすことのできない私講師層が、この時期に登場してきた。私講師は、大学教師の職階制の最下層に位置し、将来の大学教授の候補者であったからである。

私講師になるのにどのような資格が求められたのか。

ゲッティンゲン大学の国王特許状前文では、「ゲッティンゲンで学位を取得した者は、私講師として教える無制限の自由をもつ」と定めている。[26] また、二一条では「ゲッティンゲンのすべてのドクトル、リケンティアート、マギステル、バカラリウスは、たとえ教授でなくとも、その専門を私的に教えることは自由である」ともあり、教授たちが私講師の教授活動を妨害しないための方策をも定めている。

しかし、教授資格（venia legendi）はみだりに授与されたのではない。「教える権能は、当該学部においてEhrengradで優等であり、かつその他の規則で定められた条件を満たした者以外には、軽々しく授与されるべきではない」（六一条）と、教授資格を与える条件を規定している。しかし、ここでは、学位の取得が教授資格とみなされており、まだ大学教授資格試験（ハビリタツィオン）という考えはみられない。

私講師の身分は、教授や員外教授はもちろんのこと、語学教師や体操の教師たちとさえも異なっていた。私講師は、国家とはなんらの法的・経済的関係がなかったのである。教授やその他の教師たちは、ある特定の学問を教えるとか、任務を果たすという契約を国家と結んでいた。それに対して、私講師は、大学・学部の決定に基づいて（あるいは許可を得て）、私的に教育活動に従事しているだけで、収入源は学生が支払う聴講料だけであった。将来必ず教授に昇進できるという保障もなかった。

ゲッティンゲンのように私講師の教授活動を自由に認めている大学もあったが、反対に制限する大学もあった。ハイデルベルクの一七七九年の規定は、正教授が告示した同じ分野の講義を私講師がすることを禁止している。学生が正教授の授業に出席することを妨げないようにするという理由からであった(27)。

第四節　正教授の権利および義務

正教授になることは、教授職に付随している特権を獲得することを意味すると同時に、職務誠実義務を負うことをも意味する。正教授はいかなる権利をもち、いかなる義務を負っていたのか。

1　正教授の権利

教授の権利（Recht）は、大学が本来もっている特権（Privilegium）と分かちがたく結びついている。特権とは、他と区別して特定の団体に付与された特別の権利をいう。団体としての大学がもっている特権は、学位授与権、免税特権、大学裁判権などである。とくに、学位授与権は大学のみがもっていて、他の団体は行使しえない特権である。

これらの大学の特権がすべて教授の権利となったわけではない。本来、大学の特権は、大学の成員であれば誰でも享受できると観念されていた。しかし、これらを最も多く享受したのは正教授層にほかならなかった。正教授層は、大学の意思決定機関から、正教授以外の教師たちを排除し、これらの権利を独占していたからにほかならない。ドイツの大学が、正教授支配の大学（Ordinarienuniversität）と呼ばれてきた所以である。

では、正教授はいかなる権利をもっていたのか。主なものを挙げてみよう。

(1) 大学・学部の意思決定機関に参画する権利　このなかには、①学長職（国王や王族が学長のばあいは副学長）の選挙権および被選挙権、②大学全体の運営に責任をもつ大学評議会の成員になる権利、③学部長の選挙権および被選挙権、④学部教授会の成員になる権利が含まれる。

(2) 学位授与権　学位授与の決定権は、実質的に学部教授会が握っていた。上記のように、学部教授会は正教授のみで構成されていたので、実際上、正教授の手中にあったと言わざるをえない。

(3) 学位授与手数料の配分を受ける権利　上記のように、学位授与権は正教授の手中にあり、学位取得者が納入する手数料（マギステルとドクトルのばあい、額が違う）は、学部長や主査、書記などの間で配分された。

(4) 教授の自由　担当する学問領域を自由に教授する権利。ゲッティンゲンでは、すでに述べたように、教授に限らず、教師は正規にあるいは私的に教える完全な無制限の権能をもつと規定されていた。しかし、これは例外的事例に属する。

(5) 自己補充権　学部に欠員が生じたばあい、仲間うちで後任を決める権利。しかし、すでに述べたように、これは、領主の任命権と競合するので、推薦権にとどまることが多かった。たいていのばあい、領主は学部や大学の推薦に拘束されずに任命する権利を留保していたのである。

(6)　検閲からの自由　普通、教授には「検閲からの自由」が認められていた。ハレでは正教授のみがもっていたが、ゲッティンゲンではすべての教授はもちろんのこと私講師でさえも創設時には認められていたのである。[28] しかし、この権利がいかに危ういものであったかは、『単なる理性の限界内における宗教』（一七九三）を刊行したカントが、以後宗教に関する学説の発表を禁止された例が示している。国家の存立を脅かす思考様式や議論は容赦無く取り締まられた。

(7)　大学裁判権　この時代には、上に述べたように、教授は官吏として取り扱われたが、裁判籍だけはまだ大学裁判権に属していたのである。

(8)　俸給を受ける権利　正教授は国家からの俸給を受けるが、員外教授にあっては、受ける者もいれば、受けない者もいる。俸給つきの員外教授は"Professor publicus extra-ordinarius"と呼ばれた。[29]

(9)　年金を受ける権利　正教授は国家の官吏であり、年金を受けることができた。また未亡人は寡婦年金を受けた。員外教授のうち国家官僚である者はそれを受けるが、そうでない者は受けられない。[30]

そのほか、領邦等族権、ビール、ワインなどの営業権（Gewerbegerichitigkeit）、大学財産の運用権（ヴィーンでは、一七八〇年代に廃止）などがあったといわれている。[31]

2　教授の義務

ゲッティンゲンの教授は週四時間正講義を行う義務があった。[32] また、授業が行われている期間は都市内にいる「居住義務」（Residenzpflicht）があった。一日以上旅行するときは副学長に届け出をしなければならなかった。インゴルシュタットでは、一日に二時間講義する義務が課せられていた。だらだらと講義を続けてはならず、教養学、パンデクテン、教会法、歴史を除くすべての分野は一学期中に終了しなければならなかった（休暇は四月の半ばから五月一日までと、一〇月一日から一一月一日まで）[33]。

一七七四年のテュービンゲンの査察協定は「正教授の第一に果たすべき職務は、かれがもともと俸給を受けている正講義を行うことである」と規定している[34]。

しかし、正講義をまじめに行わなかった教授がいたらしい。プロイセン国王フリードリッヒ・ヴィルヘルムは、ハレ大学にあてて、次のような趣旨の指令をだしている。「当地の正教授の一部が、委任された正講義をまだ怠けているので、もし今月の二〇日までにその講義を開始しなければ、余は軍隊派遣によって、正講義を開始させざるを得ない旨予告するものである」（一七三五年九月一三日の指令[35]）。

このように、正講義を定められたとおりにきちんと果たすこと、これが教授としての最も大切な任務と観念されていた。

さらに、全員の教授というわけではないが、神学部の教授は牧師、法学部の教授は裁判官、医学部の教授は領主などの主治医というように、専門の学問と密接に関係した副次的な仕事をする教師もいた[36]。

第五節　教授個人についての評価

この時代において教授個人に対する評価は行われていたのであろうか。端的に言って、行われていたのである。ドイツでは、宗教改革の時代から、査察（Visitation）がしばしば大学に対して実施されており、それにおいて、大学財政、教授の教授科目、受講学生数、収入などを調査する伝統ができあがっていた。

では、いかなる観点から教授は評価・鑑定されたのか。この問いに答えてくれる、興味深い史料がある。ヴィッテンベルク大学の高等評議会（Oberkonsisitorium）が、ザクセン領主フリードリッヒ・アウグスト三世にあてた教師に関する監査報告書（一七八九年）がそれである。(37) この報告書は、大学全般に関する部分と教師個人についての評価部分とから成り立っている。このことについては第七章で詳しく述べたので、ここでは、本章で設定した問題に関する限り触れることにしよう。

大学全般に関しては、全般的印象、組織、会計、共同食卓、奨学金、研究所、教師数、学生数という視点から書かれている。

教師個人については、職格、担当学問領域（講座）、学生の評判、正講義および私講義において何を講義しているか、収入源（今得ている収入で十分か否か）、学者および大学教師としての資質という視点から記述されている。

1　地位構成

まず、この年のヴィッテンベルク大学教師の地位構成がどうなっているか、学部ごとに見てみよう。

神学部は正教授三人のみで員外教授、私講師はいなかった。法学部は正教授四人、員外教授一人、私講師一〇人。医学部は正教授三人、員外教授一人、私講師一人。哲学部は正教授九人、員外教授一人、私講師三人。

このなかには、哲学部では正教授であるが、法学部では私講師であるという教師の実例も含まれている。彼は、哲学部では法学的領域の講義を行っている。その他、神学部には三人の神学バカラリウスがいた。三人とも哲学の教師であり、一人は哲学部の正教授、他の二人は助手（adjunctus）であった。

このように、哲学部では正教授であるが、上級の学部では私講師であるというような錯綜した例は、他の大学でも散見される。

2 評価の実例

どういう視点から評価されているのかについては、第Ⅱ部第六章でヴィッテンベルク大学の例を挙げておいたが、繰り返し視点を述べておくと、1 職階・学位・役職、2 学生から、その授業が拍手喝采（Applausus）をあびているかどうか、3 担当学問領域（講座）、4 正講義および私講義において何を講義しているか、5 収入（俸給額および、その額で十分か否か）、6 学者・大学教師としての資質や学識、熱心さはどうか、これら六つの視点であった。

このヴィッテンベルクの報告書は、当時の大学教師に求められていた資質、評価の視点を知る手がかりを与えてくれよう。さらに、活目すべきことは、ドイツの諸大学は、歴史的に団体権をもち、とりわけ教授は大学自治の主体的な担い手（トレーガー）であったにもかかわらず、このように細々とした点について、監査をうけていたという事実にほかならない。領主権力と大学との関係を考察するとき、この事実をぬきにしては考えられないであろう。

収入に関しては、職務に対応していた俸給があったことは事実であるが、ペンジオンと職務に対応していた俸給との関係はどうなっていたのか、判然としない。

こうした評価項目や内容を見ると、いくつかの重要な事実に気づかされる。活目すべきは、ドイツの諸大学は、歴史的に団体権をもち、とりわけ教授は大学自治の主体的な担い手（トレーガー）であったにもかかわらず、このようにこまごまとした点について、監査をうけていたという事実にほかならない。大学の自治や領主権力と大学との関係を事実に即して考察するとき、こうした実態をぬきにしては考えられないであろう。

結　語――一八世紀における変化の特徴

以上、教授を軸に一八世紀のドイツの大学を見てきた。そして、教授の任命権は圧倒的に国家の手中に帰し、教授は国家の官吏になり、権利や義務が明確に規定されるようになったこと、正教授・員外教授・私講師という大学教師の官僚的位階制度ができあがったこと、国家による査察が行われ、教授個人が評価の対象となったことを論証してきた。

こうした論証を受けて、一八世紀のドイツの大学は、いかなる歴史的変化を遂げたかを明らかにして、本章を閉じることにしよう。

1　大学の性格の変化　自治団体（ツンフト）から国家の施設へ

これまでの叙述から明らかなように、元来大学がもっていた教会的・団体的性格を決定的に失い、明らかに国家の施設となった。これは大学の歴史的性格の根本的変化と言わなければならない。このことは、教授人事の在り方（ハレやゲッティンゲンは相談をうけることなく、ベルリンやハノーヴァーから、教授を送り込まれた）や大学教授の給与の支給形態、教授の身分、査察の実施などに象徴的に表れている。

2　教授の収入源　聖職禄から俸給へ

中世以来、教授の経済的拠り所は教会聖職禄によるところが大きかった。この時期の大学が「聖職禄大学」（Pfründenuniversität）と特徴づけられる所以である。ルネッサンス・宗教改革期に至り、教授の俸給は次第に領主の私財庫や領邦政府から支出されるようになってきた。とりわけ、神学部以外の教授たちはそうであった。一八世紀の後半になると、大学が国家の施設と変容したのに伴い、すべての教授は国家（領邦政府）から俸給をもらうようになった。

3　大学の目的　国家に奉仕する実用的な学問

大学の存在理由は、若者を国家・教会・学校における公的奉仕のために教育するという純粋に実用的なものと位置づけられた(38)。

当時の代表的な大学論者ミヒャエリスが、彼の著作を、「大学が領邦にもたらす利益」とか「大学学問がもたらす利益」という視点から叙述をはじめていることは、実学をもって国家に奉仕するという当時の大学のあり方をシンボリックに物語っている。

こうした実用的大学観は、ニーチェが『哲学者の書』で繰り返し強調している実用を完全に排除した「教養」のための大学という観念の対極にあるといわざるをえない。

4　大学学問の専門化・高度化　教授職と特定学問の結びつきの強化

教育内容が次第に専門化、高度化してきた。インゴルシュタットで見られたように、一人の教授が専門的にある学問分野を教え続け、他の教授職に移ることを阻む体制ができあがりつつあった。学問の専門化傾向が進展しつつあった。こうした傾向に対応するには、従来のように、ドクトル学位を取得しただけでは不十分で、より高度の研究能力と教育能力が求められるようになり、大学教授資格試験（ハビリタツィオン）が導入された。これにより、将来の教授予備軍としての私講師制度ができあがった。

（初出　『広島大学大学教育研究センター』第二四号、一九九五年、本書のために加筆・訂正）

（1）このレキシコンには、Professor のほか、Universitaet、Facultaet、Philosophie、Doctor、Magister など大学にかかわる興味深い項目が収められている。
（2）Friedensburg, W., *Urkundenbuch der Universität Wittenberg*, Teil II, 1927, S. 482, 488.
（3）Zedler, Bd. 29, 1741.
（4）Michaelis, J. D., *Raisonnmement über die protestantischen Universitäten in Deutschland*, Bd. 1-4, 1768-1776, Neudruck 1973, Bd. 2, S. 115.
（5）Michaelis, a. a. O., Bd. 2, S. 215.
（6）Michaelis, a. a. O., Bd. 2, S. 225.
（7）Meiners, C., *Über die Verfassung und Verwaltung deutscher Universitäten*, 1801, Neudruck 1970, Bd. II, S. 27.
（8）小栗浩著『人間ゲーテ』岩波新書、一九七八年、四一頁。
（9）Michaelis, a. a. O., Bd. 2, S. 285.
（10）Kluge. A., *Die Universität*-Selbstverwaltung, 1958, S. 43.
（11）Teufel, W., *Universitas Studii Tuwingensis (1477-1534)*, 1977, S. 162.
（12）Thorbecke. A., *Statuten und Reformationen der Universität Heidelbeg vom 16. bis 18. Jahrhundert*, 1891, S. 22. Weisert, H.,

Die Verfassung der Universität Heidelbeg, 1974, S. 62.
(13) Prantl, C., *Geschichte der Ludwig-Maxmilians-Universität in Ingolstadt, Landshut, München*, Bd. I, 1872, Neudruck 1968, S. 647.
(14) Meiners, a. a. O., S. 20.
(15) Kluge, a. a. O., S. 45.
(16) Kink, R., *Geschichte der kaiserlichen Universität*, Bd. I, 1854, S. 559.
(17) Paulsen, F., *Geschichte des gelehrten Unterrichts*, Bd. II, 1921, S. 127.
(18) Meiners, a. a. O., S. 10. また Paulsen, a. a. O., S. 165.
(19) Moraw, Peter, *Aspekte und Dimensionen älterer deutscher Universitäts-geschichte* in: ACADEMIA GESSENSIS, 1982, S. 29.
(20) Koch, Johann Friedrich, *Die preussischen Universitäten. Eine Sammlung der Verordnungen*,1839. S. 465. また Hoffbauer, J. C., *Geschichte der Universität zu Halle bis zum Jahre 1805*. 1805. S. 166 注d)をみよ。
(21) Ebel, W., *Die Privilegien und ältesten Statuten der Georug-August-Universität zu Göttingen*, 1961, S. 19.
(22) Thorbecke, a. a. O., index の項目をみよ。
(23) Prantl, a. a. O., S. 625.
(24) Bornhak, Conrad, *Geschichte der preussischen Universitätsverwaltung bis 1810*, 1900, S. 22.
(25) Schrader, W., *Geschichte der Friedrichs-Universität zu Halle*, 1894, Teil I, S. 283.
(26) Ebel, a. a. O., S. 37.
(27) Hautz, Joh. F., *Geschichte der Universität Heidelberg*, Bd. II, 1864, S. 275.
(28) Gundelach, E., *Die Verfassung der Göttinger Universität in drei Jahrhunderten*, 1955, S. 10. また Schrder, a. a. O., S. 85.
(29) Theodor, Muther, *Universität=und Gelehrtenleben im Zeitalter der Reformation*, 1866, S. 43.
(30) Gudelach, a. a. O., S. 42.
(31) Tholuck, A., *Das akademische Leben des 17.Jahrhundert*, 1853, S. 36-45.
(32) Gundelach, a. a. O., S. 41.

（33）Prantl, a. a. O., S. 647.
（34）Tholuck, a. a. O., 63.
（35）Schrader, a. a. O., Teil II, S. 464.
（36）Paulsen, a. a. O., S. 139.
（37）Friedensburg, W., a. a. O., S. 481-493.
（38）Paulsen, a. a. O., S. 127. また Müller, Rainer A., Vortrag: *Die deutsche "Vor klassische" Universität in der frühmoderne-Von der humanistischen Gelehrten republik zur aufgeklärten Staatsdienerschule-*, 1990.（明治大学における講演）。

第三章　学生生活

この章では、一八世紀の学生生活について述べよう。とりわけ費用の件、試験の様子、新入生いじめ、酒場、歌など学生生活を示す絵やエッチングを紹介しようと思う。

ドイツの学生生活の歴史については、Bauer, Max, *Sittengeschichte des Deutschen Studententums* (1926)（『ドイツ学生層の風俗史』）がよく知られている。また、現在のヴュルツブルク大学には高等教育研究所があって、ドイツの学生の生活について研究している。学生研究には欠かせない存在となっている。

第一節　学生生活に必要な費用

学生生活には費用がかかせない。一八世紀には、どのような費用が、どれくらいかかったのであろうか。

1　入学登録費用

ドイツの大学史に画期をもたらしたゲッティンゲン大学の例を見ておこう。

マトリケル（Matrikel）と呼ばれる学籍登録簿に登録する費用が必要であった。ドイツの大学には、転学の自由があったから、すでに他の大学に登録したことがあってゲッティンゲン大学にきた学生は二ターール、他の大学に登録したことのない初めて学籍登録簿に登録する学生は倍の四ターール、もし貴族の学生が転学すれば最初が五ターール一二グロッシェン、はじめてのばあいが八ターール、男爵であれば、転学すれば八ターール、はじめてのばあい一二ターール、伯爵であれば、転学すれば一二ターール、はじめてのばあいが一六ターールであった。これらの事実からいくつかのことが分かる。ドイツの大学には「転学の自由」があり、同じ領邦の大学であれ他領邦の大学であれ、一度でも入学登録をすると、二度目の入学登録は半額であったこと、身分によって入学費用には高下があり、貴族は高かったことなどがわかる(1)。

イェナ大学の入学および卒業の費用についても簡単に述べておこう。入学金は出身階層によって、卒業は学部によって、差異が設けられていた。入学金から述べると、最高は伯爵（グラーフ）の子弟で一〇ターール、次いで男爵（バロン）の九ターール一四グロッシェン、三番目は貴族（エーデルマン）の四ターール二〇グロッシェン、最も安かったのは市民（ブルジョアー）の三ターールとなっていた。

他大学でも、イェナ大学でも卒業に必要な費用（Promotionskost）は学部により異なっていた。それはどうしてだろうか。おそらく将来どういう職業に就くか（僧職か、裁判官あるいは官吏か、医者か）が判断の基準とされ、それぞれの社会的評価あるいは収入の多少によって、決定されたのであろう。入学金は「出身階層」により異なり、卒業の費用は「将来の職業」に規定されていたと言ってもよいであろう。当然のことながら神学部の卒業生が最高であり、ついで法学部、医学部、最後に哲学部の順になっている。具体的な数字を示すと次のようになる。神学部一六二ターール二〇グロッシェン、法学部一五六ターール、医学部一一五ターール七グロッシェン、哲学部四五ターールである(2)。

卒業とは言っても、現代日本の卒業概念とはたいそう異なっているので注意が必要である。ヨーロッパで卒業と言うばあい、昇進（Promotion）を意味する。すなわち、学位のない、あるいは段階の低い学位からより高次の学位をとることを、卒業（Promotion）と言っているのであるから、正確にいえば昇進（Promotion）なのである。

2　私講義の費用

正講義は、教師が給与の見返りとして行うものであったから、無料（gratis）であったが、私講義には必ず聴講料（Honorar）を払わねばならなかった。

まず、学部の私講義科目から説明しよう。

個々の神学・哲学の授業（collegium）は三ターール、アラビア語や他の言語学、哲学、たいていの法学、数学、歴史学の講義（Vorlesung）は四ターール、教会法や国法、帝国訴訟法、帝国史・国史、統計学、政治史、古文書学、物理学、たいていの医学の授業は五ターール、パンデクテンや幾つかの医学の授業は六ターール、実験や実践を伴う法学の授業、医学の授業は一〇ターールと高かった。

イタリア語やフランス語、英語というように、当時生きて使われていた「ことば」の聴講料は、月一六時間で二ターールであった。同じく、音楽やダンス、図工も、月一六時間で二ターールであった。フェンシングは三か月で五ターール、乗馬は少し高くて月六ターール、ほかにチップ一ドゥカーテン、曲馬は一回につき五ターールと決められていた。(3)

3　学位取得の費用

学位取得の費用は、興味深いことに、学位ごとに異なっていた。神学の博士は、一番高くて一三二タールであった。神学のリケンティアートは九六タール、次に法学博士は一三〇タール、リケンティアートは一〇五タール、医学博士は一一七タール、マギステルは四三タールであった。これからも明らかなように、学位取得の費用においても神、法、医、哲（教養）のランクがあった。(4)

4　神学の学位と命題書

左の写真は一八世紀の終わりごろの神学の試験の様子を描いたものである。見て分かるように、当時の試験は筆記試験ではなく、口述試験である（紙は貴重品であった）。試験官は複数いて本を見て、出題している。学生は

18世紀末期の神学の試験
（R. A. Müller, Geschichte der Universitat 1990, S. 150 より）

IHS
DISPVTATIO II. THEOLOGICA,
DE VERBO DEI.
VERE DIVINOS
ESSE LIBROS, QVOS
HODIE SECTARII E CANO-
NONE AB ECCLESIA RE-
cepto excludunt.
ADVERSVS IMPV-
GNATORES ROBERTI CARDINA-
lis Bellarmini; in Catholica & celebri Academia
Dilingana, Anno M.DC.IIX. die 11.
Septembris publice proposita.
PRAESIDE
SEBASTIANO HEISSIO,
E SOCIETATE IESV, S. THEO-
logiae Professore Ordinario.
RESPONDENTE
ORNATISSIMO ET DOCTISSIMO Do-
mino M. DANIELE ZENONE Tirolensi, maioris So-
dalitatis Beatiss. mae Virginis Annunciatae
hoc tempore Praefecto.
Pro vtroque Theologiae Baccalaureatus
gradu consequendo.
Dilingae, Apud IOANNEM MAYER.

神学バカラリウスの命題書
（R. A. Müller, Geschichte der Universitat 1990, S. 144 より）

一人で、分からないと、天使が出てきて助けてくる。これは、学生の願望を描いた想像画である。[5]

この時期になると、神学の地位は中世ほど高くはなくなってきている。宗教を信ずるには神学はいらないから、神学を修めるのは、牧師になるためである。牧師になるための試験準備として神学の学修が不可欠になってくるのである。

前頁下の写真は、少し時代は遡るが、一六〇八年にディリンゲン大学の神学生ダニエル・ゼノが、教授セバスティアン・ヘイスの指導のもとで、合格したディスプュータティオンのテーマを公刊した写真である。[6]

第二節　角預け（Deposition）の儀式

角預け（Deposition）という風習は、「一六世紀のドイツ大学では、それが、入学登録や討論裁定と同様、大学での義務的儀式となっているのである。」とH・ラシュドールは書いている。[7]

ドイツでの大学では、国民団（natio）や寮舎（brusa）に入るときに一六世紀に盛んに行われ、大学当局は、何回も「角預け」を禁止する規定を出しているが、余り効果はなかった。

大学に入学すると、特に国民団や寮舎（brusa）に入る。角を刈り込む人、娑婆の汚れを落とす人、削る人というように、先輩や年長者に頼んで、角預けの儀式をしなければならない。ベアヌス（beanus）と言われることもある。ペンナリズム（Pennalismus）と同じように、一種の新入生いじめである。絵はそれを示している。[8]

ドイツでは、角預けの儀式が正式に廃止された年代は、大学によって異なっている。

エアランゲン一七四五年、ケーニヒスベルク一七一七年というように、一概には言えないが、一八世紀中には

大学で正式に禁止されたと考えていいだろう。(9)

アメリカでは、「ヘイジング」（hazing）という言葉で残っている。現代日本では、アメリカの影響が強いＩＣＵ（国際キリスト教大学）の寮でマイルドな形で残っていると聞いた。(10) これも「新入生いじめ」の遠い影響であろう。我が国の「イッキ飲み」も一種の新入生いじめであろう。何も奨励するために紹介してしているわけではない。歴史的に事実を探査していたら、こんな事例があったというに過ぎない。

角預けの儀式
（Peter Kruse: “Oalte Burschenherrlichkeit” S. 23 より）

17世紀の角預け
（Peter Kruse: “Oalte Burschenherrlichkeit” S. 30 より）

第三節　大学裁判権とカルツァー

1　大学裁判権

当時の大学は大学裁判権をもっていた。各大学の学則でどう大学裁判権を規定しているか検討してみよう。前にも引用したが、プロイセン一般国法にも「大学における正教授、員外教授、教師、および職員（officiant）は、裁判籍に関することを除いては、国王の官僚の持つ権利を享受する」（第二部第七三条）という規定があった。これは、裁判権を大学が持っていたことを示している。大学裁判を受け、学生牢（カルツァー）に入れられた経験があることを、著名な教育学者フレーベルの自伝に記述があるので、紹介しておこう。[11] 一八〇〇年代のごく初期の出版だから、一八世紀のことだと記述しても間違いを犯したことにはなるまい。

「第三学期の終りに近づくにつれて私の境遇の困窮は高まった。私は若し間違っていないなら、食堂の店主に三十ターレルの借金があった。この男は私に支払うように評議員会から再々請求させたが、私はとても支払うことが出来なかった。その上彼は直接父にかけ合って見たが、父から全然拒絶の返事を受取ったので、私はこれ以上支払を怠ると監禁の処罰を受けると申し渡された。而も私は実際この罰に処せられた。私の継母は父の不機嫌を掻き立て、そして父の頑固を喜んだ。尚お多少の財産は私のために何とかすることの出来た後見人は、私を助けようと思えば助けることが出来たのに助けなかった。というのは法律上のどの文字も彼の側からの干渉に反対していたからである。私の逆境を続けさせることに依って一方は他方の頑固を打破ろうとした。このようにして私はこの頑固な人々の気まぐれの玩具となり、そしてそのようなものになって私は九週間イェナの監禁室で憔悴した。ところが大学裁判の席で私が後年の父の遺産相続の権利を放棄すると言ったのが遂に父を満足させ、そのために漸く私は放免された。」

この引用から以下のことが分かってくる。

①　フレーベルは、食堂の店主に三十ターレルの借金があった。

②　亭主はフレーベルに支払うように大学の評議会から再々請求させた。

③　フレーベルは九週間の大学の監禁室（カルツァー）に入れられた。

④　大学裁判の席でフレーベルが後年の父の遺産相続の権利を放棄すると宣言した。

⑤　フレーベルは放免された。

これからも明らかなように、大学外の店に借金があると、大学評議会に訴えられ、判決を受け、カルツァーに入れられるのである。

大学裁判権は、近代国民国家が形成されるにつれて、次第に廃止されていく傾向にあった。たとえば、オーストリアでは、一七八三年には廃止されたが、領邦ごとに違いがあって、なお一〇〇年くらい長く続いた大学もないではない。プロイセン邦のベルリン大学（一八一〇年創設）では、一八一六年の大学学則（Statut）に大学裁判権の規定がある。ハレ・ヴィッテンベルク大学（一八一六年に両大学は統合された）における一九世紀の「大学学則」にも大学裁判権の規定がある。

2　カルツァー

カルツァーとは学生牢（長田の訳では監禁室）のことである。各大学のカルツァーは、第二次世界大戦のアメ

ゲッティンゲンのカルツァー
（写真筆者）

ハイデルベルクのカルッアー
（R. A. Mäller, Geschite der
Univers-tät 1990 S. 194 より）

ゲッティンゲンのカルツァー
（写真筆者）

テュービンゲンのカルツァー
（Universitätsstadt Tübingen. S. 43 より）

リカ軍の爆撃で、たいてい破壊されてなくなった。しかしいくつかの大学では残存している。ハイデルベルクも、京都と同じく爆撃されなかったので、昔日のまま残っている。

ゲッティンゲンのカルツァーは第二次世界大戦で破壊されたが、貴重な大学文化を残すという意味で再建されている。たくさん写真を撮ってきたが、それらのうち二枚だけ示そう。

第四節　飲み屋と音楽

学生といえば、酒と音楽である。『酒と女と歌』という中世の学生生活の本も西洋にはあるくらいである。現代なら題名からして人権問題になろう。

(1) 飲み屋

ここに示すのは、学生飲み屋としてハイデルベルクに今も残る「ロターオクセン」(Zum Rotenochsen 一七〇三年建設)の外観と"Zum Seppl"の内部である。[12]

(2) 音　楽

音楽を奏でている学生の写真は、ライプツィッヒ大学創設六〇〇年を記念して出版された本からとってきたものである。[13]

自由七科とは、中世の七つの学芸のことであり、文法、論理学、修辞学、算数、幾何、天文学、そして音楽であった。とりわけ哲(教養)学部の教授科目として、中世から一六・七世紀にかけて、大学に定着していた。

ドイツ学生の歌といえば、ブラームスがブレスラウ大学(当時プロイセン領、現ポーランド)に捧げた『大学祝典序曲』が有名であるが、この曲には、それまで歌い継がれてきたドイツの学生歌がふんだんに取り入れられている。

Zum Roten Ochsen の外観
(R. A. Müller, Geschichte der Universität. 1990. S. 202 より)

音楽を奏でている学生
(Geschichte der Universität LEIPZIG 1409=2009 S. 606 より)

Zum Seppl の内部
(R. A. Müller, Geschichte der Universität. 1990. S. 202 より)

音楽を軸にした自由七科
(ライプツィヒ大学の展示より)

第五節　『大学生活の素描』

ヴュルツブルク大学の研究所には一七二五年ごろ書かれた『大学生活の素描』（Abschiderung des academischen Lebens）の原画が残されている。この絵は当時の学生の生活実態を誇張された形ではあるが、よく示していると評価されて、様々な大学史の書物に掲載されている。[14]

以下に示す画像は、ヴュルツブルク大学の「高等教育研究所」の収集責任者であったアルビン・アンゲレン（Albin Angeren）博士の九〇歳を記念して、一五〇部ほど限定復刻されたものの一つを筆者が入手したものである。①新入生、②勤勉な学生、③怠惰な学生、④闘う学生、⑤めかし込んだ学生、⑥酒を飲んでいる学生という六枚の絵が収められており、当時の学生生活を偲ぶことが出来る。この『大学生活の素描』は、バウワー（Max Bauer）の『ドイツ学生層の風俗史』にもこれらの絵は掲載されている。

考えてみると、いつの時代でも、どこの大学でも、新入生がいる、勤勉な学生や怠惰な学生がいる、ケンカをする学生いる、めかし込んだり、酒を飲んだりしている学生がいる、というようにシステムや国・大学はことなっていても、学生の生活実態は同じであることがわかる。

①　新入生

ゲーテの『ファウスト』に、新入生が高名な学者ファウスト博士（実はメフィストーフェレス）を訪ねる場面がある。この場面は、この絵とも関係して、当時の大学の習慣や新入生の様子をよく示しているので少し引用しておこう（訳は高橋義孝訳によった[15]）。

新入生

「学生　私は御当地へ参ったばかりの者ですが、
万人が恭しくお名前を口にする
先生にお見知りお置き願いたいと思いまして、
早速にお伺い申上げた次第です。
メフィストーフェレス　これは御丁寧な御挨拶だ。
わしとてもそう特別な人間というわけではない。
これまでにどこかほかへも行ってみたのかね。
学生　どうか御門下にお加えいただきとう存じます。
勉強する気は十分にありますし、
学資も多少は用意があり、元気一杯です。
母親は私を外へ出したがらなかったのですが、
私はぜひよそでしっかり勉強しようと思いまして。」

ドイツの大学では、学習課程がしっかりとあるのではなく、最終的には一人の先生について勉強し、学位を取得するというやり方がシステムとして出来上がっている。だから学生は「どうか御門下にお加えいただきとう存じます。」と言うのである。

メフィストーフェレスが「これまでにどこかほかへも行ってみたのかね。」と言っているのは、当時の大学の習慣に基づけば、二つの解釈が成り立つ。一つは、他の大学に行ってみたのかという質問にもとれる。ドイツの学生には「転学の自由」、「大学を選ぶ自由」があるからである。もう一つの解釈は、この同じ大学の他の先生のところに行ってみたかという意味にもとれる。いずれにせよ学生には大学を選ぶ自由があり、転学の自由もあり、大学教師を選ぶ自由もあったのである。

②　勤勉な学生、③　怠惰な学生

どの時代にも、何処の大学にも、勤勉で真面目に勉強する学生と怠け者で寝てばかりいたり、授業をサボる怠惰な学生がいるものである。これらの絵は、勤勉な学生と怠惰な学生を示したものである。勤勉な学生は、起きて本で勉強しているし、怠惰な学生は、寝てばかりいる。

④　闘う学生、⑤　めかし込んだ学生、⑥　酒を飲んでいる学生。これらは写真を見ていただければ、分かるであろう。

勤勉な学生

怠惰な学生

闘う学生

めかし込んだ学生

酒を飲んでいる学生

（本書のため書き下ろし）

（1） Pütter, J. S. Versuch academischen Gelehrten=Geschichte Georg=Augustus=Universität zu Gottingen. 1765, S. 318-319.

（2） *Geschichte der Universitat Jena 1548/58～1958*. S. 311.

（3）Pütter, a. a. O., S. 319.
（4）Pütter, a. a. O., S. 321.
（5）Müller, Rainer A.; *Geschichte der Universitat.* S. 150.
（6）Müller; *Geschichte der Universitat.* S. 144.
（7）H・ラシュドール著『大学の起源』下、横尾壮英訳、東洋館出版社、一九六八年、二八三頁。
（8）Krause, Peter: *Oalte Burschenherrlichkeit.* S. 23, S. 30.
（9）Krause, a. a. O., S. 31.
（10）国際基督教大学名誉教授立川明氏のご教示による。
（11）長田新訳『フレーベル自伝』岩波文庫、四八〜四九頁。
（12）Rainer A. Müller, a. a. O. S. 202.
（13）*Geschichte der Universität Leipzig* 1409–2009. Sates Mittelalter und Fruhe Neuzeit 1409–1830/31, S. 616.
（14）Abschiderung des academischen Lebens.
（15）ゲーテ著『ファウスト』高橋義孝・望月市恵・高橋健二訳、新潮世界文学4「ゲーテⅡ」、一九七一年。

終章　近代大学とは何か

これまでの叙述によって、一八世紀におけるドイツの大学のごく大まかな特徴は把握できたと思う。最後に、内容的には多少重複するところもあるが、それをいとわずにドイツの大学史における「近代とは何か」というアスペクトからの整理を試みて、本書を閉じることにしよう。すなわち、最後に、総括的に一八世紀のドイツの大学を「変化の相」の流れの中で総括的に考察してみようというわけである。

それでは、近代大学の特徴とはそもそも何か。いかなる要素が出そろえば、近代大学と呼んでよいのか。一八・一九世紀の大学にみられる諸現象は、すべて近代大学を特徴づける指標と見てよいのであろうか。一七世紀までと異なる要素があれば、近代大学を特徴づける指標と見てよいのであろうか。そしてまた、中世にあった要素を払拭し、中世にない要素をもっていれば、近代大学と言ってよいのであろうか。問題は簡単ではなさそうである。

パウルゼンは「ハレ大学は本来的意味で初めての近代大学である」(Halle ist die erste eigentliche moderne Universität) と言い、大学の研究史上、一八世紀にドイツの大学で起こった変化を、次のようにまとめている。[1]

① 思考の自由 (libertas philiosophandi)、すなわち研究の自由と教育の自由という原則が大学のなかに入ってきたこと。

②　とりわけ近代的な宇宙論や物理学に基礎をおいた新しい哲学が、スコラ哲学に取って代ったこと。
③　新人文主義が、形骸化した模倣（キケロの模倣）にとって代ったこと。
④　ドイツ語が教授用語として主流となり、教授用語としてのラテン語を大学から駆逐したこと。

以上四点を挙げているが、近代大学という言葉の意味内容は、我が国ではこれまであまり厳密に検討・定義されることなく、無造作に使われることが多かった。この点は、従来の日本の大学史研究において批判されてしかるべきだろう。したがって、いかなる特徴をもっておれば、近代大学と呼びうるのかを考察しておくことは、現在および未来のドイツの大学史研究にとって、意義なしとしない。

大学と教会、大学と国家、大学を取り囲む社会という三つの視点から光をあてて、考えてみよう。

第一節　大学と教会との関係

ヨーロッパにおける国民国家は、一方では神聖ローマ帝国やローマ教皇庁のような超国家的権威に対抗しつつ、他方では、教会や封建領主、自治都市といった中世的な社会勢力の自律的権力の要求と闘いながら、形成されてきた。ドイツでは、統一的な国民国家（連邦国家）が形成される以前には、ラントが国家と考えられていた。この伝統は現代でも生きている。ここでは、ラント＝国家という視点で考察していきたい。

一八世紀に起こった変化として、神学部の地位の低下に象徴的に示されているように、教会的要素が払拭されたことを挙げなければなるまい。たとえば、ヴィーン大学では、一七八二年から八八年の間に大学と教会との関係が完全に断たれている。これは、「教会からの分離」（Trennung der Universität von der Kirche）と特徴づけることができよう[2]。すなわち、教会は自分の力を大学に及ぼすことが、事実上出来なくなったのである。

第二節　大学と国家との関係

次に、「大学と国家との関係」を問う。実は筆者がこういう問題意識を持ったのは、第Ⅱ部第三章で言及したキンクのヴィーン大学史の叙述もさることながら、『覚醒の中の大学』（Universitat im Aufbruch）に収められたトマス・ペスター（Thomas Pester）の「自治と国家理性の間――一八世紀と一九世紀の移行期における、大学に対する国家統制の制度化」（"Zwischen Autonomie und Staatrason: Zur Institionalisierng sataatlicher Kontrolle an der Universitat Jena im Uebergang vom 18. zum 19. Jahrhundert."）を読んだ時であった。この論文では、イェナ大学を軸として、大学と国家との関係が論じられている。大学と国家の関係は、一八世紀に限らずいつの時代においても緊張関係にあった。ドイツで国家といえば、領邦国家（ラント）のことである。

ドイツの大学の歴史に即して考えてみると、大学と国家の関係は、理論的には次のように言えるだろう。大学はもともと教育の自由、研究の自由、学習の自由、学位授与権、大学教授資格授与権、後継者養成権（補充権）、大学裁判権、大学運営権（とくに学長や学部長を選ぶ権利）などの特権をもった団体として創設されたという歴史的事実があり、よしんば大学が財政的に国家に依存する施設になったとしても、大学には固有な自治権が伝統的にあるとも考えられる。大学は、特権をもつ団体（ギルド）と考えられる。

他方、以下のような考えも成り立つ。大学に自治権があると言っても、大学自体の存立は国家の意思や法律によって基礎づけられており、大学の特権はもともと国家から分配を受けたのだから、大学にはじめから固有な諸特権などあるはずがない。大学自治を法律関係の側面から考えていくと、大学自治は国家によって法認されているにすぎないのだから、大学が、国家の強い監督のもとに置かれるのは当然ということになる。

現実において考えてみると、国家は、自己のなかに「国家のなかの国家」の存在を許さず、自己の支配機構のなかに取り込もうとする。それが国家の本性だからである。他方大学は大学で、中世以来持ち続けている団体権を保ち続けようとする。

そうすると、国家が大学に対して守るべき特有の基準はなんだろうかと考えてみる必要がありそうである。この問題は、まさに国家理性（Staatrason）の問題と言わなければならない。国家理性の問題は、大学に関する限り、政治権力の把握者が大学をコントロールするばあいに鮮明にあらわれる。このばあいには、問題が高度に白熱化し、喧しい論議の対象となる。両者の微妙な関係は、国家の行動や大学の活動に最もよく発現すると言っていいだろう。国家理性という言葉は、国家が理性をもって行動するという意味ではなくて、国家の守るべき特有の行動基準と解していいだろう。領邦国家の勢力が強力になるに随って、ギルド、荘園、教会、自由都市などの中世的な社会勢力は障害になってきた。

前にも書いたが、アレキサンダー・クルーゲは、大学と国家との関係の歴史について、①中世における大学監督（一四世紀から一七世紀まで）、②初期絶対主義的大学監督（一六世紀から一七世紀まで）、③一八世紀における大学監督と古典的大学監督、④一九世紀および一九四五年までの伝統的大学監督、⑤現代における大学監督（法による監督）という時代区分を試みている。さらに一八世紀は、①機械的監督、②急進啓蒙的監督、③官僚制的監督、④古典的監督の四つに分けて説明している。

では、一八世紀のドイツ大学の歴史について具体的に見てみよう。ギルド、荘園、教会、自由都市などの中世的な社会勢力の一つである「大学」も例外ではなかった。大学も教会も、領邦宗派主義の時代にはすでに領邦大学・領邦教会となっていたが、大学に限って言えば、国家化の傾向はさらに進行した。それは、一面で大学の「国家の機関化」(Verstaatichung)、他面で大学の「団体権の喪失」(Aufhebung von Korporations-Rechten) と呼ばれる歴史現象である。

オーストリアやプロイセンの事例を思い出していただければいい。オーストリアではヨーゼフ二世治下の一七八三年に急進的な国家改造が行われ、その一環として、大学が伝統的に保持してきた団体的特権は廃止された。とりわけ、大学裁判権は、ギルド的遺物として、廃止された。教授のガウンや大学の公印も廃止された。さらに重要なことは、大学教授の地位は、国家の官吏と同じとされたことである。(3)

プロイセンでは、一七九四年に「一般国法」(Allgemeines Landrecht für die preußischen Staaten, ALR と略称される) が施行され、「大学」は「自治団体」と「国家の機関」という大学の二重性格が法律に明文化された。その第七三条は「大学のすべての正教授、員外教授、教師そして職員は、裁判籍に関することを除き、帝国官吏の権利を享受する」と規定している。(4)

このように、大学は自治団体 (ギルド、ツンフト) から国家の施設へと変容させられ、絶対主義的国家官僚制のなかに組み込まれた。(5) 大学は、人文主義的な学者共和国から啓蒙主義的な国家に奉仕する施設へと性格転換させられたのである。(6)

さらにまた、国家に取り込まれる現象と裏腹の関係にあるが、中世的な中間勢力としての団体的性格を喪失したことも挙げなければならない。団体的特権の基本をなす教授仲間を自分たちで選ぶ権利も、せいぜい提案権・具申権とされ、最終的な教授任命権は領主や文部大臣の手中にあった。これを「団体的特権の喪失」と特徴づけることができる。

以上のことは、多くの無視することのできない、多数のインパクトを大学に与えた。それらのインパクトをまとめておこう。

（1）国家による任命権の優位

正教授の選任にあたっては、大学・学部の仲間権（教授仲間を自分たちで選ぶ権利）よりも、国家の任命権が圧倒的に優勢となり、大学はせいぜい推薦権を有するに留まり、ときにはそれさえも無視されることがあった。

（2）教授の国家官僚化

大学が教会との関係を断つことは、逆に言えば、それだけ国家に取り込まれることを意味する。つまり、国家の施設となったのである。国家に取り込まれることは、教授が国家の官吏となることを意味する。これを「官僚化」（Bürokratisierung）と呼ぶことができよう。さらに、教授は国家の官吏となり、権利や義務が明確に規定されるようになった。また、正教授・員外教授・私講師という大学教師の官僚的位階制度が完成した。

（3）聖職禄から俸給へ

大学が国家に取り込まれ、教授は官吏となったことにより、教授の経済的基盤は聖職禄から俸給へと移行していった。中世以来、教授の経済的拠り所は教会聖職禄によるところが大きかったが、ルネッサンス・宗教改革期に至り、教授の俸給は次第に領主の私財庫や領邦政府から支出されるようになってきた。とりわけ、神学部以外の教授たちはそうであった。一八世紀の後半になると、大学が国家の施設と変容したのに伴い、すべての教授は国家（領邦政府）から俸給をもらうようになった。

（4） 大学の教授科目の決定

プロイセンでは大監督官が、一七七〇年にプロイセンの全大学に向けて、「四学部における学生のための方法論的指示」（Methodologische Anweisungen fur die Studirende in allen 4 Facultaeten, 4le.）を出し、その中で学部ごとに、一年で学ぶべき科目、二年で学ぶべき科目、三年で学ぶべき科目を細かに定めている（ケーニヒスベルクについては第Ⅱ部第七章を参照）。

バイエルンのインゴルシュタット大学では、一七八四年一一月一日から一七八五年八月三一日までの冬学期の教授科目を、「領主の最高命令の提示」（Anzeige kurfurstl. Hochten Befehl）として公示している。

こういう事実を考えると、大学からまず教授科目に関する情報を領主側に伝えたとしても、最終的には領主からの指示や命令という形で大学に示されたのである。こういう指示の仕方が最も抵抗がなかった。

（5） 大学に対する査察・監査の実施

一六世紀以降顕著になってきたことであるが、大学に対して査察（Visitation）や監査（Revision）が実施された。それは一八世紀にも続いた。査察において、大学の財政状態、学則に則って大学が運営されているか、各教授の受講学生数等が調べられた。さらには、各教授について学生の評判、教授科目、学者としての資質、教師としての能力・熱意、将来性というような個人にかかわる評価までも行われた[7]。

（6） 国家に奉仕する実用的な学問の優勢

大学が自治団体から国家の施設へと変容したことにより、大学教育は、若者を国家・教会・学校に奉仕させるためにあると認識され、純粋に実用的な学問が優勢となってきた。当時の代表的な大学論者ミヒャエリスは、「大学が領邦にもたらす利益」とか「大学学問がもたらす利益」という論点から大学を論じている[8]。これは、大学は実学をもって国家に奉仕する存在にほかならないという当時の認識をあますところなく語っている。

オーストリア、プロイセン、バイエルンという大きな三つの領邦でみたように、大学は、領邦国家の一つの機関という性格を強くもたされるようになった。それに伴い、大学教授は領邦国家の官僚として位置づけられた。先に、国家に奉仕する学問を優先的に教授したという事実を指摘したが、大学内に国家に奉仕する精神のみが充満していたのではない。

たとえば、創設された翌年（一六九五）のハレ大学の講義目録によれば、哲学部において、F・ホフマンは、実験物理学を教授しているし、道徳哲学・政治哲学の教授J・F・ブッデウスは、政治学と自然法を講じている[9]。

また、哲学の教授J・スペルレッテは物理学および数学の教授として招聘されたが、「新哲学の教授」（Prof. Philos. novae）と自称し、一六九五年には彼自身の哲学体系、デカルト哲学、地理学そしてフランス語を教えている。

こうした事実は、伝統的な権威に対して、合理的・理性的な思考方法、思考の自由（libertas philosophandi）に裏打ちされた学問が教えられ始めたことを示している[10]。デカルト哲学はその象徴と言ってよいだろう。

さらに、法学部では、伝統的な教会法やローマ法が教えられている一方で、公法・封建法、自然法・国際法といった新しい法学教材とともに、ドイツ法、訴訟法が教えられている。要するに、ローマ法のみならず、ドイツ国内法が教授されるようになった。

このように、国家主権は、ギルドや自治都市などの「中間勢力」、「国家のなかの国家」のような団体の自主性と自律性を剥奪することなしには成立しえない。大学もその一つであった。大学も国家の機関となってしまい、組織的性格を変えていかなければ、生き延びていけなかった。

第三節 「大学の自治」

このような状況のなかにあって「大学の自治」をどのように考えたら実態にあうのだろうか。

ドイツの諸大学は、国(領邦)立であり、歴史的に団体(ツンフト)権をもつものと考えられてきた。もちろん、とりわけ教授は大学自治の主体的な担い手(トレーガー)と考えられてきた。しかし、観念的にではなく、あるがままに見つめれば、先に見てきたように、「思考の自由」が叫ばれていた時代に、私講師や員外教授は言うに及ばず個々の教授さえも、個人評価をうけていた事実は否定すべくもない。

それだけではない。確かに大学は、中世におけるその成立以来、学位授与権、教授仲間推薦権(自己補充の権利をもっていたのは下級学部の哲学部だけで、上級学部は推薦権だけをもち、決定したのは領主である)、学長職および学部長の選挙権および被選挙権、学位取得者の納入手数料配分権、教授の自由、検閲からの自由、大学裁判権、免税特権、大学財産運用権(ヴィーンでは、一七八〇年代に廃止)、教授資格授与権(誰を大学の教壇にあがらせるかを決定する権利)などを享受してきたが、大学財政や教授の給与、大学財産などの重要な事柄は、国家に依存せざるをえなかった。しかも、この時代の大学は、正教授が中心となって運営する「正教授大学」(Ordinarien-universität)であったから、国家は正教授人事をしっかりと握ってさえおれば、大学全体を把握しているのと同じであった。国家は、大学内部の自由は認めていたのであるが、大学が「国家のなかの国家」であることは、認めなかったと考えていいだろう。

したがって、「思考の自由」が大きな思潮となってはいたとしても、この時代の「大学の自由」や「大学の自治」を語るとき、それは、精神的自由、大学内部での自由であったことを忘れてはなるまい。国（領邦）立であったにも関わらず、学長を自分たちで選ぶ、学位や教授資格を国家から独立して授与する、教授を選任する、そういう自由であったことを忘れてはなるまい。観念的にではなく、歴史的実態に即して「大学の自治」や「学問の自由」を考察するとき、この事実をぬきにしては考えられないと思う。

しかしながら、わが国においては、「大学の自治」や「学問の自由」について語られるとき、ドイツの大学、特にフンボルト大学のことがよく引き合いに出される。たしかに、フンボルト、フィヒテ、シェリング、ヘーゲルといったドイツ観念論の学者たちは「大学の自治」や「学問の自由」を唱道したが、自由が余り無い所でかえって自由の理論的掘り下げがよく行われるという典型的な事例のような気がする。

第四節　大学内部における変化

一八世紀には大学内でどのような変化が起こったのだろうか。次に大学の内部に目を向けてみよう。

（1）正教授支配の大学

大学は国家の機関となり、正教授は、学長や学部長の選挙権や被選挙権、大学や学部の運営権、大学の根本機能である学位授与権を独占するに至った。このように、教授の学内的権限は絶対化していった。したがって、ドイツの大学、この時代にすでに「正教授支配の大学」としての性格を十分確立していたと言っても過言ではない。(11)

(2) 大学学問の専門化・高度化および教授職と特定学問の結びつきの強化

とくに一八世紀の後半になると、教育内容が次第に専門化、高度化してきた。一人の教授が専門的にある学問分野を教え続け、他の教授職に移ることを阻む体制ができあがりつつあった。学問の専門化・細分化の傾向は、一九世紀にはいってさらに進行する。

こうした大学学問の専門化・高度化に対応するには、従来のように、ドクトル学位を取得しただけでは不十分で、より高度の研究能力と教育能力が不可欠と認識されるようになり、大学教授資格試験(ハビリタツィオン)が導入された。これにより、将来の教授予備軍としての私講師制度ができあがった。

それとともに、正教授・員外教授・私講師を基本型とするドイツの大学に特有な大学教師の官僚的位階制度も完成したと言ってよい。

(3) 法学部の地位の向上

大学内部においても一八世紀には変化が生じた。学部間の勢力関係の変化という観点からみると、法学部や哲学部の地位が向上してきたという事実を指摘しておかなければならない。中世・近世の時代においては、大学は神学者養成の場であり、教会の機関と目されていたので、神学部が最も有力な学部であった。

ところが、一七・一八世紀は法学部が有力になってきた。それは、近代国家の成立とそれにともなう官僚制の整備を背景としていた。国家のあらゆる領域に法学を修めた官僚が進出したので、この時期に「法学者の独占」(Juristen Monopol) と呼ばれる現象が出現した。中世から領邦宗派主義の時代には、神学部が有力な学部であった。しかし、大学が領邦国家に取り入れられ、国家の機関となるにしたがって、法学部が強力なってきた。ゲーテがファウストに「いやはや、これまで哲学も、法律学も、医学も、無駄とは知りつつ神学まで、営々辛苦、究めつくした。」と言わせているのは、この時代の神学に対する評価を表している。[12]

ヴィッテンベルク大学においても、一七八九年の各学部ごとの人数は、神学部三名（正教授のみ三）、法学部一五名（正教授四、員外教授一、私講師一〇）、医学部五名（正教授三、員外教授一、私講師一）、哲学部一三名（正教授九、員外教授一、私講師三）、また一八一〇年には、神学部六名（正教授四、バカラリウス二）、法学部一一名（正教授五、員外教授二）、医学部六名（正教授二、員外教授一、私講師三）、哲学部一四名（正教授九、員外教授一、私講師四）というように、上級三学部のうち法学部が、そして哲学部が多数の教師を抱える学部になっている。[13]

ヴィッテンベルク大学法学部では、勅法集成（コデクス）や学説集成（パンデクテン）、法学提要（インスティテューション）、学説彙纂（ディゲスタ）などの伝統的学問も教授職になっているが、その他、ザクセン法（jus saxonicum）、封建法、ピュッター（Pütter）の教科書にしたがって公法などが教えられている。ハイデルベルクでは、公法や封建法（ius piblicum et feudale）、自然法や国際法（ius naturale et gentium）など、新しい法学の教材が教えられている。

（4）　哲学部の地位の向上

大学内部の学部間の勢力関係の変化という視点からみたばあい、法学部と並んで哲学部の地位が向上してきた。中世や近世の時代にあっては、大学は神学者養成の場、教会の機関と目されていたので、神学部が最も有力な学部であった。哲学部は上級学部、とりわけ神学部の下請け機関（ancilla theologiae）と呼ばれる位置にあまんじていた。今日でも、神学部は学部の序列において、形式的にではあれ、筆頭学部であることに、そのなごりをとどめている。

この時代に最も教師数の多かった哲学部は、大学内部で次第に重きを成すようになってきた。これは、カントやヴォルフに代表されるように、哲学的思惟の転換と密接に関係していた。そして、一九世紀には、哲学部は「諸学部の女王」という位置づけを獲得するにいたった。

(5) 教授方法の変化

中世以来の伝統的教授様式である「討論」(Disputation)や「演説」(Deklamation)は、ラテン語の衰退と時を同じくして、ゼミナール(Universitatsseminare)がそれらにとって代った。

ゼミナールとは何か。少し説明しておこう。ゼミナールには、大きく分けて、五つの意味がある。①専門の研究所という意味がある。日本学研究所というように。②そういう研究所の部屋、空間を意味する。③講義と区別して、演習のある授業の一形態という意味がある。④神学生のための司教区制度という意味がある(Klerikal-Seminar)。⑤初等・中等教員の養成コースという意味がある。[14] ここでは言うまでもなく、演習のある授業の一形態という意味である。

教育目標が「知恵と雄弁に支えられた信心深さ」から「思考の自由」へと変ってきたことや学問の性格の変化にともなって、教育方法も、中世以来の「討論」(disputatio)や一六世紀から採用された「演説」(declamatio)から「ゼミナール」方式へと変ってきた。個々人の自己形成を促す教育方法が採用されたのである。

(6) 大学教師の世俗化と家族大学

中世においては、大学教師は独身でなければならなかったが、ルネッサンス・宗教改革の時代以降は、大学教師も世俗化し、妻帯するようになった。その結果、すべての大学というわけではないが、比較的小規模の大学において、教授職(講座)が、あたかも家屋や土地、家財道具あるいはギルドの成員資格などのように、血縁者の内で相続されるようになった。このような「家族大学」においては、血縁者を教授ポストに据えるので、競争原理が作用しなくなるという弊害をもたらした。

(7) 領邦宗派主義から脱却

この間、大学内部の基本的性格に関わることではないが、ドイツの大学史全体に関わる重要な現象として、宗教改革以降、カトリック、プロテスタントを問わず、実に多くの小規模な大学が創設され、また、一八世紀の終わりから一九世紀のナポレオン戦争期の多数の大学が廃止されたという特異な事実を書き留めておかなければなるまい。

神学部では、ハイデルベルク大学で見られるように、カトリック部門（fakcultas theologica ex parte catholicorum）とプロテスタント部門（fakcultas theologica ex parte reformatorum）に分けられるようになった[15]。神学部が二つに分裂することは、大学が宗派主義から脱しようとすることを示すシンボルである。近代化ということの一つに、宗派主義からの脱却が挙げられよう。

(8) 新しい哲学や新しい学問の勃興

ここでは、一八世紀のドイツ大学でどのような学問領域が教えられていたのかという問題について考えてみよう。

医学部では、治療学、病理学や外科、臨床、解剖学や植物学などの新しい学問領域が教えられている。哲学部では、「経済・官房学原理」という学問領域があたらしく正教授になっている。新しさ（伝統的大学にはみられないという意味において）という点では、やはりハレ大学哲学部のいくつかの学問領域はきわだっている。一六九四年に創設されたハレ大学では、科学史に名前をとどめているフリードリヒ・ホフマン（一六六〇～一七四二）が「自然哲学・実験哲学」の講座を担当し、実験物理学を教授している。また、当初物理学および数学の教授として招聘されたスペルレッテ（J. Sperlette）は、のちに「新哲学の教授」（Prof. Philos. novae）と自称し、彼自身の哲学体系、デカルト哲学、地理学そしてフランス語を教えている[16]。

新しく勃興してきた学問の性格は、過去の大学学問の伝統にとらわれず、知識の伝達よりも知識の創造を目指した、自由な合理的精神に支えられ、実用的・実践的性格をもっていた。この精神は、同時代の哲学者トマジウスの表現を借用すれば、「思考の自由」（libertas philosophandi）と表現することができよう。従来の知識の伝達を重視する傾向から、新しい知識の発見や創造を重視する方向へとその性格を変容させたのである。

一八世紀の大学はモーラフの時代区分では、古典期以前にいれられているが、とくに一八世紀の後半期は、これまでの叙述によって、すでに「古典期」にいれてもおかしくないくらいに、古典期の特徴を具備していると言ってよい。

したがって、一九世紀の古典的大学は、一八世紀まで存続してきた四学部制を基本とする伝統的な組織（古い皮袋）に合理的な学問や思考の自由（新しい酒）を盛ったものと言っても差し支えなかろう。このように、前の時代には大学で取り扱われなかった科目についても、新しい潮流を見いだすことができる。

（9） 大学の教育目標の変化

教育の目標も、一六・一七世紀までと大きく変ってきた。この変化のプロセスを述べておきたい。この変化は、“eloquens et sapiens pietas”（「雄弁と知恵に支えられた敬虔さ」）から“libertas philosophandi”（「思考の自由」）への変化と特徴づけられる。その過程を簡単に説明すると、以下のように言えよう。

一六世紀の人間性（humanitas）を重んじるという原則は、大学にゆっくりと浸透していき、宗教と融合して、「雄弁と知恵に支えられた敬虔さ」（eloquens et sapiens pietas）という教育の目標として定着した。科目的には、論理学や修辞学がよく勉強され、キケロ的なラテン語が好まれた[17]。「知恵と雄弁に支えられた敬虔さ」(sapien et eloquens pietas) というフレーズは、メランヒトンに代表される人文主義的宗教改革的教育理念を端的に指すことばと見なすことができよう。とりわけプロテスタント領内の大学の教育目標や学則にも強い影響を与えたのである[18]。

ヘルムシュテット大学の学則は、この「知恵と雄弁に支えられた敬虔さ」という教育目標をよく表している。具体的に言うとこの大学にいては、知恵・知識・徳によって「精神の陶冶」がなされ、「言語・雄弁の習得」がなされなければならないと考えられていた。人間は理性 (ratio) と言語 (oratio) に基づいているから、とりわけ理性と言語を伸張し、開発しなければならない。教育の最終目標は、「知恵と雄弁に支えられた敬虔さ」(sapien et eloquens pietas) にほかならなかった。これは、メランヒトンやシュトゥルムの人文主義的宗教改革的教育理念と同じであった。したがって、とりわけプロテスタント領内の大学や学校の教育目標や学則にも強い影響を与えた[19]。

シュトゥルムの教育の目的は、「新しい福音的信仰に奉仕する専門的知識・知恵と表現能力」と特徴づけることができる。これは一般に言って、新しいプロテスタント的ヒューマニズムの学校の目的でもあった[20]。

一八世紀になると、教授内容は、人文主義的な学問から合理的・経験的学問へと変っていった。それに対応して、大学教育では「思考の自由」(libertas philosophandi) が強調された。

前に述べたように、ゲッティンゲン大学において、「自由」が定められたということは、ドイツの大学史のひとつの指標と見なすことができよう。事実、ゲッティンゲン大学においは、「学問の自由」を浸透させる努力が真剣になされた。大学は「自由なアトリウム」(Atrium libertatis) ――自由の家――であるべきであると考えられたのである。
まさに、カントが言ったように、「あえて賢かれ」(sapere aude)、「自分自身の悟性を使用する勇気をもて」というのが、啓蒙時代の大学の教育目標でもあった。[21] 学問を支える精神が、トマジウス、ヴォルフやカントの哲学に象徴されるように、「思考の自由」が主流になったことにともなって、大学の教育の目標にも変化が生じた。これまでの大学教育の目標は、メランヒトンやシュトゥルムといったプロテスタントの思想家のみならず、カトリックの大学も、「雄弁かつ知恵に満ちた敬虔さ」(eloquens et sapiens pietas)であった。[22]
したがって、一八世紀において、大学教育の目標は、「雄弁かつ知恵に満ちた敬虔さ」(eloquens et sapiens pietas)から「思考の自由」(libertas philosohani)へと特徴づけられる。

(10) ラテン語からドイツ語へ

ラテン語が大学で教授用語として使用されなくなり、ドイツ語が使用されるようになったことも、著しい一八世紀の変化と言わなければならない。たしかに、ラテン語は、大学と一般社会を区別立てる役割を果たしていた。一定の言葉の訓練をしなければ、当時主に大学と教会で使われていたラテン語を自由に操ることは不可能であった。現に、シュトゥルムは、ドイツ語をラテン語に翻訳する練習をギムナジウムの生徒に課している。[23] このように、大学で学ぶためには、日常生活で使う言語とは異なった言語(ラテン語)を自分のものにしておく必要があった。

大学の授業をはじめてドイツ語で行ったのは、有名な法学者トマジウスであった。ライプニッツも、学問を母国語で行うことを支持していた。

バーゼル大学でも一七六二年の決定によって、一七六三年から議事録(Protokoll)がドイツ語で書かれるようになった[24]。

ドイツ語を使用するようになった契機（キッカケではなく、ものごとを突き動かしていく原動力）は何だったのであろうか。自然に変っていったのではない。大学は、社会全体から孤立して真空の中に存在しているのではなく、社会を構成する組織の一部をなしている。社会を作っている人々の意識構造と無関係ではない。社会全体が、ドイツ語で授業をするように求めたのである。このことは、ナショナリズムと関係が深い。すなわち、一九世紀の後半に国民国家が形成される、遠い布石としての役割を担ったと言えるだろう。

ドイツ語で授業がなされるようになってくると、だんだんドイツ語で書かれた論文や著作もふえてきた。現に、ゲッティンゲン大学で行われた演説は、創設時のヨハネス・フォン・ハラーの演説からすべてドイツ語で行われているのである。プュッター（Johann Stephan Pütter）のゲッティンゲン大学史に関する著作も、ドイツ語で書かれている[25]。

(11) 大学教授になる者の精選

中世から一八世紀の初期に至るまでの時代にあっては、学部の授与する学位（バカラリウス、リケンティア、ドクトル）を取得した者は、いくつかの条件を満たせば、「教師団」に採用され、教壇にたつことができた。つまり、学位の取得が即ち教授資格の取得をも意味していたと解釈してよいだろう。

ところが、一八世紀のなかば以降になると、私的に個人の資格で教える教師たちは、学位の取得以外に一定の条件を満たさねばならなくなってきた。

一六九四年のハレ大学哲学部の学則は、大学で教えようとする者に、学位を取得したあとで、公開の討論によって、教授能力を証明することを要求している[26]。

このようにして、一八世紀以降、大学教授資格試験（ハビリタツィオン）という言葉は、ドイツの大学において実体をもつ用語として、使用されるようになってきた。

大学教授資格試験導入の背景として、いくつかの理由が挙げられなければならない。

第一に、①大学学問の高度化をまず挙げなければならない。啓蒙主義時代における学問の進歩は、ただマギステルやドクトル学位を取得しただけでは、私的にであれ、公的にであれ教授するには不十分で、学位取得以上の研究能力と教授能力が要求されるようになった。

第二に、私講師層が「将来の大学教授の苗床」であるとすれば、当然私講師は、優秀な人物でなければならない。たとえば、一七三六年のゲッティンゲン大学学則は、私講師について、次のように定めている。「教授権能は、学部の中で賞賛に値するほど卓越した人物もしくは学則のなかで規定されたいくつかの前提条件を満たす人物を除いては、軽々しく授与されるべきではない」と。(27) ここには、私講師になる者を精選する考えがはっきりと認められる。

第三に、私講師になる者を精選しようとする要請は、領邦国家の側からも出てきた。ドイツの大学は、中世以来ギルト的原理にもとづく「自治団体」としての性格を伝統的に持ち続けてきた。しかし、他方、国家にとって大学は行政、司法、学校といった支配機構に官僚を提供する公的施設でもあった。官僚の養成という任務をもたされた大学の教授たちは、一八世紀の後半から一九世紀の前半にかけて、国家の官僚としての身分が保証されるに至る。私講師が将来の大学教授の予備軍であるとすれば、国家も私講師の精選に無関心ではいられなかったからである。

大学教師になる者に試験（ハビリタツィオンの原型になるもの）を課して、精選しようとする傾向が顕著になってくる。やがて一九世紀になってくると、ハビリタツィオンは、大学教授になる者が必ず受けなければならない試験となった。

(12) 研究の大規模経営化

ゼミナールやインスティトゥートなど学問研究の大規模経営の萌芽ができたことも一八世紀の著しい特徴として挙げなければならない。そこでは、教授が教育と研究内容を決定した。とくに、一九世紀それも後半になってくると、引き続き学問の分化が進行する。それと同時に研究が大規模化してきた。一人の人間がコツコツと研究するのではなく、大きなテーマに、予算をかけ、正教授を筆頭にして大人数で取り組む体制が出来上がってきた。その傾向は、文科系や社会科学系のゼミナールでもみられたが、とくに自然科学や医学の研究所において著しかった。この動きは、研究の大規模経営化と呼ばれる。ギーセン大学のリービッヒの化学研究所はその典型と言ってよい。こうした体制で研究する体制が確立されると、頂点にたつ正教授の支配力・権限はますます強化され、絶対化するに至る。一九世紀の後半から二〇世紀の交錯期には、これらの研究施設は「学術の大規模経営」へと変容していった[28]。

(13) 大学を考察対象とした著作の出現

大学を学問的考察の対象にした、後代の学問的批判に耐えうる優れた業績が出版されるようになった。しかも、ドイツ語で書かれている。このことは、この時代の著しい特徴と言ってもいいだろう。ミヒャエリスの『ドイツのプロテスタント大学についての論断』四巻（Michaelis, J. D., Rasonnement uber die protestantischen Universitaten in Deutschland, Bd. 1-4, 1768-1776, Neudruck 1973）やマイナーズの『ドイツ大学の構造と運営』（Meiners, C., Uber die *Verfassung und Verwaltung deutscher Universitäten.* 1801. Neudruck 1970）と『ドイツ大

インゴルシュタット大学解剖学教室と植物園
（Ludwing-Maxmikians-Universität Müchen. S. 23. より）

マイナーズ（原画筆者蔵）

1784年に出来たヴィーン大学の解剖学教室
（Rundgang durch die Geschichte de Universität Wien. S. 41 より）

学の生成発展史』四巻（Meiners, C., *Geschichte der Entstehung und Entwicklung der hohen Schulen uneres Erdteils*, Bd. 1-4, 1802, Neudruck 1973）は、その代表的な実例である。

実は、カウフマンやラシュドールの大学史に関する古典的名著も、こうした歴史と伝統の流れのなかで生まれたと言っても過言ではない。

⒁ 付属研究所の設置

とりわけ一八世紀の後半になってくると、研究の進捗にともなって、大学に付属する植物園や解剖学教室、天文台などの付属研究所が続々と各大学に出来てくる。天文台、ヴィーンやハレの解剖学教室、インゴルシュタットの解剖学教室・植物園などは、その代表的なものである。

第五節　大学外の要因

1　アカデミーの成立

一七〇〇年にブランデンブルグ科学協会（Brandenburgische Sozietat der Wissenschaften）が設けられた。一七〇一年にはプロイセン科学アカデミー（Akademie der Wissenschaften）がベルリンに設立された。それはドイツにおけるアカデミーの歴史において精神的基盤となるものであり、その初代会長はライプニッツ（Gottfried Wilhelm Leibniz 一六四六～一七一六）であった。

ドイツの第二のアカデミーは、ゲッティンゲンに一七五一年に創設された。

このように、大学と密接に関係するアカデミーが、大学の外に設立されるのも「近代」の特徴と言わなければならない。

2　読書会の成立（Lesegesellschaft）

一八世紀には、官僚や中等教育を担った教師たち、アカデミカーのみならず、一般の人々による知的社会が形成されてきた。すなわち、規模は大きくはないが、批判的な討議を行う公共圏が形成されるようになった。すなわち、ユルゲン・ハーバーマスが言っているように、ごくわずかの標準的な作品だけを繰り返し熱心に読むのではなく、つぎつぎと新たに出版されるものを読む習慣を身につけた人びとが、とりわけ都市部やその他の地域の市民層のなかから、また学者の共同体の枠を越えてそれを包み込むようにして、普遍的な読書する公衆が作り出

ANNO 1650.

Einkommende Zeitungen.

Aus der Narva vom 27. Maij.

1650年の新聞
（ライプッィイッヒ大学史の展示より）

されていったのである。それに対応して、新聞のような公共的なコミュニケーションも出現した。

また一方では、「啓蒙的な団体、教養クラブ、フリーメイソンなどの秘密結社や啓明結社」が作られ、その内部では対等な交流、自由な論議、多数決などが実践されていた(29)。

このように、大学を取り巻く知的環境と社会が大きく変化した時代が、一八世紀であった。まさに、「普遍的な読書する公衆」や「対等な交流、自由な論議、多数決など」を実践する公衆の出現は、啓蒙の時代の象徴と言えるかも知れない。

ここでは、話しを分かりやすくするために、大学内の要因と大学外の要因とに分けて考えてみたが、しかし、大学の内と外の要因は、相互に無関係ではなく、むしろ相互に深く関連しあっている。読書会（Lese Gesellschaft）も大学で教育を受けた読み手がなくては成立しない。出版はライターがいなくては成立しないし、ライターの全員と言えないが、その一部は大学の教師であった。また、印刷された講義目録は、出版社がなければ、不可能である。

読書グループで読まれる本・雑誌・新聞の一部は大学人の手になるものであった。読み手の側も、読みこなせるだけの知識と学力が不可欠であった。そのための知識や学力は、大学をはじめとする教育機関に学ばなければならなかった。大学内と大学外は密接に結びついていたと考えるのが妥当だと思う。

3　百科事典の出版

百科事典の出版が「知」のあり方に決定的影響を与えたのも、一八世紀の著しい特徴である。百科事典の出版が可能である為には、出版社が百科事典を出しうるまでに力を付けていなければならないことは、言うまでもない。

とりわけ注目すべき百科事典はツェドラーのそれである（写真参照）。これには大学史を研究する者にはどうしても欠かせない項目、「大学」、「学部」、「教授」、「ペデル」、「哲学」、「哲学者」、「ドクトル」、「マギステル」なども掲載してある。

一八世紀は、実はドイツだけではなく、百科事典がイギリス（大英帝国）でもフランスでも刊行されている。イギリスでは「ブリタニカ百科事典」（Encyclopaedia Britannica, 1768-1771）がスコットランド紳士協会の手に

ツェドラーの百科事典1722年
（ライプツィヒ大学の展示より）

リスティアーン・ゴットリープ・
イェッヒャーの『学者百科事典』
第一部，1750年
（ライプツィヒ大学の展示より）

よって、フランスでは、ディドロとタランベールとの共同編集によって、フランス啓蒙思想の集大成『百科全書』（本巻一七巻、図版一一巻）が、一七五一～七二年に発行された。また、事典学者ピエール・ラルースの編集によって、「大辞典」（Grand Dictionarie universel du 19c siecle, 1768-1771）が出版された。現在もドイツで出版され続けている「ブロックハウス」（Brockhaus Konversations-Lexikon）はツェドラーの事典の系譜を引くものと考えていい。

4 まとめ

まとめて言えば、①「大学の国家の機関化」、②「正教授支配の大学」、③法学部や哲学部の学内的地位の向上、④「大学教師の世俗化と家族大学」⑤新しい哲学や新しい学問の勃興、⑥大学の教育目標の変化、⑦教授用語の変化、⑧大学教授になる者の精選＝競争原理の導入、⑨研究の大規模経営、⑩大学を学問的考察の対象とした著作の出現、⑪付属研究所の設置、⑫アカデミーの創設、⑬「読書会の成立」、⑭「百科事典の出版」、以上一四の歴史現象が発生している。

これら、すべての要因が揃っていないと「近代大学」と言えないのだろうか。そうではない。とりわけ大学内の要因のうち基礎になっている考え方・哲学と学問は、決定的に重要であると思う。具体的に言えば、大学の国家の機関化、大学のなかで教授された哲学と学問領域、教授用語、大学教授になる者の精選＝競争原理の導入は、「近代大学」を測定する上で、とりわけ重要な指標となると思う。

右に挙げた一四の指標が、大学内部と大学外の団体との関係から見た一八世紀における変化の特性であるといっても間違いではない。実は、教会からの分離も、国家の機関化も、団体的特権の喪失も、実は同じ歴史現象の異なった顕現形態にほかならなかった。

大学内外で発生した歴史事象を観察してくると、近代大学は、すでに一八世紀にはほとんど出来上がっていたと言っていいだろう。すなわち近代大学を構成する要素は一八世紀には出そろっていたのである。一九世紀は、それらが大学で「確立」され、「変容」していく時代であったと言えよう。一九世紀に、ドイツの近代大学が「形成」されたのではない。「確立」され「変容」したのが、一九世紀なのである。ベルリン大学（一八一〇年創設）を軸とする古典期の大学は、「形成と変容」ではなくて、「確立と変容」と特徴づけられるのである。「近代大学とは何か」を定義することなく、無造作に近代大学という概念を使うのは、学問的に正しくない。

ところで、歴史上の出来事は、時代を超えて根底的に結びつき、密接に絡み合っている。その関係を、なんらの留保条件もつけずに単純に裁断するような歴史の見方は、誤りであろう。前の時代に兆候や萌芽形態があって、客観的条件が整い、時代の栄養分を十分に吸収し、成長をとげ、次の時代に大きく展開する現象もある。他方、前の時代を土台としつつも、次の時代には変容し、これまでとは異なった展開をみせる歴史現象もある。またなかには、胚珠細胞があったとしても、成長する客観的条件が整わず萎んでしまうものもある。かくのごとく歴史上の出来事は、連続する面もあり連続しない面もあり、多様であり、かつアンビバレントなものと言えるのではないだろうか。

（初出　『明治大学人文科学研究所紀要』第六九冊、二〇一一年、本書のために加筆・訂正）

（1）　Paulsen, F., *Geschichte des gelehrten Unterrichts*, Bd. II, S. 147-148. Paulsen, F., *Die deutschen Universitäten und das*

Universitatsstudium, 1966, S. 59–60. この本では、パウルゼンは、一八世紀に大学教育で生じた変化として、①近代哲学が、アリストテレス的・スコラ的哲学に、とって代ったこと、②伝統的な教授様式に代って、自由な研究と教育の自由という原則が登場してきたこと、③組織的な講義が、規範的テキストを解説するという形態にとって代ったこと、④ゼミナールが、討論にとって代ったこと、⑤死んだ古代の模倣に代って、古代についての生き生きとした新人文主義的研究が登場したこと、⑥教授用語としてのラテン語が廃れたこと、以上六点を挙げている。

（2）Kink, R., *Geschichte der kaiserlichen Universität zu Wien*, Bd. II, 1854, S. 556.

（3）Kink, R. a. a. O., S. 559–567. また別府昭郎『ドイツにおける大学教授の誕生』創文社、一九九八年、三一一頁。

（4）Allgemeines Landrecht für die preußischen Staaten, Artikel 73.

（5）啓蒙的絶対主義期のドイツ（とくにプロイセン）における官僚制の成立については、上山安敏著『ドイツ官僚制成立論』有斐閣、一九六四年、を参照のこと。

（6）Müller, Rainer A., Vortrag: *Die deutsche "Vorklassische" Universität in der frühmoderne - Von der humanistischen Gelehrtenrepublik zur aufgeklärten Staatsdienerschule-*, 1990. 別府昭郎訳『近代初期におけるドイツの「前古典的大学」』明治大学国際交流センター、一九九一年。

（7）Friedensburg, W., *Urkundenbuch der Universität Wittenberg*, Bd. 2, 1927, S. 481–493.

（8）Michaelis, J. D., *Raisonnnement über die protestantischen Universitäten in Deutschland*, Bd. 1–4, 1768–1776, Neudruck 1973.

（9）Schrader, W., *Geschichte der Friedrichs-Universität zu Halle*, Teil 2 1894, S. 372–376. さらに、F. Paulsen, *a. a. O.*, Bd. 1, S. 536.

（10）Paulsen, *a. a. O.*, Bd. 1, S. 541–543.

（11）P・モーラフは、この「正教授支配の大学」を古典期の特徴として挙げているが、筆者は、この萌芽は一六世紀における正教授職の成立にはじまり、正教授・員外教授・私講師という官僚的位階制度が確立された一八世紀には、正教授支配の大学という特性は十分指摘できると考えている。したがって、この特性は古典期以前、とくにその後半期に入れるのが正しいと思う。別府昭郎、前掲書参照。

（12）ゲーテ著『ファウスト』高橋義孝・望月市恵・高橋健二訳、新潮世界文学4「ゲーテII」、一九七一年、二一一頁。

（13）Freidenburg,: *Geschichtsquellen*, Teil II, S. 573 以下より作成。

(14) Golucke, Friedhelm, *Studentenworterbuch*, 1983, S. 256.

(15) Weisert, H., *Verfassung der Universität Heidelberg*, 1974, S. 77-78.

(16) Paulsen, a. a. O., Bd.1, S. 635.

(17) Muller, Rainer A., a. a. O. 筆者は、“vorklassisch”というドイツ語を、一九九一年当時は「前古典的」と訳していたが、現在では、「古典期以前」と訳したほうが、より的確に内容を表現できると考えている。

(18) メランヒトンの教育についての基本的考え方については、Hartfelder, Karl, *Monumenta Germaniae Paedagogica*, Bd. 7, *Philipp Melanchton als Praeceptor Germaniae*, S. 328, 339を参照。

(19) Baumgart, P, Pitz E., *Die Statuten Vniversitat Helmstedt*, S. 119.

(20) Paulsen, *Geschichte des gelehrten Unterrichts*, Bd. I, S. 291-292.

(21) カント著『啓蒙とは何か』篠田英雄訳、岩波文庫、一九七四年、七頁。Kant, Immanuel, *Was ist Aufklarung?, Philosophische Bibliothek*, 1999, S. 20.

(22) Muller, Rainer A., a. a. O. および別府昭郎前掲訳を参照。

(23) Schindling, Anton, *Humanistische Hochschule und Freie Stadt*, 1977, S. 178-180. また別府昭郎著『ドイツにおける大学教授の誕生』一九九八年、二六四―二六五頁。

(24) Staehelin, Andreas; *Geschichte der Universität Basel*, S. 184.

(25) Johann Stephan Putter; *Georg=Augustus=Universität zu Gottingenn.*

(26) Ebel, Wilherlm (Herausgegeben), *Gottinger Universitas reden aus zwei Jahrhunderten (1737-1934)* , 8.

(27) Ebel, Wilherlm, *Die Privillegen und altesten Statuten der Georug-AugustUniversitat zu Gottingen*,1961, S. 69-70.

(28) マックス・ウェーバー著『支配の社会学Ⅰ』世良晃志郎訳、創文社、一九七七年、一〇五頁。

(29) Zedler, J. H., *Grosses Vollstandiges Universal-Lexikon* (64 Bande´ Appendix 4) 1723.

あとがき

以上三つの部にわたって一八世紀におけるドイツの大学を考察してきた。大学史における時代区分からはじまって、ハレ・ゲッティンゲン両大学の創設、既存の大学の対応、教えられた学問領域、教授の任務、学生生活、大学の創設と廃止の動向などは、それなりに言及することができた。しかし、本書で言及した事柄が考察すべき事柄のすべてではない。大学全体の財政の問題には全く触れることは出来なかったし、教授の給与やその出所への追究も不十分という他はない。

大学史の研究もそうであるが、「研究は駅伝である」とは、私の信条である。ある次元まで先の研究者が研究しておく。それを引き継いで次の研究者がヨリ高い次元まで引き上げる。そしてそれを次の研究者が引き継ぐ。このように次々と引き継がれていく。そういった意味で『近代大学の形成と変容』（東京大学出版会、一九七三年）の著者潮木守一氏の存在は、私にとっては大きかった。「近代大学とは何か」という疑問は、潮木氏の著作がなければ生じなかったからである。このことは、江原武一氏（京都大学名誉教授、現立命館大学教授）とドイツを一緒に旅行した時の会話で確信するに至った。氏は、「潮木守一さんが『近代大学の形成と変容』を書いてくれていたから、あなたの近代大学とは何かという疑問も湧いたのだよ。この点潮木さんに感謝しなければいけない。」と言われた。この会話は、一八世紀までに私の研究を限定しよう、一八世紀までのドイツ大学史の研究も日本の大学研究史上の意味があるのだ、と確信を持たせてくれた。筆者流に言えば、一八世紀のドイツの大学に関する研究は、日本の大学人の、否、大学人に限らず、日本人のドイツ大学観を大きく変えるものであるという確信をもたせてくれた。

思いおこしてみると、時代ごとに異なる二つの大きな悩みに直面していたように思う。一つの悩みは、大学史の勉強をはじめた学部・院生時代で、苦しみも喜びも悲しみもある自分の心の現実存在と遠い国の古い時代に起こった大学史上の出来事とが、どうしてもしっくりと結びつかない、乖離しているという悩みである。私の悩みは深かった。今でもこの悩みは完全には払拭しているとは言いがたいが、この悩みを大きく軽減してくれる契機が二つあった。

決定的な契機の一つは、丸山真男の『戦中と戦後の間』に収められている「日本における自由意識の形成と特質」を読んで、「ああ、こういうふうに、外国で起こった歴史的事実を自分の主体的価値観で解釈してもいいいんだなぁ」ということを学んだことだった。この文章だけにとどまらず、他の箇所にも教えられるところがたくさんあった。それから丸山真男の書物は手放せなくなった。私は、偉大な政治思想史家に私淑することによって悩みが非常に軽くなったのである。

二つ目の契機は、私自身の経験である。明治大学に奉職してから四十年以上も経過しており、大学教師としての経験も積んできているので、ドイツ大学の歴史的事実を通して、歴史的事実を意味づけ、現代の問題と歴史的事実とを関連づけ重層的に考えることができるようになってきていると思う。しかし、かと言って、自分の心とドイツ大学史上の事実とが全面的にしっくりと調和を保っているという実感はもっていない。ただ、自分を軸にして、外界の出来事を意味づけ、位置づけ、それを解釈して、それらをまとめて歴史像を描いていけば、十分とは言えないが、それなりに提示できるものを作り出すことができるのではないかとは思えるようにはなってきている。

もう一つの悩みは、職を得てから生じてきた。前記のことと無関係ではないが、明治大学教職課程に就職して、大学史とは全く重ならない教育職員免許法に定められた科目を担当しなければならなかったことである。ここでは、専門としているドイツの大学史と担当科目との分離・分裂ということを経験した。「専門に研究しているドイツの大学史」と「給与のために講義している教職科目」との関係に悩んだ。一人の人間がやるのだから、何らかの関連はあるのだろうが、現在の自分でもよく分かっていない。ただ、大学史で学んだ学問的方法を講義科目の準備をするときに適用している自分を見いだすとき、両者は無関係ではないなと思う。とはいえ、自分の体験に自信はもてない。

こういう問題で頭を悩しているとき、高校時代から親炙してきた森鷗外の書で次の言葉をみつけた。「いかにして人は己を知ることを得べきか。省察を以てしては決して能はざらん。されど行為を以てしては或は能くせむ。汝の義務を果さんと試みよ。やがて汝の価値を知らむ。汝の義務とは何ぞ。日の要求なり。」（Wie kann man sich selbst erkennen lernen? Durch Betrachten niemals, wohl aber durch Handeln. Versuche, deine Pflicht zutun, und du wisst gleich, was an dir ist. Was ist deine Pflicht? Die Forderung des Tages.）。これは鷗外が『妄想』に引用しているゲーテの詞（ことば）である。自分の体験とこの言葉で一応踏ん切りをつけることができた。教職課程の講義の日は講義の準備、講義のないときは大学史というように「日の要求」に従ってやっていこうと思った。必ずしもこの通りに実行したわけでもなく、電車のなかで講義のためのノートを開くこともあったが、おおむねゲーテのことば通りにした。

こうして私は、心の安定を一応得ることができた。

それに、私には決して忘れられない研究会の場（大学史研究会）があった。メンバーは、横尾壮英先生、皆川卓三先生、中山茂先生、寺崎昌男先生、上山安敏先生、石部雅亮先生、潮木守一先生など個性の強い先生たちであった。そういう先生方から、議論の仕方、自分の研究の土俵をいかに設定するか、議論が錯綜する中でいかに自分の結論に持ってくるか、会や会議をどう運営していくかなど大切なことをたくさん学んだ。横尾先生は別の世界に逝ってしまわれたが、寺崎先生には、今でも教えてもらっている。まさに「大学史研究会」は、汲めども汲み尽くせない栄養分を、私に提供し続けている。そこで自己形成できたことに感謝したい。

さて、森鷗外は、「歴史其儘と歴史離れ」という短いエッセイのなかで「わたくしは史料を調べて見て、その中に窺われる『自然』を尊重する念を発した。そしてそれを猥に変更するのが厭になった。（中略）友人の中には、他人は『情』を以て物を取り扱うのに、わたくしは『智』を以て扱うと云った人もある。しかしこれはわたくしの作品全体に渡ったことで、歴史上人物を取り扱った作品に限ってはいない。わたしの作品は概して dionysisch でなくて、apollonisch なのだ。わたくしはまだ作品を dionysisch にしようとして努力したことはない。わたくしが多少努力したことがあるとすれば、それはた観照的ならしめようとする努力のみである。」（森鷗外全集第二六巻、岩波書店、五〇九頁）と書いている。

観照的とは、一切の自分の価値観や感情を押し殺して冷静に事物について考察することと解していい。アポロン的ということである。ここで言われている「自然」とは、ありのまま、事実、歴史的前後関係のことであると解釈して間違いはない。筆者（私）は、たしかに観照的態度をもってドイツの大学史を研究して、本書を書いた。筆者の理想は、本書で実現することは難しかったが、ドイツの大学史を林望氏の言うような「馥郁と書巻の気が立ち上る」ような文章で書くことである。

よく考えてみると、観照的態度は、マックス・ヴェバーのいう「価値からの自由」（Wertfrieheit）と通底するものがあると個人的には思う。本書は、方法論的には理念型的方法によっている。理念型とは、マックス・ヴェバーによれば、「ユートピア的性格を帯びているものであって、「ひとつの、あるいは二、三の観点を一面的に高め、その観点に適合する、ここには多く、かしこには少なく、ところによってはまったくない、というように、分散して存在している夥しい個々の現象を、それ自体として統一された一つの思想像に結合することによってである。」（M・ヴェバー『社会科学と社会政策にかかわる認識の「客観性」』富永祐治・立野保訳　折原浩補訳、岩波文庫）。私なりに解釈すれば、「観点に適合する、ここには多く、かしこには少なく、ところによってはまったくない」ものが「史料にあらわれた自然」なのであると思う。

一八世紀のドイツの大学像というようなものは、理念型によらなければイメージすることが出来ないのではないか。たとえば、「ラテン語からドイツ語へ」という一八世紀のドイツの大学を特徴づける事象であっても、ある大学では時期的に早く、別の大学では遅く、またある大学では学問分野によってバラツキがあるように、分散して存在している夥しい個々の現象を、それ自体として全体的に統一された一つの思想像に結合することによってしか認識できないと思う。

たしかに、一八世のドイツ大学を認識すると言っても、一八世紀のドイツ大学の現実をただ単になぞっただけでは大学史にはならない。一八世紀の大学の有りの儘をただ単に切り取っただけでも大学史にはならない。やはり、そこには、なぞったり、切り取ったりするだけでなく、研究者の主体的契機によって、一八世紀のドイツ大学史像が構成される必要があると思っている。

私が一八世紀までのドイツ大学史に限定しようと考えたのは、大学学部三年の時ヘーゲルの『歴史哲学』（武市建人訳、岩波書店）を読んだときにまで遡る。ヘーゲルはゲルマン世界の時代区分として、（1）キリスト教＝

ゲルマン世界の諸要素、(2)中世、(3)近代の三つを挙げている。時代区分という考え方が歴史を研究するばあい、有効であるということをここで学んだ。ここから大学史における時代区分という考えが出てきているのである(現在の読みやすい長谷川訳で示せば、『歴史哲学 下』岩波文庫、一九九〜三七四頁)。

主観的な言い方になるが、私は、大学院生のころからテーマを変えず、一貫して「大学」および「大学史」、とりわけドイツの大学史や大学教育について研究してきた。明治大学教職課程に就職してからもやっている。学部、大学院、助手、専任講師、助教授(当時はそう呼んでいた)、教授と一貫して大学史および大学教育のことを勉強してきている。それは退職後も続くだろう。蟹は甲羅に似せて穴を掘る。私の感情は私の感情である。私の思想は私の思想である。私の大学史は私の大学史である。問題の設定も章構成も大学の選定も各事項の選択も、すべて私の自己責任で行っている。世の中の人に私の大学史を理解してもらおうと公刊するが、それを理解してくれる人が誰一人いなくたって、私はそれに甘んじようと思う。

客観的には、「大学」は、一二世紀にヨーロッパ・キリスト教世界で発生したシステムであり、土台はしっかりとヨーロッパ・キリスト教世界にあることは確かと言わなければならない。しかし「大学」は、一定の形態は崩さないが、何処の国でも入っていき、定着する融通無碍という特性をもっている。現に我が国にも、韓国にも、中国にも入ってきた。H・ラシュドールは「あらゆる国あらゆる大学が、実際上は一つの同じ制度の、様々な条件に適合したもの」であると書いている(横尾壮英訳『大学の起源 上』三九頁)。この事実は、まさに大学の融通無碍性を言ったものと理解していい。さらに、H・ラシュドールは、「今日、『大学』と呼ばれるもののうち、最も現代的、最も実際的、最も色彩に乏しいものに残存する役職・称号・儀式・機構すら、その意味の十分に理解されるためには、かつて存在した、最も古い大学の初期への遡及が必要であり、(中略)、主な大学の歴史的跡づけが必要だ」（同上）とも書いている。大学は、その起源を中世ヨーロッパと言われる所以である。

日本には、一九世紀の後半に入ってきた。日本の近代大学はそのとき始まると言っていい。その時もそうだが、現在もわれわれが「大学」のことを考えるとき、「学長」、「学部」、「学位」、「名誉博士」、「教授」、「教授会」、「評議会」、「講座」、「教授案」などの範疇を用いている。それらはいずれもヨーロッパ・キリスト教世界が生み出した概念の翻訳語である。この事実は、絶対に忘れてはなるまい。人類は、二一世紀以降、「大学」に代わる「知の社会的組織」を創造し、世界中に定着させることができるであろうか。

大学史の研究は、ベストセラーになるような派手なものではない。かえって煩瑣をいとわぬスコラ哲学的な「粘り」が必要である。本書では、私は「煩瑣をいとわぬスコラ哲学的な粘り」という点で少し妥協してしまったような気がしてならない。今後も私は粘着力をもって、魯鈍にむち打ちながら、ドイツ大学史に関する研究を続けていきたいという気力だけは維持してゆきたいと思っている。

学術書の出版が厳しいなか、今回も知泉書館さんにお世話になる。戦後「みすず書房」を創始した小尾俊人氏は、その著『本は生まれる。そして、それから』（幻戯書房、二〇〇三年）のなかで「著者は種おろしであり、出版者は苗をそだてる人であり、古本屋と図書館とは刈り入れて整理し保存する人である。これを全うするには何よりも書物に対し目をあかるくし、批評眼を養わねばならぬ。（亀尾英四郎）」と書いておられる。知泉書館社長の小山光夫氏は、批評眼が鋭いだけでなく、思ったことをズバズバ率直に言う、著者にとっては手強い「苗をそだてる人」である。そういう出版者の批評眼にかなって「種おろし」ができるということは、著者としては少しは自信を持ってもいいということだろうか。

本書ができあがるにさいして、どうしても忘れることのできない四人の人物がいる。村上一博氏（明治大学法学部教授）は本書の生原稿に目を通していただき、表現の仕方、ワープロの打ち間違い、筆者の勘違いなど、本書の心臓部にかかわる重要な点を指摘していただいた。また、吉村日出東氏（川口短大教授）と長沼秀明氏（明治大学兼任講師）は、ゲラの段階で協力され、よりわかりやすい表現をアドバイスされた。本書が、遠い国の過去の出来事を取り扱っているにもかかわらず、少しでも読み易くなっているとすれば、お三方の力によるところが大きい。ミュンヘン時代からの友人 Peter Hanske 氏（テューリンゲン州文部省）は、筆者の面倒な質問に答えていただき、遠いドイツから本書の成立を支えてくれた。特に記して謝辞を申し上げる次第である。

なお、本書の刊行にあたっては、明治大学人文科学研究所の刊行助成金を受けた。

二〇一三年一一月一日

著　者

索　　引

あ　行

か　行

さ　行

た・な　行

は　行

ま　行

や・ら 行

別府　昭郎（べっぷ・あきろう）

1945年宮崎県生まれ。広島大学教育学部教育学科卒業。1973年同大学院教育学研究科博士課程（西洋教育史）単位取得。1973年明治大学文学部助手，専任講師，助教授を経て，現在明治大学文学部（教職課程）教授。この間，ミュンヘン大学歴史学研究所にて大学史研究に従事。広島大学大学教育研究センター客員研究員，日本女子大学，名古屋大学，上智大学などで非常勤講師。博士（教育学）。
〔主要業績〕『ドイツにおける大学教授の誕生』創文社，1998年。『明治大学の誕生』学文社，1999年。『学校教師になる』学文社，2005年。『大学再考』（編著）知泉書館，2011年ほか。

〈明治大学人文科学研究所叢書〉

〔近代大学の揺籃〕　　ISBN978-4-86285-184-0

2014年 4 月 10 日　第 1 刷印刷
2014年 4 月 15 日　第 1 刷発行

著　者　別　府　昭　郎
発行者　小　山　光　夫
印刷者　藤　原　愛　子

発行所　〒113-0033 東京都文京区本郷1-13-2
電話03(3814)6161 振替00120-6-117170
http://www.chisen.co.jp
株式会社 知　泉　書　館

Printed in Japan　　印刷・製本／藤原印刷